YUHIKAKU
Jurist books
Company Law Reporter 2008-2010 — 50 Selected cases
Yanaga Masao

会社法
新判例50

弥永真生

有斐閣

本書のコピー，スキャン，デジタル化等の無断複製は著作権法上での例外を除き禁じられています。本書を代行業者等の第三者に依頼してスキャンやデジタル化することは，たとえ個人や家庭内での利用でも著作権法違反です。

はしがき

　本書は，平成20年7月（1359号）から平成22年にかけて，ジュリストに「会社法判例速報」として連載させていただいたものの中から50件の裁判例を選択し，若干の加筆を加え，とりわけ，その後の帰趨をフォローしたものです。

　1つの裁判例をジュリスト誌面で2頁にまとめるという方針を採用したため，十分な解説を加えることができていないこともあり，ジュリスト掲載後に公表された解説や評釈等のリストを各事件の末尾に付しております。紙幅の制約や筆者の調査能力不足のため，解説等をすべてリスト・アップすることはできておりませんが，最高裁判所調査官の解説のほかは，基本的には，比較的長めの解説等を優先的に挙げるという方針によっております。

　未公刊の，本書が対象とした裁判例あるいは解説中で言及した裁判例の判決文・決定文の入手に当たっては，山口利昭弁護士，大塚和成弁護士，山口三尊さんをはじめとして，多くの方々のお世話になり，また，有斐閣の山宮康弘さんのお手を煩わせました。心よりお礼を申し上げたいと思います。

　「会社法判例速報」の連載開始からお世話になり，また，本書の刊行に当たってご尽力いただいた山宮さんをはじめとする有斐閣の方々に感謝を申し上げたいと思います。

　なお，現在も，ジュリストに「会社法判例速報」を連載させていただいておりますので，最新の裁判例については，そちらもご覧いただければ幸いです。

平成23年6月
弥永真生

Company Law Reporter 2008-2010 ── 50 Selected cases

目　次

平成 20 年以降の会社法関連裁判例の動き ── 001

01 株式会社の行為とその附属的商行為性
　　（最判平成 20・2・22）── 008

02 会社法 8 条にいう「不正の目的」
　　（大阪地判平成 21・9・17）── 012

03 会社分割と分割会社の債務に対する承継会社の責任
　　（最判平成 20・6・10）── 016

04 他人名義での株式の引受け
　　（東京高判平成 22・7・28）── 020

05 競業関係にある会社による株主名簿閲覧請求
　　（東京地決平成 22・7・20）── 024

06 日刊新聞紙を発行する新聞社の従業員持株制度における合意の有効性
　　（最判平成 21・2・17）── 028

07 譲渡制限株式の価格決定
　　（福岡高決平成 21・5・15）── 032

08 全部取得条項付種類株式の取得価格の決定
　　（最決平成 21・5・29）── 036

09 全部取得条項付種類株式の取得価格の決定
　　（大阪高決平成 21・9・1）── 040

10 全部取得条項付種類株式の取得価格決定の申立てと
　　個別株主通知の要否
　　（最決平成 22・12・7）── 044

11 払込期間経過後の払込みと新株発行の効力
　　（神戸地決平成 22・4・15）── 048

12 見せ金と募集株式の発行の効力
　　　（東京高判平成 22・9・29）——————————— 052

13 現物出資が錯誤により無効である場合の新株発行の効力
　　　（東京地判平成 19・10・30）—————————— 056

14 著しく不公正な方法による募集株式の発行
　　　（東京地決平成 20・6・23）——————————— 060

15 錯誤を理由とする募集株式の引受けの無効
　　　（東京地判平成 19・7・18）——————————— 064

16 新株予約権付社債の有利発行・不公正発行
　　　（東京地決平成 19・11・12）—————————— 068

17 非公開会社における株主総会招集通知への
　　　議案の提案理由の記載の要否
　　　（東京地判平成 19・6・13）——————————— 072

18 株式会社の破産手続開始決定と当該株式会社の取締役等の解任又は
　　　選任を内容とする株主総会決議不存在確認の訴えの利益
　　　（最判平成 21・4・17）————————————— 076

19 取締役の解任に伴う損害賠償
　　　（東京地判平成 19・6・25）——————————— 080

20 有価証券報告書の虚偽記載と内部統制システム構築責任
　　　（最判平成 21・7・9）—————————————— 084

21 従業員のセクハラと代表者の不法行為
　　　（大阪地判平成 21・10・16）—————————— 088

22 親会社の子会社従業員に対する不法行為責任
　　　（佐賀地判平成 22・3・26）——————————— 092

23 不公正な払込金額による募集投資口の発行
　　　（東京地決平成 22・5・10）——————————— 096

24 株主総会の決議等を経ることなく支給された
　　　退職慰労金と不当利得返還請求
　　　（最判平成 21・12・18）————————————— 100

25 退職慰労年金の一方的減額の可否
　　　（最判平成 22・3・16）—————————————— 104

26 代表取締役が取締役会の決議を経ずにした
　　重要な業務執行に該当する取引の効力
　　（最判平成21・4・17）――――――――――――――― 108

27 取締役会議事録の閲覧
　　（福岡高決平成21・6・1）――――――――――――― 112

28 取引相場のない株式の取得と経営判断原則
　　（最判平成22・7・15）―――――――――――――― 116

29 取締役の任務懈怠に基づく対会社責任の消滅時効期間
　　（最判平成20・1・28）―――――――――――――― 120

30 会社の代表取締役が事実上主宰する
　　別会社を用いて行った競業と損害賠償
　　（名古屋高判平成20・4・17）――――――――――― 124

31 貸出しにおける善管注意義務
　　（最判平成21・11・27）――――――――――――― 128

32 監事の任務懈怠
　　（最判平成21・11・27）――――――――――――― 132

33 「税法基準」と「公正ナル会計慣行」
　　（最判平成20・7・18）―――――――――――――― 136

34 「公正ナル会計慣行」の意義と虚偽記載有価証券報告書提出罪
　　（最判平成21・12・7）―――――――――――――― 140

35 会計帳簿閲覧等の不許可事由と請求者の主観的意図
　　（最決平成21・1・15）―――――――――――――― 144

36 計算書類等の提供義務違反等と株主総会決議取消し
　　（東京地判平成22・3・24）――――――――――――― 148

37 株式買取請求における価格決定
　　（東京高決平成22・5・24）――――――――――――― 152

38 同時破産廃止と株式会社の法人格の消滅時期
　　（名古屋高判平成21・6・30）――――――――――― 156

39 株式買取請求と剰余金配当請求権
　　（東京地判平成22・2・12）――――――――――――― 160

40 全部取得条項付種類株式取得決議の瑕疵を争う訴えの
　　原告適格と訴えの利益
　　（東京高判平成 22・7・7）———————————————— 164

41 株式会社の新設分割と詐害行為取消し
　　（東京高判平成 22・10・27）——————————————— 168

42 名義書換未了の株主と株式交換無効の訴えの原告適格
　　（名古屋地一宮支判平成 20・3・26）————————————— 172

43 委任状勧誘，議決権行使を条件とする利益供与
　　（東京地判平成 19・12・6）——————————————— 176

44 全部取得条項付種類株式を用いたスクイーズアウトと
　　株主総会決議取消しの訴え
　　（東京地判平成 22・9・6）———————————————— 180

45 株主代表訴訟の対象となる取締役の責任の範囲
　　（最判平成 21・3・10）————————————————— 184

46 代表訴訟における弁護士報酬のうち「相当ナル額」
　　（大阪地判平成 22・7・14）——————————————— 188

47 会社の役員としての権利義務を有する者の解任の訴えの可否
　　（最判平成 20・2・26）————————————————— 192

48 特別背任と経営判断原則
　　（最決平成 21・11・9）————————————————— 196

49 グループ会社間の金員の貸付けと
　　借主会社の代表取締役に対する保証債務の履行請求
　　（最判平成 22・1・29）————————————————— 200

50 監査人につき虚偽記載有価証券報告書提出罪などの
　　共同正犯が成立するとされた事案
　　（最決平成 22・5・31）————————————————— 204

　　事項索引 ———————————————————————— 209
　　判例索引 ———————————————————————— 211
　　条文索引 ———————————————————————— 221

凡　例

判例の引用

判例の引用については，以下の例による。

| 例 | 最判昭和 29・9・10 民集 8 巻 9 号 1581 頁＝最高裁判所昭和 29 年 9 月 10 日判決，最高裁判所民事判例集 8 巻 9 号 1581 頁所収 |

➡本文中にある判例のうち，判例集未登載のもので，
　裁判所ホームページ（http://www.courts.go.jp/）に掲載されているものは，
　裁判所 HP と記載し，事件番号を付した。
　それ以外で，事件番号がわかるものは，事件番号を記した。
　なお，ウエストロー・ジャパン（http://www.westlawjapan.com/）掲載のものは，
　読者の便宜のため，ウエストロー・ジャパンの文献番号を掲載したものがある。
➡本書の掲載判例については，本書○事件又は単に○事件として表記した。

| 例 | 東京高判平成 22・9・29（本書 12 事件） |

➡裁判例の原文で段落を改めている部分について，スペース確保の観点から，
　そのままつなげている箇所がある。
➡引用部分の中で，旧仮名遣いの部分は，原則としてそのまま掲載した。

判例関係の略語

最（大）判（決）：最高裁判所（大法廷）判決（決定）
大判（決）：大審院判決（決定）
高（○○支）判（決）：高等裁判所（○○支部）判決（決定）
地（○○支）判（決）：地方裁判所（○○支部）判決（決定）

判例関係文献略語

民録：大審院民事判決録
民集（刑集）：大審院民事（刑事）判例集，最高裁判所民事（刑事）判例集
集民（集刑）：最高裁判所民事（刑事）裁判集
高民集：高等裁判所民事判例集
下民集：下級裁判所民事裁判例集

高検速報：高等裁判所刑事裁判速報
無体例集：無体財産権関係民事・行政裁判例集
判時：判例時報
判評：判例評論（判例時報付録）
判タ：判例タイムズ
金判：金融・商事判例
金法：金融法務事情
労判：労働判例
労旬：労働法律旬報

曹時：法曹時報
重判解：重要判例解説（ジュリスト臨時増刊）
速判解：速報判例解説
主判解：主要民事判例解説（判例タイムズ増刊）
○○百選：○○判例百選（別冊ジュリスト）
セレクト 2010［Ⅱ］：法学教室 366 号（2011 年 3 月号）別冊付録
セレクト 2009［Ⅱ］：法学教室 354 号（2010 年 3 月号）別冊付録
リマークス：私法判例リマークス

➲判例批評，判例解説については，論文名を省略した。

文献略語

単行本　新注会(1)〜(15)：
　　　　上柳克郎＝鴻常夫＝竹内昭夫編集代表『新版注釈会社法(1)〜(15)』
　　　　（有斐閣，1985 年〜1991 年）

雑誌等　ジュリ：ジュリスト
　　　　法教：法学教室
　　　　法時：法律時報
　　　　法セ：法学セミナー
　　　　銀法：銀行法務 21
　　　　民商：民商法雑誌
　　　　法協：法学協会雑誌

➲雑誌の頁表記は，原則として通巻頁とする。
　雑誌の刊行年及び論文名の中の副題については省略した。

法令名略語

原則として，有斐閣『六法全書』の略語による。なお，平成 17 年改正前商法とは，平成 17 年法律第 87 号による改正前の商法を示す。

平成 20 年以降の
会社法関連裁判例の動き

全部取得条項付種類株式の取得価格の決定
反対株主の買取請求における価格決定

　平成 20 年以降，全部取得条項付種類株式の取得価格の決定及び反対株主の買取請求における価格決定に関する公表裁判例の多さが目を引く。

　全部取得条項付種類株式の取得価格の決定に関しては，レックス・ホールディングス事件決定（最決平成 21・5・29〔8 事件〕）及びその決定における田原睦夫裁判官による補足意見が大きな影響を与えている。その後の公表裁判例としては，大阪高決平成 21・9・1（9 事件），東京高決平成 22・10・27 資料版商事法務 322 号 174 頁，札幌高決平成 22・9・16 金判 1353 号 64 頁などがある。また，最決平成 22・12・7（10 事件）は，振替株式についての会社法 172 条 1 項に基づく価格の決定の申立てを受けた会社が，裁判所における株式価格決定申立て事件の審理において，申立人が株主であることを争った場合には，その審理終結までの間に個別株主通知がされることを要するとして，分かれていた高裁レベルの判断を統一した。

　他方，反対株主の買取請求については，上場株式については，取引所の相場に基づいて価格決定がなされており（神戸地決平成 21・3・16 金判 1320 号 59 頁，東京高決平成 21・7・17 金判 1341 号 31 頁，東京高決平成 22・7・7 判時 2087 号 3 頁など），決議又は契約「ナカリセバ其ノ有スベカリシ公正ナル価格」と組織再編行為等により生ずるシナジーが公正に分配されることを前提とした価格とのいずれか高い額を「公正な価格」と解しているのではないと考えられる（前掲神戸地決平成 21・3・16，東京地決平成 21・3・31 判時 2040 号 135 頁，東京地決平成 21・3・31 判タ 1296 号 118 頁など）。上場株式ではない株式について，カネボウ事件決定（東京高決平成 22・5・24〔37 事件〕）が，株式買取請求の後，会社が吸収合併により消滅した場合であっても，裁判所に対する価格決定の申立ては失効せず，存続会社が株式買取価格決定手続上の地位を受継するとし，また，算定方法として DCF 法が適当であるとした。

なお，東京地判平成22・2・12（39事件）は，剰余金の配当を考慮に入れないで反対株主からの株式買取請求に係る買取価格が決定された場合において，買取代金に係る利息が付される期間内に剰余金の配当の基準日が含まれるときであっても，買取請求をした株主は剰余金の配当請求権を有するとした。

会社分割

最判平成20・6・10（3事件）は会社法22条が会社分割にも類推適用されるとした（また，東京地判平成22・7・9判時2086号144頁）。他方で，東京高判平成22・10・27（41事件）は，会社分割も詐害行為取消しの対象となるとするとともに，目的物が可分であるとして，詐害行為取消しの効果として価格賠償を認めた（福岡地判平成21・11・27金法1902号14頁，福岡地判平成22・9・30金法1911号71頁などは会社分割は否認の対象となるとする）。なお，福岡地判平成23・2・17金判1364号31頁及び福岡地判平成22・1・14金判1364号42頁は法人格否認の法理により新設会社も責任を負うとした。

閲覧等請求

まず，東京地決平成22・7・20（5事件）は会社法125条3項3号にいう「実質的に競争関係にある事業」の範囲を限定解釈し，東京高決平成20・6・12金判1295号12頁は同号を挙証責任の転換規定ととらえ，株主名簿の閲覧請求を認容した。他方，名古屋高決平成22・6・17資料版商事法務316号198頁は，金融商品取引法上の損害賠償請求権を行使するための調査は，会社法125条3項1号の「株主の権利の確保又は行使に関する調査」には該当しないとした。取締役会議事録の閲覧等請求については，株主の地位に仮託して，個人的な利益を図るためM&Aをめぐる訴訟の証拠収集目的で閲覧請求したものと認められ，会社法371条2項にいう株主「の権利を行使するため必要であるとき」という要件を欠くか，あるいは権利の濫用に当たるとした福岡高決平成21・6・1（27事件）が公刊されている。

また，最決平成21・1・15（35事件）は，（平成17年改正前）商法293条ノ7第2号及び293条ノ8第2項（会社433条2項3号・4項に相当）に規定する拒絶事由があるというためには，当該株主が当該会社と競業をなす者であるなどの客観的事実が認められれば足り，当該株主に会計帳簿等の閲覧謄写によって知り得る情報を自己の競業に利用するなどの主観的意図があることを要しないとした。

会社法総論

　会社の行為にも商行為に当たらない行為があるとしつつも，会社のある行為がその会社の事業のためにするものでないことの主張立証責任は，その行為が商行為でないと主張する者が負うとした最判平成 20・2・22（1 事件）が注目に値する。

　また，知財高判平成 19・6・13 判時 2036 号 117 頁は，会社法 8 条（平成 17 年改正前商法 21 条）にいう「『不正の目的』は，他の会社の営業と誤認させる目的，他の会社と不正に競争する目的，他の会社を害する目的など，特定の目的のみに限定されるものではないが，不正な活動を行う積極的な意思を有することを要する」とし，大阪地判平成 21・9・17（2 事件）もこれを踏襲している。

設立，募集株式・新株予約権・新株予約権付社債の発行

　東京高判平成 22・7・28（4 事件）は，会社法の下でも，他人名義で株式の引受けがなされても，払込金を実際に出捐した者が株主であるとした（発起人として定款に記載されている者であっても，払込金を出捐した者でなければ株主ではないとした点も注目に値する）。神戸地決平成 22・4・15（11 事件）は，株主総会決議によって定められた払込期間が経過した後の払込みを，出資の履行があったものとして取り扱うことはできないとした。東京高判平成 22・9・29（12 事件）は，いわゆる見せ金の効力を無効とし，かつ，新株発行無効の訴えによらずに，募集株式の不存在（無効）を主張することを黙示的に認めた。他方，東京地判平成 19・7・18（15 事件）は，会社の財産及び損益の状況について虚偽の事実を告げられた場合に，募集株式の引受けの無効主張を認めたが，これを前提として，東京地判平成 19・10・30（13 事件）は，新株が発行された際に行われた現物出資が錯誤等により無効とされた場合には，新株の発行自体が無効になるにとどまり，不存在であるとまではいえないとした。

　また，有利発行あるいは不公正発行が争われた事例も少なくない。東京地決平成 20・6・23（14 事件）は，会社に資金調達の一般的な必要性があったことは否定できないものの，これを合理化できる特段の事情の存在までは認められず，新株発行は，既存の株主の持株比率を低下させ現経営者の支配権を維持することを主要な目的としてされたものとして，著しく不公正な方法による発行に当たるとした数少ない公表裁判例である（会社 308 条 1 項本文かっこ書にいう「総株主の議決権の 4 分の 1 以上」には名義書換未了のものを含むとしたものとしても意義を有する）。東京地決平成 22・5・10（23 事件）は，不公正な払込金額による募集投資口の発行につき，投資法人

に回復することのできない損害が生ずるおそれがあるとして，違法行為の差止めを認容したものであり，会社法の解釈にとっても参考となる裁判例である。さらに，東京高決平成20・5・12金判1298号46頁は，新株予約権の発行に差止事由がある場合には，その新株予約権の行使による新株発行も差し止めることができるとしたし，東京地判平成21・3・19判タ1304号273頁は，行使条件に違反する新株予約権の行使により新株が発行された場合には，新株発行無効原因があるとしている。もっとも，少なからぬ公表裁判例では，不公正発行あるいは有利発行には当たらないとされている（札幌地決平成20・11・11金判1307号44頁，名古屋地決平成20・11・19金判1309号20頁など）。さらに，新株予約権付社債の発行について，東京地決平成19・11・12（16事件）は，従来の裁判例が採ってきた一般論を踏襲し，有利発行にも不公正発行にも当たらないとした。

株式の譲渡制限

最判平成21・2・17（6事件）は，最判平成7・4・25集民175号91頁などを踏襲し，日刊新聞法の適用がある会社の従業員持株制度における株式譲渡制限合意の有効性を認めた。また，東京地判平成21・2・24判時2043号136頁は，日刊新聞法による譲渡制限に違反した株式譲渡は絶対的無効であるとしている。

また，福岡高決平成21・5・15（7事件）は，DCF法に基づく評価額と簿価純資産価額法に基づく評価額を3対7で加重平均して，価格決定を行い，広島地決平成21・4・22金判1320号49頁は，配当還元方式（ゴードン・モデル方式）に基づく評価額とDCF法に基づく評価額との平均額を価格として決定するなど，DCF法の利用が増加しているようである。東京高決平成20・4・4判タ1284号273頁も，当該事案において，会社は「創業してさほど年月が経過しておらず，資産に含み益がある不動産等は存在しないこと，ベンチャー企業として成長力が大きく，売上は順調に推移しており，その事業の進展の経緯からすれば，……その後も同程度の利益が確実に見込まれる」として，収益還元方式によって評価すべきであるとしている。

機　　関

(1) 株主総会

株主総会決議取消しの訴えをめぐって裁判例が蓄積した。

まず，東京高判平成22・7・7（40事件）は，全部取得条項付種類株式の取得の株

主総会決議により株主の地位を奪われた株主は，当該決議の取消訴訟の原告適格を有するとした（東京地判平成22・9・6〔44事件〕も同趣旨）。

また，この東京地判平成22・9・6は，会社法の文言上，同制度の利用に何らの理由も必要とされていないこと，取得決議に反対した株主に公正な価格の決定の申立てが認められていること（会社172条1項）に照らせば，多数決により公正な対価をもって株主資格を失わせること自体は会社法が予定しているというべきであるから，会社に少数株主を排除する目的があるというのみでは，会社法の趣旨に違反するとはいえないとしている。他方，東京地判平成19・12・6（43事件）は，株主の権利の行使に関してする財産上の利益の供与は，「当該利益が，株主の権利行使に影響を及ぼすおそれのない正当な目的に基づき供与される場合であって，かつ，個々の株主に供与される額が社会通念上許容される範囲のものであり，株主全体に供与される総額も会社の財産的基礎に影響を及ぼすものでないときには，例外的に違法性を有しないものとして許容される場合がある」とした点のみならず，会社法120条1項の禁止する利益供与を受けた議決権行使により可決された決議には，その方法が法令に違反したものとして，取消原因があるとした点でも意義を有する。そして，東京地判平成22・3・24（36事件）は，計算書類等の株主への提供義務違反又は備置義務違反は，株主総会決議の取消原因に当たり，また，そのような瑕疵は重大であるとして，裁量棄却を認めなかった。

さらに，東京地判平成19・6・13（17事件）は，会社法305条1項にいう「議案の要領」とは，株主総会の議題に関し，当該株主が提案する解決案の基本的内容について，会社及び一般株主が理解できる程度の記載をいうものとし，「提案の理由」は当然には含まれないとした。

(2) 取締役・代表取締役

まず，最判平成21・4・17（26事件）は，重要な業務執行に該当する取引の，取締役会の決議を経ていないことを理由とする無効は，原則として会社のみが主張することができ，会社以外の者は，その会社の取締役会が無効を主張する旨の決議をしているなどの特段の事情がない限り，無効を主張することはできないとした。

また，最判平成22・3・16（25事件）は，取締役に対する退職慰労年金は会社法361条1項にいう報酬等に当たり，集団的，画一的処理が制度上要請されているという理由のみから，既に退任した取締役の同意なく退職慰労年金債権を失わせることはできないとした。また，最判平成21・12・18（24事件）は，株主総会の決議を経ずに退職慰労金の支給がなされても，会社が不当利得返還請求をすることが権利の濫用に当たる場合があるとした，珍しい裁判例である。

(3) 会社の不法行為責任

　最判平成21・7・9（20事件）は，不正行為を防止するためのリスク管理体制を構築すべき義務に違反した過失があるということはできないとして，代表取締役の不法行為に基づく会社の損害賠償責任（会社法では350条）を認めなかったが，会社法350条に基づく会社の責任が認容されたものとして大阪地判平成21・10・16（21事件）がある。また，佐賀地判平成22・3・26（22事件）は，民法709条を直接適用したのか，会社法350条を適用したのか，必ずしも明らかではないが，親会社の子会社従業員に対する不法行為責任を認めたものとして意義を有する。

(4) 取締役等の損害賠償責任

　最判平成21・11・27（31事件）は，融資に関する金融機関の取締役の善管注意義務に関する最高裁判所の裁判例として意義を有する。そして，最決平成21・11・9（48事件）は，刑事事件に関するものであるが，最高裁としては明確に経営判断原則に言及した，初めての公表裁判例である。他方，最判平成22・7・15（28事件）は，非上場株式の買取りに関する取締役の善管注意義務違反を否定した。

　また，最判平成21・11・27（32事件）は，農協の代表理事が理事会の一任を取り付けて業務執行を決定し，他の理事らが代表理事の業務執行に深く関与せず，また，監事も理事らの業務執行の監査を逐一行わないという慣行が存在したとしても，そのような慣行は適正なものとはいえず，これによって農協の監事の職責は，軽減されるものではないとしたが，監査役の責任にも妥当するものと考えられる。

　さらに，最判平成20・1・28（29事件）は，平成17年改正前商法266条1項5号が定める損害賠償責任の消滅時効期間は10年であるとしたもので，これは会社法423条に基づく責任にも妥当するものと考えられる。また，最判平成21・3・10（45事件）は，これまで，高裁レベルの判断が分かれていた中で，代表訴訟で追及することができる「取締役ノ責任」には，取締役の地位に基づく責任のほか，取締役の会社に対する取引債務についての責任も含まれるとした。

　なお，大阪地判平成22・7・14（46事件）は，平成17年改正前商法268条ノ2第1項（会社852条が相当）は，代表訴訟を提起した株主が勝訴した場合の，弁護士報酬として「相当ナル額」の決定に当たって考慮に入れるべき要素を明らかにした上で，「相当ナル額」を具体的に認定したものとして意義を有する。

　やや毛色は異なるが，名古屋高判平成20・4・17（30事件）は，取締役が第三者を代表して，又は代理して競業行為を行ったことを必ずしも直接認定することなく，競業避止義務違反による損害賠償責任を認めている点で興味深いと同時に，会社の損害額の推定（平成17年改正前商法266条4項〔会社423条2項がこれに相当〕）との関

連で，取締役及び取締役の親族が競業会社から得た役員報酬の額の一部を取締役が得た利益の額としている。

計　算

最判平成20・7・18（33事件）及び最判平成21・12・7（34事件）は，改正後の決算経理基準は，幅のある解釈の余地があり，新たな基準として直ちに適用するには，明確性に乏しかったと認められ，その当時，従来の税法基準の考え方による処理を排除して厳格に改正後の決算経理基準に従うべきことも必ずしも明確であったとはいえず，過渡的な状況にあったといえ，そのような状況の下では，これまで「公正ナル会計慣行」（平成17年改正前商法32条2項）として行われていた税法基準の考え方によって支援先等に対する貸出金についての資産査定を行うことも許容されるものといえるという立場を採った。

その他

最判平成20・2・26（47事件）は，役員権利義務者は解任の訴えの対象とならないとした。また，名古屋地一宮支判平成20・3・26（42事件）が，名義書換未了の株主には株式交換無効の訴えの原告適格は認められないとした。さらに，最判平成21・4・17（18事件）は，取締役・監査役の選解任を内容とする総会決議不存在確認の訴えの係属中にその会社が破産手続開始の決定を受けても，不存在確認訴訟についての訴えの利益は当然には消滅しないとした。名古屋高判平成21・6・30（38事件）は，株式会社について破産宣告がなされ，かつ，同時破産廃止決定がなされた場合にも，清算事務の終了後，決算報告書の作成と株主総会におけるその承認により清算は結了し，当該株式会社の法人格が消滅するとした。

なお，会社法の解釈が問題となったものではないが，会社をめぐる裁判例として，最判平成22・1・29（49事件）は，グループ会社間で借主会社の代表取締役に対する保証債務の履行請求が権利濫用に当たるとし，最決平成22・5・31（50事件）は，監査人につき虚偽記載有価証券報告書提出罪などの共同正犯が成立するとした。

Number 01

株式会社の行為と
その附属的商行為性

商法503条・522条，会社法5条

最判平成 20・2・22
平成19年（受）第528号，X対有限会社三富士興業，所有権移転登記抹消登記手続等請求本訴，貸金請求反訴，所有権移転登記抹消登記手続請求事件，民集62巻2号576頁

→ 事実

　X（本訴原告・反訴被告・本訴控訴人・反訴被控訴人・上告人）所有の不動産（本件不動産）には，原因を平成3年5月7日金銭消費貸借，平成6年7月26日設定，債務者をX，抵当権者を有限会社法の規定による有限会社であった（現在は，会社法の施行に伴う関係法律の整備等に関する法律2条1項に基づき，会社法の規定による株式会社）Y（本訴被告・反訴原告・本訴被控訴人・反訴控訴人・被上告人）とする抵当権（本件抵当権）の設定登記（本件抵当権設定登記）がされている。

　そこで，XがYに対し，本件不動産の所有権に基づき，本件抵当権設定登記の抹消登記手続を求めて訴えを提起したのが，本件本訴である。これに対して，YがXに対し，主位的請求として，平成3年5月7日に，YはXに1億円を貸し付けたと主張して，残元本9498万4440円及び遅延損害金の支払を求め，予備的請求として，平成3年5月7日に，YはBに1億円を貸し付け，XがBの債務を連帯保証したと主張して，主位的請求と同額の金員の支払を求めるものが本件反訴である。そして，Yは，本件抵当権の被担保債権は反訴請求に係る債権であると主張している。

　なお，Xは，平成17年11月1日の原審第1回口頭弁論期日において，反訴請求に係る債権につき商法522条所定の5年の消滅時効が完成しているとして，これを援用した。

　原判決（福岡高判平成18・12・21金判1303号41頁）は，Yの代表取締役であるAは，「男らしくバンと貸してやるという気持ち」で，自己が代表取締役を務める有

限会社であるYにおいてXの依頼に応じることとし，Xが竹馬の友であることを強調して，Yの経理担当者をして，Yがその取引銀行から融資を受けるための手続をさせ，融資を受けた1億円をYがX又はBに貸し付けた（本件貸付け）ものであるから，本件貸付けはYの営業とは無関係にAのXに対する情宜に基づいてされたものとみる余地があり，そうすると，本件貸付けに係る債権が商行為によって生じた債権に当たるということはできず，上記債権には商法522条が適用されないから，Xの消滅時効の主張はその前提を欠くとして，本件貸付けに係る債権が時効消滅したということはできないとした。

→ 判旨

破棄差戻し

「会社の行為は商行為と推定され，これを争う者において当該行為が当該会社の事業のためにするものでないこと，すなわち当該会社の事業と無関係であることの主張立証責任を負うと解するのが相当である。なぜなら，会社がその事業としてする行為及びその事業のためにする行為は，商行為とされているので（会社法5条），会社は，自己の名をもって商行為をすることを業とする者として，商法上の商人に該当し（商法4条1項），その行為は，その事業のためにするものと推定されるからである（商法503条2項。同項にいう『営業』は，会社については『事業』と同義と解される。）。

前記事実関係によれば，本件貸付けは会社であるYがしたものであるから，本件貸付けはYの商行為と推定されるところ，原審の説示するとおり，本件貸付けがAのXに対する情宜に基づいてされたものとみる余地があるとしても，それだけでは，1億円の本件貸付けがYの事業と無関係であることの立証がされたということはできず，他にこれをうかがわせるような事情が存しないことは明らかである。

そうすると，本件貸付けに係る債権は，商行為によって生じた債権に当たり，同債権には商法522条の適用があるというべきである。」

→ 解説

本判決は，一般論としては，会社の行為にも商行為に当たらない行為があることを前提としつつも，会社のある行為がその会社の事業のためにするものでないこと，すなわちその会社の事業と無関係であることの主張立証責任は，会社のその行為が

商行為でないと主張する者が負うとし，貸付けが情宜に基づいてなされた面を有することのみでは，会社の貸付行為が商行為であるとの推定を覆すには不十分であるとしたものである。

　平成17年改正前商法の下での，通説は，会社については商法503条2項の推定規定適用の余地はないと解していた。これは，会社は営業のために設立され，特定の営業のために存在するものであるから生来の商人であり，会社には一般の私生活なるものは観念できず，営業が会社の存在目的のすべてであるという視点から，会社のすべての行為は，営業としての行為（平成17年改正前商法502条・523条）又は営業のための行為（平成17年改正前商法503条1項）であると解していたからである。これに対して，会社も社会的実在として存在しかつ活動している限り，営業生活以外に一般社会人としての生活領域が存し得るから（災害や社会的行事における寄附など），会社に営業生活以外の生活が存しないとすることには疑問の余地があるとする見解も少数説ながら存在した（大隅健一郎『商行為法』〔青林書院，1958年〕23頁）。

　他方，従来の判例は，会社は生来的商人であって，会社には商法503条2項の適用の余地がないことを前提としているものが少なくなかったが（大判昭和11・12・26大審院裁判例10巻民305頁，最判昭和29・9・10民集8巻9号1581頁），一般論として，反証の余地を認めたものもあり（大判昭和3・1・20法律新聞2811号14頁，大判昭和12・6・25法学6巻1330頁など），判例は必ずしも会社に対する商法503条2項の適用の余地を排除していなかった。しかも，たとえば，東京地判平成9・12・1判タ1008号239頁が，「会社の行為はその大半が商取引に関するものであって，簡易，迅速，不要式といった特性を原則とすべきであるけれども，ごく一部に例外とすべき行為が存することも，当然のことながら，否定できない」とし，「実質的に考えても，会社の行為であるという一事をもって，それはすべて商行為と定めてしまうことは，会社に対し，いわゆるポケットマネーを保有する余地を完全に否定することになり，会社活動の実態と大きくかけ離れた法的効果をもたらす結果を招来し，不都合である」として，「会社についても，商法503条2項の適用により，その行為について商行為性の推定が覆る可能性を肯定すべきである」としていた。本判決は，一般論としては，このような解釈を是認したものと考えられるが，本判決と異なり，前掲東京地判平成9・12・1は商行為性の推定が覆る場合を広く認めていた。すなわち，「附属的商行為は商人が営業のためにする意思が客観的に認められる必要があるところ，金銭貸借をその目的に含んでいない会社が，他の会社の代表者個人に金銭を貸し付けることが，同会社との取引に資することにつながるとは必ず

しも客観的に認め得るものではないことからして、このような貸付行為は附属的商行為に該当しないと解すべきである」とし、また、「会社内部における行為については、たとえそれが営業に資することをもくろんでなされたものであっても、簡易、迅速、不要式といった、前述の商取引一般に要求される特性を具備しているとは考え難く、したがって、これを附属的商行為に該当すると解すべきではない」としていた。後者については、東京地判昭和57・3・29判時1054号153頁も、当該消費貸借は「Xの営業のためにする雇傭契約と関連性を有し、XにとってもYの主張するような有用性を有することは否定し得ないが、第三者に対するものではなくXの従業員に対する社内的なもので、しかもXの社内的な制度に基づくものではなく、Yの一身的な特殊事情に基づいた偶発的、個人的色彩の極めて濃厚なものであるといわざるを得ない」から「商法503条所定の附属的商行為に該当するとは認められ……ない」としており、同様の見解によっていた。

なお、会社法5条は、「会社……がその事業としてする行為及びその事業のためにする行為は、商行為とする」と定め、商法503条2項のような規定は会社法には設けられていない。しかし、商法4条1項は、商人とは、自己の名をもって商行為をすることを業とする者をいうとしているところ、会社法5条と併せ読むと、会社は、通常、商行為をすることを業としているため、商人に当たると解されること、商法11条1項かっこ書は「会社……を除く。以下この編において同じ」と定めているにとどまり、商行為編との関係では、会社は対象から除かれていないこと、商法11条1項かっこ書自体が会社が商人に当たることがあることを前提とすることなどにかんがみると、会社の行為には商行為に当たらないものがあるとしても、平成17年改正後においても商法503条2項は会社にも適用され、会社の行為はその事業のためにするものと推定されると解すべきであろう。また、会社法5条が単に「会社の行為は商行為とする」と規定せず、「その事業としてする行為及びその事業のためにする行為は、商行為とする」と規定していることからは、反対解釈として、会社がなす行為には商行為に当たらないものがあると解することがかえって自然であるということもできる。

絹川泰毅・ジュリ1369号101頁、同・曹時61巻10号3271頁、山田純子・平成20年度重判解（ジュリ1376号）127頁、相原隆・商法（総則・商行為）百選〔第5版〕74頁、黒野葉子・金判1310号20頁、日下部真治・金判1307号20頁、伊藤雄司・NBL882号30頁、笹本幸祐・法セ642号115頁、山下典孝・速判解4号113頁、田中裕明「消滅時効」神戸学院法学38巻3・4号879頁、山田知司・平成20年度主判解148頁。

Number 02

会社法8条にいう「不正の目的」

会社法8条

大阪地判平成21・9・17
平成20年(ワ)第6054号, 株式会社青雲荘対青雲産業株式会社, 不正競争行為差止等請求事件, 裁判所HP

→ **事実**

　ビジネスホテル業, レストラン, 喫茶業などの業務を行う株式会社であり, Cが設立した「株式会社青雲荘」をその商号とするXが, 旅館及びビジネスホテルの経営, 給食事業その他の業務を行う株式会社であり, 「青雲産業株式会社」をその商号とするY（代表者はCの二男のB）に対し, ①主位的に, Yの行為は不正競争防止法2条1項1号所定の不正競争行為に該当するとして, 同法3条に基づき, ②予備的に, Yが不正の目的をもってXと誤認されるおそれのある商号を使用しているとして, 会社法8条に基づき, Yの使用する上記商号の抹消登記手続, 「青雲」の文字を含む表示の使用差止め及び看板等の営業物件からの「青雲」の表示の抹消を求めて訴えを提起したのが本件である。Yの会社案内である経歴書（本件経歴書）には, 「昭和59年4月　株式会社青雲荘の地方営業部門を独立させ青雲産業株式会社を設立」をはじめとして, YがXの関連会社であることを示すような記載があった。なお, Yは, Bに加え, CやA（Xの代表者, Cの三男）その他のH家の親族が発起人となり, 設立された会社であり, Xは, Yの設立時に, Yが「青雲産業株式会社」の商号を使用することを許諾していた。また, Cの夫のGは青雲興産株式会社（当初の商号は太陽興産株式会社）の代表取締役を, Cの四男のDは青雲給食株式会社の代表取締役をそれぞれ務めており, H家の親族が代表者を務める会社の商号には「青雲」の文字が使用されている。

→ 判旨　　　　　　　　　　　　　　　　　　　　　　　　　　　請求棄却

「Yは，Xの許諾に基づいてY商号を使用しているものと認められるから，……YによるY商号の使用が不正競争防止法2条1項1号所定の不正競争行為に該当するとはいえない。したがって，Xの主位的請求には理由がない。」「会社法8条にいう『不正の目的』とは，他の会社の営業と誤認させるなどして，他の会社と不正に競争する目的など，不正な活動を行う積極的な意思を有することを要するものと解される。」「Yは，その設立時に青雲産業株式会社の商号の使用をXから許諾されたものであり，Yにおいて，Xの営業と誤認させる目的などの不正な活動を行う積極的な意思に基づいてY商号の使用を開始したと認めることは到底できない。」「Yは，昭和59年4月の設立時から本件経歴書が作成されるまでの20年以上もの長期間にわたってXの許諾に基づいてY商号の使用を続けてきたものであり，その間に不正の目的を有していたことを裏付けるような事情もうかがえず，XからY商号の使用について異議が述べられた形跡もない」。「XとYとの間には資本関係がないとしても，H家の親族が経営するいわば青雲グループの一員としてYが設立されたと捉えることにも合理的な理由がないとはいえず，本件経歴書に上記のようなXの設立経緯などXとYが関連会社であることを示すような記載があるとしても，これを虚偽記載であると断ずることはできない。したがって，本件経歴書中の上記記載をもって，Yにおいて，Xと誤認させるなど不正な活動を行う積極的な意思に基づいてY商号を使用していると推認することはできない。……Yが会社法8条にいう不正の目的をもってY商号を使用しているとは認められないから，Xの予備的請求も理由がない。」

→ 解説

本判決は，まず，商号権者の許諾を得て，類似商号を使用している場合には，当該類似商号の使用は不正競争防止法2条1項1号所定の不正競争行為に該当しないとした。これは，たとえば，「被害者の承諾は一般に公益に関せず，被害法益につき自由に処分し得る者の承諾がある限り違法性を阻却するもので，不正競争防止法の保護法益は公益，私益の双方であるが，その規定の中でも専ら私益の保護に重点を置き，私益の保護をとおして反射的に公益を保護せんとする規定もあり，そのような場合には被害者の承諾によつて行為自体の公正さ，不公正さに対する評価が変り，公正競業秩序を何ら害しない結果となるから，公益保護の目的にも反しないと

解されるところ，同法1条1項1号，2号は周知表示を使用する特定営業者を保護する趣旨の規定と考えられるので，右営業者の許諾がある限り違法性を阻却するものというべきである」とする大阪高判昭和58・10・18無体例集15巻3号645頁の立場を踏襲したものと解される。

　他方，平成17年改正前商法21条は，不正の目的をもって「他人ノ営業ナリト誤認セシムベキ商号」を使用することを禁止し，これに違反して，商号を使用する者があるときは，これによって利益を害されるおそれのある者はその使用の差止めを請求し，また，損害賠償を求めることができると定めていた。不正競争防止法では十分に保護されない場合がなお存在するものとして，会社法に設けられた同趣旨の規定が8条である。

　多数説は，平成17年改正前商法21条にいう「不正ノ目的」とは，他人の氏・氏名・商号その他の名称を当該他人の承諾なしに自己の営業に使用して，自己の営業をその名称によって表示される他人の営業であるかのように一般世人に誤認させる意図であると解していたし，会社法8条の解釈としても同様であろう（田中誠二＝喜多了祐『コンメンタール商法総則〔全訂版〕』〔勁草書房，1975年〕243頁，大隅健一郎『商法総則〔新版〕』〔有斐閣，1978年〕186頁，大森忠夫『商法総則・商行為法〔新版〕』〔三和書房，1981年〕88頁，森本滋編『商法総則講義〔第3版〕』〔成文堂，2007年〕65頁など。また，大野正道・商法（総則・商行為）百選〔第5版〕28頁，酒巻俊雄＝龍田節編集代表『逐条解説会社法(1)』〔中央経済社，2008年〕123頁〔大塚龍児〕）。

　また，裁判例も，同様の解釈を採っていた。すなわち，たとえば，東京地判平成10・7・16判タ985号263頁は，平成17年改正前商法21条1項の「『不正の目的』とは，他人の営業を表示する名称を自己の営業に使用することにより，自己の営業を当該名称によって表示される他人の営業と誤認混同させようとする意思をいう」と，大阪地判平成16・2・19（平成15年(ワ)第7208号・平成15年(ワ)第7993号，裁判所HP）は，「『不正の目的』とは，他人の営業を表示する名称を自己の営業に使用することで，自己の営業をその他人の営業と誤認混同させようとする意図をいうものと解すべきである」と，それぞれ，判示していた。

　そして，知財高判平成19・6・13判時2036号117頁は，「会社法8条（旧商法21条）は，故意に信用のある他人の名称又は商号を自己の商号であるかのように使用して一般公衆を欺くというような反社会的な事象に対処すること等を目的として設けられたものであること，同条は，不正競争防止法2条1項1号のように他人の名称又は商号が『周知』であることを要件とせずに，営業上の損害を受けるおそれのある者に差止請求権を付与していること，後に名称又は商号の使用を行った者

が，その名称又は商号の使用を禁止される不利益も少なくないこと等の事情に照らすならば，同条にいう『不正の目的』は，他の会社の営業と誤認させる目的，他の会社と不正に競争する目的，他の会社を害する目的など，特定の目的のみに限定されるものではないが，不正な活動を行う積極的な意思を有することを要する」と判示していた。本判決は，一般論としては，この立場を踏襲したものと推測されるが，このように「不正の目的」を解すべき根拠については，全く説示していない。

　なお，本判決は，Yの設立時に，類似商号の使用のXによる許諾があったことを「不正の目的」が認められないとする主要な根拠としているが，前掲大阪高判昭和58・10・18は，「Y設立当時，Y商号を使用するについて黙示のいわば原始的許諾があつたとしても，YがXの子会社を脱して独立して当初の設立目的と異る方向を追及〔ママ〕して行く以上，独立の法人として尚且Y商号を使用することは著名な商号に只乗りするものとの批判を免がれず，前示許諾にはYがXの子会社でなくなることを解除条件とする黙示の附款があつたと解するのが相当である」としていた。もっとも，「X〔ママ〕商号の許諾自体何ら明示の契約によるものではなく，Y設立の目的から推測される黙示のものであること」をこのように解する根拠としてかなり重視していたようでもあり，本件のように明示の承諾があったと認定されている事案とは異なるし，本件におけるXとYの関係とは異なるというべきであろう（ただし，原審判決である神戸地判昭和57・1・26判タ469号254頁）。また，本件では，Xの商号の著名性は認定されていない。

笹本幸祐・法セ662号129頁。本判決についての評釈等ではないが，知財高判平成19・6・13について，小塚荘一郎・ジュリ1388号104頁，渋谷達紀・判評610号（判時2054号）20頁，酒井太郎・金判1338号12頁，林﨑・リマークス40号82頁，笹本幸祐・法セ660号125頁参照。

Number 03

会社分割と分割会社の債務に対する承継会社の責任

会社法 22 条

最判平成 20・6・10
平成 18 年 (受) 第 890 号, 大東開発株式会社及び株式会社涼仙対株式会社横畑建設, 預託金返還請求事件, 判時 2014 号 150 頁

→ **事実**

　X 株式会社（原告・控訴人・上告人）は，A 株式会社（1 審被告）に対し，A が経営していた預託金会員制の B ゴルフ倶楽部（以下「B」という）について，3500 万円の会員資格保証金（本件保証金）を預託して，その法人正会員となった。B の平成 11 年変更後会則は，法人正会員は，平成 11 年 5 月 18 日から起算して満 5 年が経過した日以降，所定の退会手続を終了した後，会員資格保証金の返還を請求できると定めていた。他方，平成 15 年 1 月 8 日付け会社分割により，A の完全子会社として Y（被告・被控訴人・被上告人）が設立され，Y は，A から B に係る権利義務を承継して B を経営している。なお，分割計画書には，Y が A から承継する権利義務は「承継権利義務明細表」記載のとおりとされ，同明細表中の「資産及び負債」の別紙 1「資産及び負債の金銭明細」中の流動負債及び固定負債の項には，銀行に対する負債のみが記載され，会員資格保証金返還債務を Y は承継しなかった。

　X は，Y に対し，B からの退会及び本件保証金の返還を求める旨の通知を行ったが，Y が応じなかったため，本件保証金の返還を求めて訴えを提起したのが本件である。第 1 審判決（名古屋地判平成 17・6・22 金判 1302 号 54 頁）及び原判決（名古屋高判平成 18・2・2 金判 1302 号 53 頁）は平成 17 年改正前商法 26 条 1 項の類推適用を否定すべき特段の事情があるとして，X の Y に対する請求を認めなかった。

　なお，B 理事会は，平成 15 年 3 月 25 日に，B の会員資格を Y の株主に限定し，会員資格保証金返還条項を削除する等の会則改定を決議し，同年 4 月 15 日付けで会則改定がされ，また，そのころ，本件会社分割により Y が B を経営する会社と

して設立されたこと及びB会員権をY発行の株式へ転換することにより，BをY経営の株主会員制のゴルフクラブに改革することを伝え，Bの会員権を上記株式に転換するよう依頼すると記載された「お願い書」と題する書面がYからXに送付されていた。

→ 判旨　　　　　　　　　　　　　　　　　　　　　　　　　　　破棄自判

「預託金会員制のゴルフクラブの名称がゴルフ場の事業主体を表示するものとして用いられている場合において，ゴルフ場の事業が譲渡され，譲渡会社が用いていたゴルフクラブの名称を譲受会社が引き続き使用しているときには，譲受会社が譲受後遅滞なく当該ゴルフクラブの会員によるゴルフ場施設の優先的利用を拒否したなどの特段の事情がない限り，譲受会社は，会社法22条1項の類推適用により，当該ゴルフクラブの会員が譲渡会社に交付した預託金の返還義務を負うものと解するのが相当であるところ（最高裁平成……16年2月20日第二小法廷判決・民集58巻2号367頁参照），このことは，ゴルフ場の事業が譲渡された場合だけではなく，会社分割に伴いゴルフ場の事業が他の会社又は設立会社に承継された場合にも同様に妥当するというべきである。

　なぜなら，会社分割に伴いゴルフ場の事業が他の会社又は設立会社に承継される場合，法律行為によって事業の全部又は一部が別の権利義務の主体に承継されるという点においては，事業の譲渡と異なるところはなく，事業主体を表示するものとして用いられていたゴルフクラブの名称が事業を承継した会社によって引き続き使用されているときには，上記のような特段の事情のない限り，ゴルフクラブの会員において，同一事業主体による事業が継続しているものと信じたり，事業主体の変更があったけれども当該事業によって生じた債務については事業を承継した会社に承継されたと信じたりすることは無理からぬものというべきであるからである。なお，会社分割においては，承継される債権債務等が記載された分割計画書又は分割契約書が一定期間本店に備え置かれることとなっているが（本件会社分割に適用される旧商法においては，同法374条2項5号，374条の2第1項1号，374条の17第2項5号，374条の18第1項1号。），ゴルフクラブの会員が本店に備え置かれた分割計画書や分割契約書を閲覧することを一般に期待することはできないので，上記判断は左右されない。」

→ 解説

　本判決は，最判平成16・2・20民集58巻2号367頁を前提として，会社法22条1項の類推適用により，ゴルフ場経営会社の会社分割によりゴルフ場の営業を承継し，ゴルフクラブの名称を続用した設立会社は，承継後遅滞なくそのゴルフクラブの会員によるゴルフ場施設の優先的利用を拒否したなどの特段の事情がない限り，分割会社が負う会員資格保証金返還債務につき弁済責任を負うとしたものである。

　平成17年改正前商法26条1項の趣旨として，判例は，譲受人が譲渡人の商号を続用する結果，営業譲渡があったにもかかわらず債権者の側から営業主体の交替を認識することが一般に困難であるため，譲受人のそのような外観を信頼した債権者を保護すること（最判昭和29・10・7民集8巻10号1795頁）及び譲渡の目的たる営業に含まれる債務も譲受人が引き受けたものと信頼するのが通常の事態と考えられること（最判昭和47・3・2民集26巻2号183頁）を指摘してきた（前掲最判平成16・2・20も同趣旨）。また，東京高判平成14・9・26判時1807号149頁は，商号が続用される場合には，債権者は，営業譲渡の事実を知らず譲受人を債務者と考えるか，知ったとしても譲受人による債務の引受けがあったと考え，いずれにしても譲受人に対して請求ができると信じ，営業譲渡人に対する債権保全を講ずる機会を失うおそれが大きいこと等にかんがみ，債権者を保護するところに，その趣旨があると解していた（東京高判平成14・8・30金判1158号21頁も同趣旨）。そして，前掲最判昭和47・3・2は，「その目的たる営業の意味するところは全く同一に解されるだけでなく，いずれも法律行為による営業の移転である点においては同じ範疇に属する」こと及び譲渡人の債務も引き受けられたと信頼するのが通常の事態であると考えられる点では差がないことを理由として，現物出資の場合に類推適用されるとしていたし，前掲東京高判平成14・9・26は，営業の包括的な賃貸借の場合には，営業の賃借人が外部に対して，その営業の主体となり，その営業から生ずる権利義務の帰属者となることにおいては，営業の譲受人と何ら異なるものではないから，営業の賃借人が賃貸人の商号を続用する場合においても，営業の譲渡の場合に関する改正前商法26条1項を類推適用すべきであるとしていた（経営委任の場合に類推適用の余地を認めたものとして前掲東京高判平成14・8・30）。

　このような裁判例に照らすならば，平成17年改正前においては，会社分割の場合にも，承継会社が承継した営業から生ずる権利義務の帰属者となり，その点では営業譲渡と違いはなかったから，会社法22条1項を類推適用する基礎はあると考えられる（本件と同一の被告に対する請求に係る名古屋高判平成18・2・2金判1302号53頁

〔本件の原判決〕，名古屋高判平成18・7・26〔平成18年(ネ)第67号〕及び東京地判平成19・9・12判時1996号132頁も同趣旨)。

　もっとも，会社分割については債権者保護手続が定められていること及び事前及び事後の開示があることから，類推適用をすべきではないという見解も有力であったし（江頭憲治郎編『会社法コンメンタール(1)』〔商事法務，2008年〕218頁〔北村雅史〕），免責の登記とセットとなって，会社法22条1項は譲受人と譲渡人の事業上の債権者との利益の調整を図っているのであり，免責の登記の制度がない会社分割の場合には，慎重に類推適用すべきであるという考え方もあり得よう（前掲東京高判平成14・8・30参照）。すなわち，会社法22条1項の立法趣旨を本判決のように解するのであれば，事業譲渡の事実と自己の債権の不承継との両方について事業譲渡直後に悪意であった債権者は本条による保護は受けないと解するのが首尾一貫し（竹内昭夫＝龍田節編『現代企業法講座(1)』〔東京大学出版会，1984年〕232頁〔渋谷達紀〕），仮に，本条が適用される場合には善意・悪意を問わないという多数説の見解によるとしても，類推適用の場合には異なって解することに合理性がないとはいえない。そして，本件においては，「お願い書」と題する書面がYからXに送付されていたことなどにかんがみると，Xは悪意であった，又はYはXに対してAの会員資格保証金返還債務を弁済する責任を負わない旨を通知したと解する余地もあったのではないかと思われる（もっとも，那須弘平裁判官は補足意見において，「お願い書」の「送付は……『遅滞なく』行われたものとはいえないことが明らかであるから，会社法22条2項の要件を満たす通知ないしこれに準ずべき特段の事情があったとまではいえない」とする)。

　＊　なお，現在では，A株式会社が商号の類似するB株式会社を新設分割設立会社とする新設分割をした場合において，新設分割によるB会社の設立登記とともに，B会社はA会社の債務を弁済する責任を負わない旨の会社法22条2項の登記の申請があった場合には，これを受理するものとされている（塚田佳代＝前田和樹「商業・法人登記実務の諸問題(2)」民事月報64巻9号12頁)。

池野千白・平成20年度重判解（ジュリ1376号）125頁，菊田秀雄・金判1331号13頁，片木晴彦・民商140巻1号83頁，得津晶・NBL888号4頁，沢野直紀＝山崎淳司・西南学院大学論集42巻1・2号71頁，吉田正之・法政理論（新潟大学）42巻2号129頁，新津和典・法と政治（関西学院大学）60巻2号91頁，笹本幸祐・法セ644号133頁，前嶋京子・帝塚山法学18号285頁，滝澤孝臣・平成20年度主判解146頁。

Number 04

他人名義での株式の引受け

会社法 25 条・130 条

東京高判平成 22・7・28
平成 22 年(ネ)第 2300 号, X 対株式会社アミカプレミアムサポート, 株主総会決議不存在確認, 損害賠償反訴請求控訴事件, 判例集未登載

→ 事実

　Y株式会社（被控訴人・本訴被告・反訴原告）の平成20年6月27日付け発起人決定書には「発起人が割当てを受ける設立時発行株式の数及びその払込金額を次のとおりとする。X　普通株式120株　金600万円」との記載があり，同年6月30日付けの払込みがあったことを証する書面には，「X名義の預金口座に平成20年6月30日にX名義で600万円が振り込まれた箇所の通帳の写し」が添付されていた。また，Yの定款の32条には，発起人としてX（控訴人・本訴原告・反訴被告）の住所及び氏名が記載されている。

　Yの平成20年9月22日付け臨時株主総会（本件株主総会）の議事録によると，A及びCのほか，Bの代理人としてDが出席して，Yの代表取締役であったXを取締役から解任する旨及びAを取締役に選任する旨の決議（本件各決議）がなされた。そこで，Xが，本件各決議が不存在であることの確認を求めて訴えを提起したが（本訴事件），原判決である東京地判平成22・3・12（平成20年(ワ)第28923号〔本訴事件〕・平成20年(ワ)第36419号〔反訴事件〕）は請求を棄却した。

　なお，Yの資本金の額は600万円，発行可能株式総数は1000株，発行済株式総数は120株であり，Yの株式を譲渡により取得するには，株主総会の承認を要する旨の定款の定めがある。

→ 判旨

控訴棄却

Ⅰ 「他人の承諾を得てその名義を用いて株式を引き受けた場合においては，名義人すなわち名義貸与者ではなく，実質上の株式引受人すなわち名義借用者がその株主となると解される（最高裁第二小法廷昭和 42 年 11 月 17 日判決・民集 21 巻 9 号 2448 頁・判例タイムズ 215 号 101 頁参照）。また，平成 17 年法律第 87 号による改正前の商法 201 条 1 項において，他人の承諾を得ないでその名義で株式を引き受けた者は株式引受人としての責任を負うと規定されていたように，他人の承諾を得ないでその名義で株式を引き受けた場合も，名義人ではなく，実質上の株式引受人が株主となると解される。……Y 設立の経緯によると，X は，D の指示に従い，自らは実際に払込金を支出することはせずに，Y の発起人として設立時に発行する株式のすべてを引き受けたものとすることを承諾して，Y の設立手続を進めたものと認められる。……Y 株式の払込金総額 600 万円については，……B が 500 万円を，A が 50 万円を，C が 50 万円をそれぞれ支出したものと認められ，Y の株主としては，B が 100 株，A が 10 株，C が 10 株であったものと認められる。」

Ⅱ 「本件株主総会は，Y の株主である B（代理人である D 出席），A，C が全員出席した株主総会であったと認められ，Y の株主ではない D が株主として招集通知を送付した……といった事情はあったものの，招集手続が適式になされたか否かを検討するまでもなく，本件株主総会は適法に開催されたものと認められる。」

→ 解説

本判決は，会社法の下でも，他人名義で株式の引受けがなされても，払込金を実際に出捐した者が株主であるとした裁判例として意義を有するとともに，発起人として定款に記載されている者であっても，払込金を出捐した者でなければ株主ではないとされたこと，株主名簿上の株主でなくとも，株主総会において有効に議決権を行使することができることを前提としている点（判旨Ⅰ）で意義を有する。

平成 17 年改正前商法の下では，本判決が引用する最判昭和 42・11・17 が「他人の承諾を得てその名義を用い株式を引受けた場合においては，名義人すなわち名義貸与者ではなく，実質上の引受人すなわち名義借用者がその株主となるものと解するのが相当である。けだし，商法第 201 条は第 1 項において，名義のいかんを問わず実質上の引受人が株式引受人の義務を負担するという当然の事理を規定し，第 2 項において，特に通謀者の連帯責任を規定したものと解され，単なる名義貸与者が

株主たる権利を取得する趣旨を規定したものとは解されないから，株式の引受および払込については，一般私法上の法律行為の場合と同じく，真に契約の当事者として申込をした者が引受人としての権利を取得し，義務を負担するものと解すべきであるからである」と判示し，この判決は，最判昭和43・4・12集民90号981頁及び最判昭和50・11・14集民116号475頁などにおいて引用され，踏襲されていたし，学説においても，このような見解（実質説）が通説であった（神作裕之・会社法百選20頁〜21頁に掲げられている文献参照）。

また，会社法の下でも，実質説が通説であると考えられ（江頭憲治郎『株式会社法〔第3版〕』〔有斐閣，2009年〕94頁，前田庸『会社法入門〔第12版〕』〔有斐閣，2009年〕62頁，大隅健一郎ほか『新会社法概説〔第2版〕』〔有斐閣，2010年〕49頁注13。また，龍田節『会社法大要』〔有斐閣，2007年〕198頁参照），かつ，平成17年改正前商法201条2項に相当する規定が会社法には設けられなかったため，改正前商法の解釈として，名義貸与者が株主となるとする見解（形式説）が論拠としていた改正前商法201条2項の規定ぶりやその立法者意思は会社法の下ではもはや根拠とならなくなった（神作・前掲21頁，江頭・前掲94頁注5）。したがって，本判決は，通説の立場によったものと解するのが自然なようである。

しかし，Xが発起人として定款に記載されている（Dの指示に従っていたとはいえ，実際にも設立事務を行っていた）ことから生ずる問題がある。すなわち，会社法の下では，発起人は1株以上引き受けなければならないこととされ（会社25条2項），これは，払込みも行い，1株以上の株主となることを要求していると解するのが通説（あるいは定説）のようであり，本判決のような立場を採って問題はないのかということである（神作・前掲21頁，神田秀樹『会社法〔第13版〕』〔弘文堂，2011年〕49頁注3(4)参照）。たとえば，有力な見解（江頭・前掲63頁注2）は，第三者が出捐しても，当該第三者は原始株主とはならないと解しており，発起人として記載された者が原始株主となると解しているようである（有限会社に関する裁判例であるが，高松高判平成8・5・30判時1587号142頁参照）。

また，Xが株主名簿上の株主であり，Yの代表取締役であるという本件の事情に照らすと，A，C及び（Bの代理人としての）Dによる議決権行使が許されるのかという問題がある。すなわち，最判昭和30・10・20民集9巻11号1657頁は，（昭和25年法律第167号による改正前）商法206条は，株主名簿の書換えが何らかの都合で遅れていても，株式の譲渡を認めて譲受人を株主として会社側が取り扱うことを妨げるものではないと判示しているが，XがYの代表取締役であり，自らがYの発行済株式全部を所有していると主張している以上，会社がA，B及びCを株主

として扱う意思を有していたと評価することには無理があるからである。

　この点について，本判決の結論を支持する理論構成としては，会社法130条1項は，「株式の譲渡」は，名義書換えをしなければ会社に対抗できないとするにすぎないから，会社設立や新株発行による取得は原始取得であり，株主名簿上の記載なくして会社に対抗できると解すること（東京高判平成4・11・16金法1386号76頁。また，伊藤雄司「名前ってなに？」法教339号55頁），あるいはXが株主ではなく，A，B及びCが株主であることにつき，Y（すなわち，代表取締役X）に悪意又は少なくとも知らないことにつき重過失が認められるから，株主名簿上の記載にかかわらず，Xに議決権行使をさせることによってはYは免責されず，A，B及びCに議決権行使をさせなければならないと解すること（鴻常夫・法協86巻1号122頁，東京地方裁判所商事研究会編『類型別会社訴訟II〔第2版〕』〔判例タイムズ社，2008年〕806頁）などが考えられよう。

　他方，最判昭和46・6・24民集25巻4号596頁及び最判昭和60・12・20民集39巻8号1869頁は，「招集権者による株主総会の招集の手続を欠く場合であっても，株主全員がその開催に同意して出席したいわゆる全員出席総会において，株主総会の権限に属する事項につき決議をしたときには，右決議は有効に成立する」と判示しており，非株主による招集がなされた場合は，まさに「招集権者による株主総会の招集の手続を欠く場合」に当たるから，判旨IIは，判例の枠組みからは当然の帰結である。

Number 05

競業関係にある会社による株主名簿閲覧請求

会社法125条

東京地決平成 22・7・20
平成22年(ヨ)第20039号、株式会社ウィークリーセンター対株式会社大盛工業、株主名簿閲覧謄写仮処分命令申立事件、金判1348号14頁

→ 事実

　X（債権者）は、上下水道関連工事の施工を主要な業務としつつ、住宅や公園施設等の建築のほか、不動産の売買や賃貸等の業務も行っているY（債務者）の株式140万3700株を保有する株主である。Xは、自ら土地を取得してユニット型共同住宅を建築した上で、これをいわゆるウィークリーマンションとして賃貸したり、ユニット型共同住宅を敷地と共に販売したりする事業を主として営んでおり、Xは、平成19年12月以降、Yとの間で、ユニット型共同住宅に関する業務提携を行ってきたが、平成21年7月13日に、この業務提携を強化したいとして、取締役や従業員の受入れなどを求める提案をYに対してしたが、Yはこの提案に応じることはできない旨回答した。そこで、Xは、同年8月7日、同年10月28日開催の定時株主総会（前回定時株主総会）において、取締役選任に関する議案につき原案に反対するとともに自らの提案する修正動議に賛成してもらうべく委任状勧誘を行うため、Yの株主名簿に記載されている株主の氏名又は名称及び住所等を把握することを目的として、株主名簿の閲覧謄写を求めたが、Yは、基準日である同年7月末日時点の株主名簿の閲覧謄写に応じた。その後、Xは、同年12月11日に、他の株主1名とともに、自らの推薦する取締役4名選任の決議を目的とする株主総会の招集を請求し、平成22年1月20日、Yに対し、株主提案について賛成を得るための委任状勧誘を行うことを目的として、基準日である1月4日時点の株主名簿の閲覧謄写を請求したが、Yは、会社法125条3項2号及び3号所定の拒絶事由があるとして、これを拒絶した。その後、同年2月に臨時株主総会（前回臨時株

主総会）が開催されたが，Xの提案した取締役4名選任の議案は否決された。

そこで，Xが，同年4月26日に，取締役選任決議を目的とする株主総会の招集請求を予定しているとして，同株主総会において自らの行う株主提案について委任状勧誘を行うために株主名簿に記載されている株主の氏名又は名称及び住所等を把握することを目的として，Yの株主名簿の閲覧及び謄写を求めて申立てをしたのが本件である。なお，Xは，同年6月12日，他の株主1名（両者の株式保有割合合計3.8％）と共に，現取締役4名の解任と自らの推薦する取締役4名の選任に関する決議を目的とする株主総会の招集を請求している。

→ 決定要旨　　　　　　　　　　　　　　　　　　　　　　　　　　　申立て認容

Ⅰ　「会社法125条3項2号は，株主等が株式会社の業務の遂行を妨げ，又は株主の共同の利益を害する目的で株主名簿の閲覧謄写請求を行ったときは，当該株式会社はこれを拒むことができる旨を定めている。上記規定は，同項1号と共に，株主等の権利行使が権利の濫用にわたるものであってはならないという基本原理を株主名簿閲覧謄写請求権について宣明する趣旨に出たものであって，例えば，著しく多数の株主等があえて同時に閲覧謄写を求めたり，ことさらに株式会社に不利な情報を流布して株式会社の信用を失墜させ，又は株価を下落させるなどの目的で閲覧謄写を求めるような場合がこれに該当すると解される……。……株主が株式会社に対して業務提携を提案し，その一環として自らの推薦する者を取締役に就けるべく株主提案を行い，賛同者を募る目的で委任状勧誘を行うために株主名簿の閲覧謄写を請求したからといって，このことをもって，会社法125条3項2号にいう『当該株式会社の業務の遂行を妨げ，又は株主の共同の利益を害する目的』に該当するということはできない。」

Ⅱ　「会社法125条3項は，……株主等の権利行使が権利濫用にわたることがあることから，株式会社が株主等による株主名簿の閲覧謄写請求を拒絶し得る場合を明らかにすると同時に，株式会社が濫用防止に名を借りて株主等の正当な権利行使を妨げることを防ぐため，閲覧謄写請求を拒絶し得る場合を同項各号所定の事由に限定したものというべきである。ところで，会社法125条3項……と同一文言の拒絶事由の定めのある会計帳簿の場合（会社法433条2項3号）には，株式会社の経理の実情に関わる情報が記載されており，競業者に閲覧謄写されると，これによって得られた情報が競業に利用されて株式会社が不利益を被る危険性が高いため，請求者が競業者であるときには，定型的にみて権利濫用にわたる権利行使が行われる

おそれがあるということができるのに対し，株主名簿の場合には，株主構成に関わる情報が記載されているにすぎないため，単に請求者が競業者であるというだけでは，閲覧謄写によって得られた情報が競業に利用されて株式会社が不利益を被る危険性が高いということはできないから，定型的に権利濫用にわたる権利行使のおそれがあるとまでいうことはできない。また，単に請求者が形式的に競業者に当たるからといって株主名簿の閲覧謄写を拒絶することが許されるならば，このような請求者である株主が少数株主権の行使や委任状による議決権の代理行使の勧誘等を行うことが困難となるばかりか，株主が競業者に当たるかどうかによって，これらの権利行使の可否又は難易が左右されるという不合理な結果を招くことにもなりかねない。このような諸点にかんがみると，同項3号にいう『請求者が当該株式会社の業務と実質的に競争関係にある事業を営み，又はこれに従事するものであるとき』とは，単に請求者が株式会社の業務と形式的に競争関係にある事業を営むなどしているというだけでは足りず，例えば，株式会社が得意先を株主としているため，競業者に株主名簿を閲覧謄写されると，顧客情報を知られて競業に利用されるおそれがある場合のように，株主名簿に記載されている情報が競業者に知られることによって不利益を被るような性質，態様で営まれている事業について，請求者が当該株式会社と競業関係にある場合に限られると解するのが相当である。……X及びYは，いずれも不動産の賃貸や売買等の事業を行っているというのであるから，両者は形式的には競業関係にあるというべきであるけれども，両者が競業関係にある上記事業について，株主名簿に記載されている情報が競業者に知られることによって不利益を被るような性質，態様で営まれているものであることを疎明するに足りる疎明資料はない。かえって，……Yは，平成20年以前から，Xと競争関係にある不動産の賃貸や売買等の事業を営んでいたにもかかわらず，Xが平成21年8月に株主名簿の閲覧謄写を請求した際には，Xが実質的に競業関係にあるなどと主張するようなことは一切なく，株主名簿の閲覧謄写に応じたというのであるから，上記事業が前述のような事業に当たらないことは明らかというべきである。」

→ 解説

決定要旨Ⅰについては，異論のないところであろうが，決定要旨Ⅱは，会社法125条3項3号にいう「実質的に競争関係にある事業」の範囲を会計帳簿等の閲覧等拒絶事由（会社433条2項3号）が認められる範囲よりも狭く解して，拒絶事由がないとした点で意義を有する。会社法125条3項3号が定める拒絶事由は，要綱試

案段階（第4部第3，10(5)）でも要綱案段階（第2部第4，5(5)）でも列挙されていなかったものである。この拒絶事由に対しては，少数株主権の行使との関係で株主閲覧請求が認められる必要があること，株主が閲覧等する可能性を考慮して，株主名簿の法定記載事項（会社121条）が絞り込まれていること，閲覧請求権が単独株主権とされていることは株主名簿は株主にとって重要な情報である一方，会社の秘密とは言い難いことを前提とすると推測されること，会計帳簿資料と異なり，その閲覧によって閲覧者が競業上，不当な利益を得るような情報を株主名簿は通常は含まないと考えられること，委任状勧誘合戦がコーポレート・ガバナンスの観点から望ましいというのであれば，株主名簿の閲覧等を認める必要性は増加していることなどを根拠として，立法論としては合理性を欠くという批判が強い（たとえば，鳥山恭一・法セ641号121頁）。

　東京地決平成19・6・15資料版商事法務280号220頁及び東京地決平成20・5・15金判1295号36頁は，会社法125条3項3号の拒絶事由に当たるとして，申立てを却下したが，後者の抗告審である東京高決平成20・6・12金判1295号12頁は，会社法125条3項「3号は，請求者が当該株式会社の業務と実質的に競争関係にある事業を営み，又はこれに従事するものであるときには，株主（請求者）がその権利の確保又は行使に関する調査の目的で請求を行ったことを証明しない限り」，会社は，「請求を拒むことができることとしたものであり，株式会社が当該請求を拒むことができる場合に該当することを証明すべき責任……を転換することを定める旨の規定である」として，株主が，専らその権利の確保又は行使に関する調査の目的で本件株主名簿の閲覧及び謄写の請求を行ったものであるとの事実を一応認めることができる場合には，会社は株主名簿の閲覧及び謄写の請求を拒むことはできないとしていた。しかし，会社法125条3項3号の文言からは，証明責任の転換規定であると解することにはかなり無理があり，また，同条項の他の号及び会計帳簿資料閲覧請求に関する会社法433条2項各号も証明責任の転換規定であると解してよいのかという問題があった（東京地判平成19・9・20判時1985号140頁参照）。そこで，立法趣旨に照らして，文言を縮小解釈することによって，本決定は，妥当な結論を導こうとしたものであると評価することができる。

荒谷裕子・セレクト2010［Ⅱ］21頁，石井裕介・商事法務1917号4頁，菊田秀雄・金判1365号2頁，大塚和成・銀法722号62頁。

Number 06

日刊新聞紙を発行する新聞社の従業員持株制度における合意の有効性

会社法 127 条・107 条

最判平成 21・2・17
平成 20 年(受)第 1207 号, X_1 及び X_2 対株式会社日本経済新聞社及び日本経済新聞共栄会, 株主権確認等, 株主名簿名義書換等, 株式保有確認等請求事件, 判時 2038 号 144 頁

→ 事実

　X_1 及び X_2 は, いずれも日刊新聞の発行を目的とする株式会社である Y_1 に勤務していた者であり, 現在 Y_1 の社友の地位にある者である。X_1 は, 平成 17 年 9 月 29 日, X_2 が保有する Y_1 株式のうち 400 株 (本件株式) を 1 株 1000 円, 合計 40 万円で買う旨の契約を締結し, X_2 は, 同日, Y_1 に対し, 本件株式の譲渡について承認を請求したが, Y_1 は, 同年 10 月 11 日, X_2 に対し, 本件株式の譲渡を承認しない旨回答したので, X_2 は, 同年 11 月 1 日, Y_1 に対し, 同日付け株式譲渡先指定請求書をもって, 本件株式について譲渡の相手方を指定するよう請求した。他方, Y_1 及び Y_1 の株主である役員及び従業員によって構成されており, Y_1 の定款によって, Y_1 株式の円滑な流通を行うことを目的としている権利能力なき社団である Y_2 は, 平成 17 年 11 月 4 日, X_2 に対し, 書面をもって, 同人から Y_2 が本件株式を譲り受けた旨通知し, 同月 7 日, Y_1 に対し, 本件株式を X_2 から取得したとして本件株式の譲渡承認を請求したところ, Y_1 はこれを承認した。そこで, X_1 が, Y_2 に対し, X_1 が本件株式を有する株主であることの確認を求めるとともに Y_1 に対し, 本件株式につき株主名簿の名義書換手続を求め, Y_1 らが, Y_2 が本件株式を有する株主であることの確認等を求めたのが本件訴えである。

　なお, Y_1 は, 定款をもって, 株式の譲渡については, 取締役会の承認を要すると定めるとともに, 日刊新聞紙の発行を目的とする株式会社の株式の譲渡の制限等に関する法律 (日刊新聞法) に基づき, Y_1 の株式譲受人は Y_1 の事業に関係ある者に限ると定めており, 株券を発行していない。また, X_1 及び X_2 が保有する Y_1 株式は,

かつて，Y_2から1株100円で譲り受けたものである。

　第1審判決（東京地判平成19・10・25判時1988号131頁）は，昭和34年ころ，Y_1の社員株主制度の下で，①Y_1株式の譲渡価格は1株100円，②株式保有資格を有する間は，原則として取得した株式を保有し続ける，③株式保有資格を失ったときまたは個人的理由によりY_1株式を売却する必要が生じたときは，Y_2が1株100円で買い戻すという内容の株式譲渡ルールはY_1に在籍する役員・従業員の間に広く周知されていたと認められるなどとし，Y_2とX_2との間には，Y_2からY_1株式の譲渡を受ける際に，X_2が退職，死亡などにより株主資格を失ったとき又はX_2が個人的な理由でY_1株式を売却する必要が生じたときは，同会が1株100円で買い戻すとの合意が成立しているというべきであり，X_2が，平成17年11月1日，Y_1に対し，本件株式について株式譲渡先指定請求をした時点でX_2の本件株式売却の意思が確定的なものであると認められ，停止条件が成就し，Y_2とX_2との間において本件株式について売買の効力が生じたというべきであるとして，X_1及びX_2の請求を棄却し，Y_2の請求を認容した。

　同様の事実認定に基づき，原判決（東京高判平成20・4・24金判1312号35頁）も，「Y_1は，日刊新聞の発行を目的とする株式会社であり，日刊新聞法に基づいて，同社の株式譲受人は同社の事業に関係ある者に限ると定め，社員株主制度を採用していること，Y_1株式は，昭和39年以降，簿価純資産方式で算出した価格が1株100円を優に上回っており，その時々の価格を念頭にY_1株式を譲渡すると，Y_2を通じた社員株主制度は維持できなかったことが明らかであること……，譲渡価格のみならず取得価格も固定されており，必ずしも投下資本の回収を否定するものとまではいえないことなどの点を総合考慮すると，……Y_1株式の1株当たりの価格を固定する本件株式譲渡ルールには相応の合理性があり，これが株式会社の本質に反し公序良俗に反するとはいえない」として，X_1及びX_2の控訴を棄却した。

→ 判旨

上告棄却

　「Y_1は，日刊新聞の発行を目的とする株式会社であって，定款で株式の譲渡制限を規定するとともに，日刊新聞法1条に基づき，Y_1株式の譲受人を同社の事業に関係ある者に限ると規定し，Y_1株式の保有資格を原則として現役の従業員等に限定する社員株主制度を採用しているものである。Y_2における本件株式譲渡ルールは，Y_1が上記社員株主制度を維持することを前提に，これにより譲渡制限を受けるY_1株式をY_2を通じて円滑に現役の従業員等に承継させるため，株主が個人的理

由によりY₁株式を売却する必要が生じたときなどにはY₂が額面額でこれを買い戻すこととしたものであって，その内容に合理性がないとはいえない。また，Y₁は非公開会社であるから，もともとY₁株式には市場性がなく，本件株式譲渡ルールは，株主である従業員等がY₂にY₁株式を譲渡する際の価格のみならず，従業員等がY₂からY₁株式を取得する際の価格も額面額とするものであったから，本件株式譲渡ルールに従いY₁株式を取得しようとする者としては，将来の譲渡価格が取得価格を下回ることによる損失を被るおそれもない反面，およそ将来の譲渡益を期待し得る状況にもなかったということができる。そして，X₂は，上記のような本件株式譲渡ルールの内容を認識した上，自由意思によりY₂から額面額で本件株式を買い受け，本件株式譲渡ルールに従う旨の本件合意をしたものであって，Y₁の従業員等がY₁株式を取得することを事実上強制されていたというような事情はうかがわれない。さらに，Y₁が，多額の利益を計上しながら特段の事情もないのに一切配当を行うことなくこれをすべて会社内部に留保していたというような事情も見当たらない。

　以上によれば，本件株式譲渡ルールに従う旨の本件合意は，会社法107条及び127条の規定に反するものではなく，公序良俗にも反しないから有効というべきである。」

→ 解説

　株式の譲渡が定款で制限されている会社における従業員持株制度の下で，退職時に取得価格と同額で株式を売り渡す旨の契約は有効であるとするのが裁判例の流れであった（東京地判昭和48・2・23判時697号87頁，東京地判昭和49・9・19判時771号79頁，東京高判昭和62・12・10金法1199号30頁，京都地判平成元・2・3判時1325号140頁，名古屋高判平成3・5・30判タ770号242頁，最判平成7・4・25集民175号91頁）。これは，そのような合意は，直ちに投下資本の回収を著しく制限する不合理なものとはいえず，平成17年改正前商法204条1項（会社法127条が相当）に違反するものではなく，公序良俗に反するものではないという根拠に基づくものであった。本判決も，この流れに沿ったものであると位置付けられる。

　他方，譲渡価格を一定額と定めるルールなどについて，市場価格のない株式の時価評価の困難性などにかんがみて，従来の裁判例は公序良俗に反しないとしてきたが（東京地判平成4・4・17判時1451号157頁のみは反するとしたが，その控訴審判決〔東京高判平成5・6・29判時1465号146頁〕は反しないとした。他方，学説においては，配当性

向が 100% 近くなければ、このような価格の決定方法に合理性はないという見解が多数説といってよい。神崎克郎・判タ 501 号 6 頁、龍田節・商事法務 1055 号 104 頁、前田雅弘・会社法百選 47 頁、江頭憲治郎『株式会社法〔第 3 版〕』〔有斐閣、2009 年〕236 頁）、いずれにおいても、剰余金の配当の実績等を考慮して、公序良俗に反しないとしてきた。取得価格が固定されていることのみで譲渡価格を一定額とすることに十分な合理性があるとは思われないからである。

　この点、本判決は原判決と異なり、「Y_1 が、多額の利益を計上しながら特段の事情もないのに一切配当を行うことなくこれをすべて会社内部に留保していたというような事情も見当たらない」と認定しており、従来の裁判例と同様の判断枠組みを採っていると理解できる。もっとも、Y_1 の倒産リスクは理論的にはゼロであると断定できない以上、「将来の譲渡価格が取得価格を下回ることによる損失を被るおそれもない」という指摘はやや筆が滑ったのであろうか。なお、原判決は、Y_2 と X_2 との間には、Y_2 から Y_1 株式の譲渡を受ける際に、X_2 が退職、死亡などにより株主資格を失ったときまたは X_2 が個人的な理由で Y_1 株式を売却する必要が生じたときは、1 株 100 円で X_2 は Y_2 に Y_1 株式を譲渡する旨の黙示の売買契約が締結されていたと理解し、Y_2 からの意思表示なしに X_2 が有していた Y_1 株式が Y_2 に移転するから、平成 17 年改正前商法 204 条ノ 2 第 7 項の譲渡承認擬制の適用はないとした。確かに、神戸地尼崎支判昭和 57・2・19 下民集 33 巻 1～4 号 90 頁（前掲東京地判昭和 49・9・19 も同趣旨か）は停止条件付売買と法律構成しているが、原判決の事実認定からは、Y_2 が退職者などに対して Y_1 株式の譲渡を働きかけ、あるいは退職者側から譲渡の申し出があって初めて譲渡の効力が生ずると従来理解されていたのではないかと推測され、停止条件付売買とみることには不自然さが残らないわけではない。

中村信男・平成 21 年度重判解（ジュリ 1398 号）118 頁、森本滋・リマークス 40 号 106 頁、西川義晃・速判解 5 号 123 頁、川島いづみ・判評 612 号（判時 2060 号）12 頁、吉岡伸一・岡山大学法学会雑誌 59 巻 2 号 201 頁、山本爲三郎・セレクト 2009〔Ⅱ〕16 頁、草野真人・平成 21 年度主判解 182 頁、鳥山恭一・法セ 653 号 121 頁、三原園子・関東学院法学 20 巻 1 号 27 頁、小林俊明・専修ロージャーナル 6 号 271 頁、河内隆史・商事法研究 72 号 29 頁、品川仁美・法学（東北大学）74 巻 4 号 514 頁。

Number 07

譲渡制限株式の価格決定

会社法 144 条

福岡高決平成 21・5・15
平成 20 年（ラ）第 145 号，X 対株式会社ニチイ学館，株式売買価格決定に対する抗告事件，金判 1320 号 20 頁

→ 事実

　X（申立人・抗告人）は，株式の譲渡につき取締役会の承認を要する旨の定款の定めを有する A 株式会社の株式（本件株式）を B から譲り受けた（本件株式譲渡）として，本件株式譲渡の承認と不承認の場合の譲渡相手方の指定とを A に対し請求した。A は，X 及び B に対し，本件株式譲渡を承認しない旨及び買取人として Y（相手方・被抗告人）を指定する旨通知した。X と Y は，その後，本件株式の売買価格について協議したが，合意には至らなかった。そこで，X が，福岡地方裁判所に対して価格決定を申し立てたのが本件である。原決定（福岡地決平成 20・4・8 金判 1320 号 27 頁）は，簿価純資産価額法により，売買価格を 1 株につき 7 万 5000 円と定めたが，X がこれを不服として抗告。

→ 決定要旨　　　　　　　　　　　　　　　　　　　原決定変更

　「各評価方法を概観しただけでも，それぞれ一長一短があることが明らかで，結局は，対象会社の特性に応じた株価算定をするしかないのであるが，ひとつの評価方法だけを選択して算出した場合，上記で指摘された短所〔収益還元法では税引後純利益，配当還元法では利益配当額の予想が困難であり，かつ，いずれによる場合でも資本還元率の決定に困難が伴うこと，配当還元法との関連では非公開会社の場合には配当額が合理的に決められているとは限らないこと，DCF 法（期待将来キャッシュフローの割引現在価値をもって評価額とする方法）もキャッシュフローの予測や投資利益率（割引率）の適切な決定は

困難であることが多いこと，類似業種比準方式は理論的根拠が明確でないうえ，類似する上場会社が存在することがその前提となっていること，簿価純資産法には含み損や含み益が考慮されていない点で問題があること，時価純資産法にはすべての資産を時価評価することに困難が伴うこと，清算所得に対する法人税等の公租公課などを控除すべきかという難問があること〕が増幅される危険があるので，対象会社に適合すると思われる複数の算定方式を適切な割合で併用することが相当である。」Aは，「今後の営業継続には特に問題はなく，本件株式の指定買取人とされたYにおいても，……本件株式の追加取得によりAをほぼ完全子会社とすることができ，Yの企業集団経営にあって，その有用性は高まりこそすれ低くなることは考えられないから，近い将来における解散等清算を余儀なくされる事態は予想されないといってよい。そうとすれば，本件株式価格の算定に当たっては，……インカムアプローチの手法を重視する必要があるといわなければならない」。「しかしながら，……本件では配当実績がないので配当還元法は採用し難いし，継続企業価値を把握するについて経営者の主観的判断に依存する利益よりも収支の差額として客観的に表示されるキャッシュフローに着目したDCF法が優れているにしても，……当該事業収支計画の予測（課税後純利益の予測）や投資利益率（割引率）の決定には困難が伴うというマイナス要因があることに留意する必要がある。……DCF法は，継続企業価値の把握という面では正しいものを含んでいることは明らかであって，本件株価の算定にあたって，これを全面的に無視することは許されない」。ネットアセットアプローチは，「当該時点において，客観的資料である貸借対照表上の純資産に着目して，会社価値を算定することは無意味でないし，他の評価方式に依存することに少なくない危険性が認められる場合には，むしろ，同方法を基本にして算定するのが相当である」。

「本件における株価の価格算定にあたっては，DCF法と純資産価額法を併用した（ただしDCF法については，純資産価額法との乖離が少ない本件鑑定書の価格……を採用する。……）うえ，その併用の割合は前者を3，後者を7とするのが相当である。」

→ 解説

非上場株式の価格決定に当たって，かつて，裁判所は，国税庁の『相続税財産評価に関する基本通達』の影響を受けて，株価算定方式を選択していた。たとえば，株式譲渡制限を定める定款変更に反対した株主の株式買取請求権の行使があった場合につき，大阪地堺支決昭和43・9・26下民集19巻9＝10号568頁は類似業種比

準方式を適用し，高松高決昭和50・3・31判時787号109頁は類似業種比準方式と純資産価額方式とを併用したが，いずれも，相続税財産評価の事案であれば適用されたであろう算定方式によったものと解することができた（譲渡制限株式の売買価格に関する東京高決昭和51・12・24判時846号105頁も同様）。

　しかし，近年では，――譲渡制限株式の譲渡承認請求と買受人指定との関連において――結論としては，純資産価額方式，類似業種比準方式，配当還元方式，収益還元方式等の全部または一部を併用して算定することが一般的になっていた（札幌高決平成17・4・26判タ1216号272頁，千葉地決平成3・9・26判時1412号140頁，東京高決平成2・6・15金判853号30頁，東京高決平成元・5・23判時1318号125頁，福岡高決昭和63・1・21判タ662号207頁，京都地決昭和62・5・18判時1247号130頁，大阪高決昭和58・1・28金判685号16頁，名古屋高決昭和54・10・4判時949号121頁など）。その中でも，札幌地決平成16・4・12判タ1216号274頁は，配当還元法，再調達時価純資産法，DCF法を1対1対2の割合で組み合わせる併用方式を用いて算定することが適当であるとしていた。

　これらに対して，譲渡制限株式の売買価格に関して，ゴードン・モデルによる配当還元方式にのみ基づいて算定した決定例（大阪高決平成元・3・28判時1324号140頁）があるが，この決定及び併用方式による裁判例は，基本的には，非支配株主の有する株式（譲受人が譲受後においても非支配株主である場合を含む）については配当還元方式が妥当し，支配株主が有する株式については純資産価額方式または収益還元方式が妥当するという前提によった上で，他の方式を併用して調整を図るという発想に立っているようである。

　また，東京高決平成20・4・4判タ1284号273頁は，「創業してさほど年月が経過しておらず，資産に含み益がある不動産等は存在しないこと，ベンチャー企業として成長力が大きく，売上は順調に推移しており，その事業の進展の経緯からすれば，平成18年3月期，平成19年3月期と同様に，その後も同程度の利益が確実に見込まれるものである。以上を考慮すると，……純資産方式を採用すると株式価値を過小に評価するおそれがあり，純資産方式は併用することを含め採用するのは相当ではなく，収益還元方式によって評価するのが相当である」としたが，本件と異なり，当該事案においては，経営権の移動に準じて取り扱うのが適当であるという判断が前提とされていた。

　学説においては，国税庁の財産評価通達に準拠することに対する批判は強く（江頭憲治郎「取引相場のない株式の評価」法学協会編『法学協会百周年記念論文集(3)』〔有斐閣，1983年〕466頁，関俊彦『株式評価論』〔商事法務研究会，1983年〕133頁以下など。ただし，

浜田道代「会社法上，国税庁方式に依拠することの妥当性の検討」税研 118 号 19 頁），また，様々な評価方式を併用することについても批判的な見解が有力であり（ただし，稲葉威雄・金判 1270 号 10 頁），現在では，理論的には，DCF 法により継続企業の株式価値は算定すべきであると解されるようになってきている（江頭憲治郎『株式会社法〔第 3 版〕』〔有斐閣，2009 年〕15 頁～17 頁，宍戸善一「紛争解決局面における非公開株式の評価」竹内昭夫先生還暦記念『現代企業法の展開』〔有斐閣，1990 年〕423 頁，中東正文・金判 1290 号 27 頁，後藤元・商事法務 1837 号 9 頁など）。

　本決定は，DCF 法に基づく評価額と純資産価額法に基づく評価額を 3 対 7 で加重平均して，価格決定を行ったものであり，DCF 法に基づく評価額をふまえて算定を行っている点で近時の学説の動向の影響が認められる面がある（なお，営業譲渡の反対株主の株式買取請求に係る価格決定の事案であるが，東京地決平成 20・3・14 判時 2001 号 11 頁は，当該事案においては，「継続企業としての価値の評価に相応しい評価方法は，収益方式の代表的手法である DCF 法ということができ」るとした）。また，本決定は，DCF 法については，純資産価額法との乖離が少ない（裁判所が命じた鑑定人による）鑑定書の価格によるとしており，単に複数の方法による評価額を加重平均するというにとどまらない発想がみられるようにも思われる。

　しかし，本決定が，簿価（純資産価額）法に重点を置いた点については，理論的には極めてプリミティブであるといわれても仕方がないであろう。貸借対照表上の（簿価）純資産額が企業価値を通常は示していないことは公知の事実といってよいからである。A が保有する資産にどの程度の含み益が存在していたのかは明らかではなく，ネットアセットアプローチを選択する以上は，含み損益の額に重要性がある場合にそれを無視できないはずだからである。すなわち，継続企業については，時価による評価差額の重要性が低いという論理が仮に正しいとしても，そのことが，貸借対照表上の（簿価）純資産額が企業価値の適切な代理変数であることにつながるわけではないからである。また，継続企業を前提とする以上は，自家創設のれんが存在するのが通常であり，時価純資産額を基礎とした評価額が株価の下限を画するという考え方もあり得るのであって（江頭・前掲「取引相場のない株式の評価」470 頁），本決定は，貸借対照表上の数値の意味を的確に把握できていないという批判にさらされる可能性がないわけではない。

Number 08

全部取得条項付種類株式の取得価格の決定

会社法172条

最決平成21・5・29
平成20年(ク)第1037号・平成20年(許)第48号,X₁ら対株式会社レックス・ホールディングス,各株式取得価格決定に対する抗告審の変更決定に対する特別抗告及び許可抗告事件,金判1326号35頁

→ 事実

　株式会社A（同社は平成19年9月1日にY〔抗告人・相手方・相手方〕に吸収合併された）の株主総会において，全部取得条項付株式取得決議が行われたが，この決議に反対したX₁ら（相手方・抗告人・申立人）は，株式の買取りを請求し，取得価格の決定を求めたのが本件である。
　原決定（東京高決平成20・9・12金判1301号28頁）は，「本件において，市場株価の平均値を算定する基礎となる期間を短期に設定することは相当とはいえないものということができ，本件公開買付けが公表された平成18年11月10日の直前日からさかのぼって6か月間の市場株価を単純平均することによって，本件取得日における本件株式の客観的価値を算定するのが相当である」とし，また，「Yは，このようなプレミアムを設定した具体的な根拠については特に主張立証をせず，事業計画書や株価算定評価書の提出もしないのであって，このことをも考慮するならば，……本件株式の客観的価値……に，20パーセントを加算した額……をもって，株価の上昇に対する評価額を考慮した本件株式の取得価格と認めるのが相当である」として，取得価格を1株につき33万6966円と定めた。

→ 決定要旨　　　　　　　　　　　　　　　　　　　　　抗告棄却

　「本件事実関係の下においては，所論の点に関する原審の判断は，その裁量の範囲内にあるものとして是認することができる。原決定に所論の判例違反はない。論

旨は採用することができない。」
(田原睦夫裁判官の補足意見)
　(1)「取得価格決定の制度が、経営者による企業買収(MBO)に伴いその保有株式を強制的に取得されることになる反対株主等の有する経済的価値を補償するものであることにかんがみれば、取得価格は、①MBOが行われなかったならば株主が享受し得る価値と、②MBOの実施によって増大が期待される価値のうち株主が享受してしかるべき部分とを、合算して算定すべきものと解することが相当である。」
　「(2) ところで、MBOの実施に際しては、MBOが経営陣による自社の株式の取得であるという取引の構造上、株主との間で利益相反状態になり得ることや、MBOにおいては、その手続上、MBOに積極的ではない株主に対して強圧的な効果が生じかねないことから、反対株主を含む全株主に対して、透明性の確保された手続が執られることが要請されている(経済産業省の委嘱による企業価値研究会の『企業価値の向上及び公正な手続確保のための経営者による企業買収(MBO)に関する報告書』〔平成19年8月2日付け。以下『MBO報告書』という。〕参照)。」
　「(3) また、MBOの実施に際しては、株主に適切な判断機会を確保することが重要であり、MBOに積極的ではない株主に対して強圧的な効果が生じないように配慮することも求められる……。
　(4) 原決定は、本件MBOにおける上記の事実経過を踏まえた上で、取得日における本件株式の価値を評価するに際し、①Yの主張する市場株価方式と純資産方式(修正簿価純資産法)及び比準方式(類似会社比準法)とを併用すべきであるとの点については、Y主張の純資産方式及び比準方式による各試算額が、本件公開買付価格と著しく乖離していることや、Aが様々な事業を展開しており、その業態、事業形態に照らし、その企業価値は収益力を評価して決められる部分が多いことなどから適切ではないとし、②Aが平成18年8月21日に公表した『同年12月期の業績予想の下方修正は、企業会計上の裁量の範囲内の会計処理に基づくものとはいえ、既に、この段階において、相当程度の確実性をもって具体化していた本件MBOの実現を念頭において、特別損失の計上に当たって、決算内容を下方に誘導することを意図した会計処理がされたことは否定できない』とした上で、本件公開買付けが公表された前日の6か月前である平成18年5月10日から同公表日の前日である同年11月9日までの市場株価の終値の平均値をもって取得日における本件株式の価値とした。

また，原決定は，X₁らの度重なる要請にもかかわらず，Yが，MBO後の事業計画や，公開買付者においてAにつきデューディリジェンスを実施した上で作成した株価算定評価書を提出しなかったことを踏まえ，本件MBOに近接した時期においてMBOを実施した各社の事例を参考に，上記の本件株式の価値に，本件MBOにおいて強制取得の対象となる株主に付加して支払われるべき価値部分として，その20％を加算し，これをもって取得価格と定めるのが相当であるとした。

　(5)　原決定の認定判断は，本件MBOの経緯や原審までの審理経緯をも踏まえてされたものであり，本件記録に現れた証拠関係から肯認することができ，また，その取得価格の算定方法に裁量権の逸脱は認められないものというべきである。」

→ 解説

　本決定は，第1に，全部取得条項付種類株式の価格の決定との関係でも裁判所に広い裁量が認められること（より詳細には，たとえば，中東正文「株式買取請求権と非訟事件手続」名古屋大学法政論集223号233頁以下参照）を最高裁判所が明らかにした点で意義を有する。すなわち，株式の譲渡につき取締役会の承認を要する旨を定める定款変更決議に反対した株主の株式買取請求権との関係で，最決昭和48・3・1民集27巻2号161頁は，「裁判所が商法245条ノ3第3項（同法349条2項によって準用される場合を含む。）によってする株式買取価格決定の性質についてみるに，……買取価格……は，まず当事者の協議によって定めるべきであるが，この協議が調わないときは，株主の請求によって裁判所がこれを定めることとなるのである（商法245条ノ3第2項，第3項参照）。したがって，裁判所による価格の決定は，客観的に定まっている過去の株価の確認ではなく，新たに『決議ナカリセバ其ノ有スベカリシ公正ナル価格』を形成するものであるといわなければならない。そして，右にいう『公正ナル価格』の特質からみて，価格決定に当たり考慮さるべき要素はきわめて複雑多岐にわたらざるをえないが，法が価格決定の基準について格別規定していないことからすると，法は価格決定を裁判所の裁量に委ねているものと解することができる。……裁判所は，具体的事件につき，当事者の主張・立証に拘束されることなく，職権により諸般の事情を斟酌して迅速に買取価格を決定することが要請されるのであって，その決定の性質は，裁判所が，私人間の紛争に介入して，後見的立場から合目的的見地に立って裁量権を行使し，権利の具体的内容を形成するものということができる」と判示していたが（近時のものとしては，東京地決平成20・3・14判時2001号11頁のほか，会社法の下での株式交換契約承認決議に反対した株主の

株式買取請求に関する東京地決平成21・3・31判タ1296号118頁なども，この決定を引用），——引用はされていないが——この理は全部取得条項付種類株式にも当てはまるとされたものと位置付けることができる。

　第2に，田原裁判官の補足意見においては，MBOに関連して裁判所が取得価格を決定するに際しては，「MBO報告書」にいう透明性の確保や先行TOBにおける強圧性の有無をも踏まえることが適当であることが示唆されている点が注目に値する（池永朝昭ほか・金判1282号8頁〜9頁，伊藤靖史・平成20年度重判解〔ジュリ1376号〕111頁参照）。

　第3に，田原裁判官は，「本件MBOの経緯や原審までの審理経緯をも踏まえてされた」原決定の認定判断を是認しているが，MBOの経緯を踏まえることを認めていることは，価格の決定が株主の救済という面を有していることにかんがみたものであり，必ずしも，株式の客観的価値を追求するのではなく，会社（多数派株主）と少数派株主との間の利害調整の観点から公正であると認められる価格を決定すればよいという発想につながる可能性もあるかもしれない（弥永真生・ビジネス法務9巻4号62頁以下も参照）。また，審理経緯として，「Yが，MBO後の事業計画や，公開買付者においてAにつきデューディリジェンスを実施した上で作成した株価算定評価書を提出しなかったこと」が摘示されているが，これは，会社側に証拠が偏在することに注目し，株主側の主張・立証を容易にし，価格決定の申立てが株主の実効的な救済手段となり得るようにすべきであるという価値判断が背景にあるのではないかと推測される。

加藤貴仁・商事法務1875号4頁・1876号4頁・1877号24頁，大杉謙一・セレクト2009〔Ⅱ〕18頁，北川徹・商事法務1889号4頁・1890号4頁，品川仁美・法学（東北大学）73巻3号478頁，浅田隆・NBL927号34頁，十市崇・金判1325号8頁・1326号2頁。

Number 09

全部取得条項付種類株式の取得価格の決定

会社法172条

大阪高決平成21・9・1
平成20年(ラ)第950号, X₁対サンスター株式会社, 株式取得価格決定に対する抗告事件, 判タ1316号219頁(最決平成22・2・23資料版商事法務312号123頁により特別抗告不許可)

→ 事実

　Y（被申立人・被抗告人）は，A株式会社がMBOを目的としてYの株式公開買付け（本件公開買付け）を実施するに当たり，その普通株式に全部取得条項を付し，その株式（本件株式）1株について，1株当たり650円を対価にYが取得することのできる取得条項付株式1株と引換えに取得することができることを定める定款変更を行い，取得日を平成19年8月1日として，本件株式を取得する決議を行ったが，Yの普通株式1000株を保有していたX₁（申立人・抗告人）及び1万株を保有していたX₂（申立人）は，上記事項を決議した定時株主総会及び種類株主総会に先立って，本件株式の取得に反対することをYに通知し，かつ，同株主総会において当該定款変更及び取得に反対した上，会社法172条1項に基づき，本件株式の取得価格の決定を申し立てた。原決定（大阪地決平成20・9・11〔平成19年(ヒ)第52号〕）は，Yの主張に沿って，本件株式の価格を1株当たり650円と定めたので，X₁が抗告したのが本件である。

→ 決定要旨　　　　　　　　　　　　　　　　　　　　　　　　原決定変更

　「X₁が保有するY発行の全部取得条項付種類株式1000株の取得価格は，1株について840円とする。」「本件では，全部取得条項付株式の取得対価が事実上Yの定款によって定められ，本件決議は形式上は同株式を取得することとその取得日を定めただけであるが，本件決議により取得日における取得対価を決定したというこ

ともできないわけではないから、取得日における取得対価に不服のある株主は、会社法172条1項に規定する価格決定の申立てによって、その価格を争うことができると解すべきである。」「会社法172条1項による全部取得条項付株式の取得価格決定の申立ては、株主総会の決議により取得日に株式を強制的に取得される株主に対し、公開買付けの価格に不服があるときに、現実の経済的価値との乖離について、経済的調整を図ることを目的とするものであるから、上記申立てを受けた裁判所は、当該株式の取得の効果が生じる本件取得日における公正な価格をもって、その取得価格と決定すべきこととなる。そして、その公正な価格は、上場会社においては、意図的な人為操作などがない限り、当該会社の資産、収益力、業績予想、配当見込額等を織り込んだその時々の市場価格が当該会社の客観的企業価値を表しているというべきであるから、上記取得日における当該会社の公正な価格は、その当時の市場価格を基準に定めるべきこととなる（ただし、株価は、時々の思惑などの影響を受けて刻々と変動するものであるから、上記市場価格の決定については、継続的な一定期間の平均値を算定するなどして、評価の精度を高めるべきこととなる。）。Yについては、……平成19年7月26日に上場を廃止し、本件取得日である同年8月1日には市場価格は存在しなかったが、上場廃止から本件取得日までの期間が短いことから、本件取得日における株価も、上場廃止の日に近接する一定期間の市場価格の平均値とすべきこととなる。しかしながら、Yにおいては、同年2月14日、Aが、事実上、650円による株式の公開買付けを公表したのに対し、これに同意したのであるから、それ以降の株価は、その買取価格に束縛されて形成されたものであり、その当時のYの株式について客観的な価値を体現しているとはいいがたい。また、MBOを計画する経営者は、……対抗的公開買付けを仕掛けられない範囲で、自社の株価をできる限り安値に誘導するよう作為を行うことは見やすい道理であるから……、Yについては、MBOの準備を開始したと考えられる時期から、公開買付けを公表した時点までの期間における株価については、特段の事情のない限り、原則として、企業価値を把握する指標として排除すべきものと思料される。……公開買付けを公表した平成19年3月期に前年度から大きく収益力が落ち込み、MBOが実施されることで回復が見込まれるに至ったというのも不自然である。そこで、Yの上記取得日における公正な価格を算定するについて基準となる株価は、公開買付けを発表した1年前の株価に近似する700円と認めるのを相当とする（本件取得日とは相当離れた時期の株価を基準とすることとなるが、上記の事情によりやむを得ないというべきである。）。」「Yにおいては買付価格の算定に当たり参考とした唯一の評価書であるB評価書を公表していないこと、Aにおいては、公開買付

けの開始を株主らに知らせる通知書」に「企業価値研究会のいわゆる『MBO報告書』において避けるべきとされている『強圧的な効果』に該当しかねない表現が用いられていること（現実に，Yにおいては，本件公開買付けを発表した後に配当を0とし，スクイーズアウトの方式を意図的に変更して，反対株主について，当初には予定しなかったみなし配当所得による課税の不利益を課している。），本件公開買付けに対しては対抗的なTOBが実施されようとしていたことがあることからすると，多数の株主が本件公開買付けに応じたとはいえ，その価格が公正な価格であることを承認した上のことであるということにはならない。」「Yは，650円の買取価格をもって本件公開買付けが行われることが発表された後に，X_1がYの株式を取得したことをもって，X_1が同価格をもってスクイーズアウトを受けることを知悉しながらYの株式を取得したというべきであるから，X_1については同額をもって『取得の価格』とすれば，その経済的救済として十分であると主張する。しかしながら，公開買付けにおいて公表された株式の買取価格が，取得日の公正な価格を下回るという予想のもとに，その差額を取得するために当該株式の買取価格の増額を要求することも，株式取引の手法として不当とはいえない」。「本件では，市場価格に基づいて株式の公正な価格の評価が可能であるから，他の評価法を斟酌する必要はないというべきである。また，DCF法は，企業価値の評価の場面においては，小規模リスクプレミアムの採否，リスクプレミアムや永久成長率の割合について，確定した基準があるわけではなく，評価の手法により算定された価額の較差が大きくなることなどを考えると，株式の公正な価格を評価する方式として，DCF法を組み入れることは相当でない」。

→ 解説

　第1に，原決定及び本決定は，X_1が会社法116条に基づき反対株主の株式買取請求をなし得たにもかかわらず，同172条に基づく価格決定申立てをなし得るとし，または，そのような解釈を前提としている点で意義を有する。原決定は定款変更時から取得決議時までの間に貨幣価値や企業価値が変動している可能性があるので，取得の対価の大きさについて定款変更時には異論がなくとも，取得決議時点では異論があるということがあり得ること，取得日を決定しなければ取得の対価を決定したことにはならないことを根拠としていた。

　第2に，本決定は「公正な価格を算定するについて基準となる株価は，公開買付けを発表した1年前の株価に近似する」額であるとし，また，プレミアムの額を裁

判所の裁量によって定めた。これは、最決平成21・5・29（本書8事件）及びその原決定である東京高決平成20・9・12金判1301号28頁と整合的である。すなわち、東京高決平成20・9・12は、会社が公表した「業績予想の下方修正は、企業会計上の裁量の範囲内の会計処理に基づくものとはいえ、既に、この段階において、相当程度の確実性をもって具体化していた本件MBOの実施を念頭において、特別損失の計上に当たって、決算内容を下方に誘導することを意図した会計処理がされたことは否定できない」とした上で、「本件において、市場株価の平均値を算定する基礎となる期間を短期に設定することは相当とはいえないものということができ、本件公開買付けが公表された……日の直前日からさかのぼって6か月間の市場株価を単純平均することによって、本件取得日における本件株式の客観的価値を算定するのが相当である」とし、また、会社がMBO後の事業計画や、公開買付者において作成した株価算定評価書を提出しなかったことを踏まえ、プレミアムを裁量によって決定したが、最決平成21・5・29に対する田原睦夫裁判官の補足意見は「原決定の認定判断は、本件MBOの経緯や原審までの審理経緯をも踏まえてされたものであり、本件記録に現れた証拠関係から肯認することができ、また、その取得価格の算定方法に裁量権の逸脱は認められないものというべきである」と述べていた。

　第3に、公開買付けの公表後に取得した株式についても、公開買付価格が上限となるわけではないとした。これは、全部取得条項種類株式を取得する時点における公正な価格を決定するものとされている以上、当然の帰結であるともいえそうであるが、反対株主の株式買取請求との関連では、計画公表によりその計画を織り込んだ株価が形成された後に取得した株主には「決議なかりせば有すべかりし価格」が保障されるのではなく、取得価額が上限となると解するのが下級審裁判例及び従来の通説的見解であることと対照的である。反対株主に「決議なかりせば有すべかりし価格」を保障するのは、当該決議によって損害を与えないためであるのに対し、全部取得条項付種類株式の取得価格は売買価格と位置付けられており、性質が異なるからかもしれないが、本決定の第1の特徴に照らすとどのように考えるべきかは難問なのかもしれない。

　第4に、市場価格のみで公正な価格の算定が可能な場合には、DCF法による評価を考慮する必要がないとしている点で、市場価格に信頼を置いていることも本決定の特徴といえよう。

大杉謙一・リマークス41号90頁、北川徹・商事法務1889号4頁、十市崇・商事法務1880号4頁・1881号12頁、浅井弘章・銀法711号64頁、深澤泰弘・アルテスリベラレス（岩手大学）86号119頁。

Number 10

全部取得条項付種類株式の取得価格決定の申立てと個別株主通知の要否

会社法 172 条，社債，株式等の振替に関する法律 154 条

最決平成 22・12・7
平成 22 年（許）第 9 号，X 対メディアエクスチェンジ株式会社，株式価格決定申立て却下決定に対する抗告審の取消決定に対する許可抗告事件，民集 64 巻 8 号 2003 頁

→ **事実**

　Y（相手方・抗告審被抗告人・抗告人）は振替株式を発行する会社（株券電子化会社）であったが，平成 21 年 6 月 29 日開催の株主総会（本件株主総会）についての基準日を同年 3 月 31 日と定め，同日を基準日とする総株主通知を同年 4 月 3 日に受けた。Y は，本件株主総会において，① A 種種類株式を創設する定款変更，②既存の普通株式の内容を全部取得条項付普通株式に変更する定款変更，及び③（②による変更後の）全部取得条項付普通株式を取得し，取得株式 1 株当たり 1 万 6000 分の 1 株の A 種種類株式を交付するという内容の決議を，同日開催の普通株式種類株主総会で②の内容の決議を，それぞれ，行った。他方，Y の株主であった X（申立人・抗告審抗告人・被抗告人）は，本件株主総会等に先立ち，Y に対し，①から③決議に係る議案に反対する旨を通知し，本件株主総会等でも当該議案に反対した上で，同年 7 月 10 日，その当時保有する Y の株式 400 株について，会社法 172 条 1 項 1 号に基づく価格の決定の申立てをした。ただし，X は，同年 7 月 29 日，所定の証券会社に対し，個別株主通知の申出書を郵送したが，Y の株式が同月 30 日付けで上場廃止と扱われ，同株式についての個別株主通知ができなくなったため，X の申出に係る個別株主通知がされることはなかった。Y は，答弁書において，個別株主通知を受けていないとして，社債，株式等の振替に関する法律（社債等振替法）154 条 2 項の要件を満たさないから，本件価格決定申立ては不適法であると主張した。そこで，原々決定（東京地決平成 21・10・27 金判 1360 号 27 頁）が，本件申立てを不適法であるとして却下したので，X が抗告したところ，原決定（東京高決平

成 22・2・18 金判 1360 号 23 頁）が，価格決定申立権は，会社法 124 条 1 項に規定する権利または少なくとも同項に規定する権利に関する規定を類推適用すべき権利であって，「少数株主権等」に該当しないというべきであるから，その行使に際しては個別株主通知がされることを要しない，そうでないとしても，Y が，X に対し，価格決定申立権の行使に個別株主通知がされることを要すると主張することは，信義則に反し，権利の濫用に当たるものとして許されないとして，X の価格の決定の申立てを却下した原々決定を取り消し，本件を東京地方裁判所に差し戻したので，Y が抗告したのが本件である。

→ 決定要旨　　　　　　　破棄自判。原々決定に対する抗告を棄却

「会社法 172 条 1 項所定の価格決定申立権は，その申立期間内である限り，各株主ごとの個別的な権利行使が予定されているものであって，専ら一定の日（基準日）に株主名簿に記載又は記録されている株主をその権利を行使することができる者と定め，これらの者による一斉の権利行使を予定する同法 124 条 1 項に規定する権利とは著しく異なるものであるから，上記価格決定申立権が社債等振替法 154 条 1 項，147 条 4 項所定の『少数株主権等』に該当することは明らかである。」「同じ会社の振替株式であっても，株価の騰落等に伴ってその売買が短期間のうちに頻繁に繰り返されることは決してまれではないことにかんがみると，複数の総株主通知においてある者が各基準日の株主であると記載されていたということから，その者が上記各基準日の間も当該振替株式を継続的に保有していたことまで当然に推認されるものではないから，ある総株主通知と次の総株主通知との間に少数株主権等が行使されたからといって，これらの総株主通知をもって個別株主通知に代替させることは，社債等振替法のおよそ予定しないところというべきである。まして，これらの総株主通知をもって個別株主通知に代替させ得ることを理由として，上記価格決定申立権が会社法 124 条 1 項に規定する権利又は同項に規定する権利に関する規定を類推適用すべき権利であると解する余地はない。……個別株主通知は，社債等振替法上，少数株主権等の行使の場面において株主名簿に代わるものとして位置付けられており（社債等振替法 154 条 1 項），少数株主権等を行使する際に自己が株主であることを会社に対抗するための要件であると解される。そうすると，会社が裁判所における株式価格決定申立て事件の審理において申立人が株主であることを争った場合，その審理終結までの間に個別株主通知がされることを要し，かつ，これをもって足りるというべきであるから，振替株式を有する株主による上記価格決

定申立権の行使に個別株主通知がされることを要すると解しても，上記株主に著しい負担を課すことにはならない。」

→ 解説

　本決定は，振替株式について会社法172条1項に基づく価格決定の申立てがあったときに，申立人が株主であることを会社が争った場合には，審理終結までの間に個別株主通知がされることを要するとして，高裁レベルで判断が分かれていた争点について判断を下したものとして，意義を有する。

　すなわち，全部取得条項付種類株式の取得決議に係る反対株主の価格決定申立ての申立人適格について判断を示した東京高決平成22・1・20金判1337号24頁及び東京高決平成22・2・9金判1337号27頁は，反対株主の価格決定申立（権）は，会社法124条1項に規定する権利には該当しないとし，価格決定申立てをするためには個別株主通知を要するものとしていた（ただし，東京高決平成22・2・9は，裁判所の決定がなされるまでに個別株主通知を行えば足りるとしていた）のに対し，東京高決平成22・2・18判時2069号144頁は原決定と同様，価格決定申立権は，会社法124条1項に規定する権利又は少なくとも同項に規定する権利に関する規定を類推適用すべき権利である，また，会社が価格決定申立権の行使に個別株主通知がされることを要すると主張することは，信義則に反し，権利の濫用に当たるものとして許されないとしていた。

　まず，会社法124条1項に規定する権利とは，株式会社が，一定の日（基準日）を定めて，基準日において株主名簿に記載され，又は記録されている株主（基準日株主）をその権利を行使することができる者と定めた権利をいうことは文言上明らかである（高橋康文編著『［逐条解説］新社債，株式等振替法』〔金融財政事情研究会，2006年〕336頁，酒巻俊雄＝龍田節編集代表『逐条解説会社法(2)』〔中央経済社，2008年〕253頁〔北村雅史〕など参照。また，会社法制定前のものとして，始関正光編著『Q&A平成16年改正会社法──電子公告・株券不発行制度』〔商事法務，2005年〕243頁参照）。これを前提として，本決定は，反対株主の価格決定申立権は各株主ごとの個別的な権利行使が予定されているものであり，基準日における株主名簿上の株主による一斉の権利行使を予定する会社法124条1項に規定する権利とは著しく異なることを指摘し，類推適用の基礎がないとしているが，これは法文の解釈としては極めて自然なものといえよう（ただし，全部取得条項付種類株式の取得決議に係る反対株主の価格決定申立権を株主としての権利であると性質決定した根拠は示されていない）。

また，本決定は，複数の総株主通知においてある者が各基準日の株主であると記載されていたということから，その者が各基準日の間も当該振替株式を継続的に保有していたことまで当然に推認されるものではないとして，社債等振替法が少数株主権等の行使については個別株主通知を対抗要件としていることの合理性も説示している。

　さらに，利益衡量的な検討も加えており，株式価格決定申立事件の審理において申立人が株主であることを争った場合，申立時までにではなく，その審理終結までの間に個別株主通知がされることをもって足りるというべきであるとして，株主に著しい負担を課すことにはならないと指摘しており，一般論としては，バランスのとれた判示といえそうである。もっとも，審理終結までの間に個別株主通知がなされれば足りるとした理論的根拠は示されていない。また，本件においては，Yの株式が「上場廃止と扱われ，同株式についての個別株主通知ができなくなったため，Xの申出に係る個別株主通知がされることはなかった」という事実認定がなされており，Xにつき個別株主通知がなされ得ないという状況にあったのであるとすると，この一般論は妥当せず，結論の妥当性が損なわれそうである。

酒井太郎・平成22年度重判解（ジュリ1420号）129頁，鳥山恭一・法セ675号121頁，大塚和成・銀法726号60頁。

Number 11

払込期間経過後の払込みと新株発行の効力

会社法208条5項

神戸地決平成 22・4・15
平成22年(ヨ)第105号, 株式会社SRC対日本・ボルネオ・エネルギー株式会社ほか, 議決権行使禁止仮処分命令申立事件, 金判1354号12頁〔要旨のみ〕(保全異議申立て後, 神戸地決平22・7・6〔平成22年(モ)第7009号〕により仮処分決定認可)

→ 事実

　Y_2(株券発行会社・株式譲渡制限会社。発行済株式総数は普通株式9万株)(相手方・債務者)は, 平成21年12月22日, 臨時株主総会を開催し, その総会において, 募集株式数を普通株式4万2000株, 払込金額を1株につき1500円(払込金総額6300万円), 割当先を株式総数引受契約締結を条件として, Y_1(相手方・債務者)に4万2000株を割り当てる, 申込期間を平成21年12月23日から平成22年1月8日まで, 払込期間を平成22年1月12日までという内容の第三者割当増資(本件第三者割当)の決議が承認可決された(本件増資決議)。ところが, Y_1は平成22年1月12日までには, 上記6300万円の金員の払込みをせず, 他方で, Y_1はY_2に対して, その後の同年3月25日に6300万円を入金した。

　ところで, Y_2の株主であり同社の株式1万3495株を有する申立外Aは, 同年4月6日, 債務者Y_2に対し, 同日時点のY_2の取締役全員の解任と取締役3名の選任を目的とする臨時株主総会招集請求を行った。他方, この招集請求がなされたのと同日に開催されたY_2の取締役会において, 臨時株主総会(本件臨時株主総会)を招集することが決定し, 同年4月7日, Y_2により, 同月15日午後3時開催の臨時株主総会招集通知が発せられた。同総会の目的事項には, 申立外Aの上記臨時株主総会招集請求中に言及されている取締役全員解任の件及び取締役3名選任の件が含まれていた。

　そこで, Y_2の株主であるX(申立人・債権者)が, Y_1, Y_3(Y_1の完全親会社)又はY_4(Y_3の代表取締役)は, Y_1, Y_3又はY_4名義のY_2普通株式4万2000株(本件株式)

につき，本件臨時株主総会において，その議決権を行使してはならず，また，Y_2は，本件株式につき，本件臨時株主総会において，Y_1，Y_3又はY_4に上記議決権を行使させてはならないとの仮処分命令を申し立てたのが本件である。

→ 決定要旨　　　　　　　　　　　　　　　　　　　申立て一部認容

本件「第三者割当による新株発行の金員の払込期間は平成22年1月12日までであり，この期間を徒過した場合，株主総会の意思としては，もはや，Y_1を上記第三者割当による新株発行の引受先と認めないというものであったというべきである。したがって，Y_1はY_2に対して上記3月25日に上記6300万円を入金したのであるが，これによってY_1がY_2の4万2000株の株主であるとはいえない。……XのY_1及びY_2に対する申立てについては，被保全権利があるといえる。」「また，Y_2において，Y_1を株主として扱い株主総会においてY_1の議決権行使を是認することが窺える……から，保全の必要性も肯定できる。」「Y_3及びY_4はいずれも，自らがY_2の株主ではないと述べている……。また，Y_2はその定款において株式譲渡制限の規定を設けており……，Y_3及びY_4の両名とも，Y_2の株主として上記臨時株主総会において議決権を行使することにしているといった状況は見受けられない。以上のとおりであるから，Y_3及びY_4がY_2の株主であることを前提にして，XがY_3，Y_4に対して，その議決権行使の禁止を求める保全の必要性は認められない。」

→ 解説

本決定は，会社及び株主名簿上の株主（又は，会社が株主と認めている者）を債務者として，議決権行使停止の仮処分命令が発せられた一事例として意義を有するとともに，株主総会決議によって定められた払込期間が経過した後の払込みを，出資の履行があったものとして取り扱うことはできないとした点で意義を有する。

まず，本件では，株主権不存在確認訴訟が本案訴訟（被保全権利）となっている。このように株式の存否について争いがある場合の議決権行使停止の仮処分においては，株主が債権者となり得ることは当然であるが，Y_2は，株主権不存在確認訴訟（本案訴訟）の被告適格を有していないため，株主総会を開催する会社（Y_2）が議決権行使停止仮処分命令の債務者となり得るのかという理論的問題がある。

しかし，Xは，Y_2は，本件臨時株主総会において，Y_1，Y_3又はY_4に議決権を行使させてはならないとの仮処分決定命令も求め，本件において，裁判所は，そのよ

うな仮処分命令を発した。従来，株式の存否について争いがある場合に会社が債務者となり得るのかという問題につき，本案訴訟の被告適格を有するのは，株主名簿上の株主（又は，会社が株主と認めている者）であることを理由として，株主名簿上の株主（又は，会社が株主と認めている者）のみが債務者となるという見解と仮処分の実効性を確保するという観点から，会社も債務者となり得るとする見解（株式の帰属に争いがある場合には，さらに，会社が債権者の株主たる地位を争って株主名簿上の株主に議決権を行使させようとしているときは会社も債務者となるとする見解）が唱えられてきたが，実務上は，会社を債務者として仮処分命令が発せられてきたようであり（長谷部幸弥「株主総会を巡る仮処分──開催・決議・議決権行使禁止」門口正人編『会社訴訟・商事仮処分・商事非訟〔新・裁判実務大系(11)〕』〔青林書院，2001年〕233頁），本決定は，従来の実務上の取扱いを踏襲したものと位置付けることができる。

　ところで，会社法の下で，株主総会決議によって定められた払込期間が経過した後の払込みを，出資の履行があったものとして取り扱うことができるかという問題点について，明示的に見解を示している文献は少ないが，「払込期日または払込期間に遅れた払込み……についても，会社が，たとえば資金需要を満たすため，そのようなものを出資の履行として扱うことを望むのであれば，これを認めることはむしろ会社の利益になるようにも思える」が，そのような「扱いは，一部の引受人について，払込期日を延期しまたは払込期間を延長することにほかならないから，募集事項の均等性の要請（会社199条5項）に反することになると思われる」という有力な見解が示されていた（酒巻俊雄＝龍田節編集代表『逐条解説会社法(3)』〔中央経済社，2009年〕137頁［洲崎博史］）。募集事項の均等性という観点のみに注目する限り，本件の場合，Y_1とY_2との間で，株式総数引受契約が締結され，引受人は1人しか存在しなかったのだから，募集事項の均等性は問題とならない以上，払込期日を延長することを妨げる説得的な根拠はないように思われる。しかし，本決定は，「期間を徒過した場合，株主総会の意思としては，もはや，Y_1を上記第三者割当による新株発行の引受先と認めないというものであったというべきである」と判示しており，本件においては，株主総会において募集株式の発行事項を決定していたことに注目し，株主総会の決定を取締役会の決議によって変更することはできないという根拠に基づいて，払込期日の延長を認めなかったものと解釈することができそうである。

　このように考えると，公開会社において，取締役会が募集株式の発行事項を決定した場合については，本決定の結論が必ずしも妥当するものではないと解する余地はあろう。たしかに，新株の引受人が払込期日までに払込み又は現物出資の全部の

給付をしないときは，その権利を失うと定めていた平成17年改正前商法280条ノ9第2項の解釈としては，「株式引受人が払込期日以後に払込をしても，その者はすでに株式引受人たる権利を失っているのであるから，それによってその者が株主となることはない」と理解されていたこと（新注会(7)264頁［米津昭子］）及び会社法208条5項の文言に照らせば，払込期日後に払込期日を延長することはできないと考えられる。他方，取締役会が発行事項を決定した場合においては，払込期日（又は払込期間の末日）以前に，払込期日（又は払込期間の末日）の延長を取締役会が決定できるかどうかは，募集株式の引受人が1人しか存在しない（総数引受契約を締結した）ときについては議論が分かれるかもしれない（前掲新注会(7)265頁［米津］の考え方によれば否定的に解すべきことになる）。

　なお，民事保全法23条4項を踏まえ，申立てから総会の期日まで間がない場合であっても，議決権行使禁止の仮処分などについて，「実務上は」，債務者等に与える影響にかんがみ，審尋期日を指定し，債務者の主張を聞いた上で判断がされているといわれてきたが（長谷部・前掲234頁），本件においては，審尋の期日を経ないで仮処分命令が発せられたようである。

Number 12

見せ金と募集株式の発行の効力

会社法208条

東京高判平成 22・9・29
平成 22 年(ネ)第 3490 号, X 対株式会社コネクタス,
取締役地位不存在確認請求控訴事件, 判例集未登載

→ 事実

　Y（被告・控訴人）は，平成 13 年 12 月 20 日に設立された株式会社であり，X（原告・被控訴人）は，Y の設立時発行株式 200 株の全部を引き受け，その払い込むべき金額を払い込んだ。その後，Y の平成 20 年 8 月 31 日付け株主総会において，発行可能株式総数を 800 株から 8000 株とする定款変更と 1800 株の株式（本件株式）を 1 株 5 万円で発行すること，本件株式の全部につき，Z（被告補助参加人）から引受けの申込みがあったときは，これに割り当てる旨の決議がなされた旨記載された議事録が存在する。また，X の指示に基づき，C は，X から預かった金員を保管していた C 名義の普通預金口座から 3000 万円の払戻しを受け，平成 20 年 9 月 18 日，Z に代わって本件株式の払込みの手続を担当する D に現金 3000 万円を渡した。D は，C を依頼人とする 3000 万円の振込金受取書 3 通等を用いて自由が丘支店の Y 名義の普通預金口座（本件口座）に 3000 万円を入金した後に同額の払戻しを受け，これを 3 回繰り返して払戻しを受けた 3000 万円を C に返還した。そして，Y は，同年 9 月 25 日，本件議事録及び 9000 万円の払込みがあったとする Y 名義の同年 9 月 18 日付け払込証明書に基づき，同年 8 月 31 日に発行可能株式総数を 800 株から 8000 株に変更するとの登記及び同年 9 月 18 日に発行済株式総数を 200 株から 2000 株に変更するとの登記を経由した。

　他方，Z は，平成 17 年 1 月 11 日に Y の取締役に，平成 18 年 3 月 1 日に Y の代表取締役に就任し，平成 20 年 11 月 24 日に重任された。ところが，Y では，平成 21 年 7 月 1 日，X が出席して株主総会（本件甲総会）が開催され，取締役の員数を

2名から4名以内とする定款の一部変更，ZのYの取締役からの解任，X，B及びCを取締役に，Xを代表取締役に選任する旨の決議（本件甲決議）をした。そこで，Zは，本件甲決議が不存在であると主張し，ZがYの取締役兼代表取締役の地位にないことを争い，Xは，ZがYの取締役兼代表取締役の地位にないことの確認を求めて，訴えを提起し，原審判決（東京地判平成22・4・28〔平成21年（ワ）第26460号〕）はXの請求を認容したので，Yが控訴したのが本件である。

→ 判旨

控訴棄却

「平成20年9月18日にされた払込みは，外見上は株式払込みの形式こそ備えているが，実質的には到底払込みがあったものと解することはできず，いわゆる見せ金による払込みとして払込みの効力を有しないものというべきである。そうだとすれば，Zは，本件株式の引受人として出資の履行をしていないことになるから，会社法208条5項により，出資の履行をすることにより本件株式に係る株主となる権利を失ったことになる。したがって，……発行済株式総数を200株から2000株に変更する登記は実体を反映しない登記でしかなく，Yの発行済株式は登記の記載にかかわらず200株であると認めるのが相当である。……XがYの全株式200株を保有しているということができ，……本件甲総会は，Xが出席して開催されたことが認められるから，本件甲決議はその一人の株主であるXが出席した本件甲総会における決議として有効に存在していると解することができる。」「Zが本件株式を保有していたとの事実を認めることはできないから，……Zは，本件甲決議によってYの取締役から解任され，Yの代表取締役を退任したことになる。」

→ 解説

本判決は，会社法の下においても，いわゆる見せ金の効力を無効とし，かつ，新株発行無効の訴えによらずに，募集株式の不存在（無効）を主張することを黙示的に認めた裁判例として意義を有する。

平成17年改正前商法の下では，形式的には金銭の移動による現実の払込みがあり，会社成立後の借入先への返済は背任行為にすぎず，払込みとして有効であるとする見解も存在したものの（たとえば，鴻常夫『商法研究ノート(1)』〔日本評論社，1965年〕92頁以下），通説・判例（最判昭和38・12・6民集17巻12号1633頁）は，見せ金による払込みは無効であると解してきた。これは，部分的に観察すべきではなく，全

体として考察して，これら一連の行為が当初から計画された払込み仮装のためのからくりの一環であるという実質に注目すべきであり，特に，沿革的にも預合いを禁止した結果，その脱法行為として見せ金は行われるようになったものであることに留意すべきであるという根拠に基づくものであった。確かに，見せ金の場合には資金の移動による現実の払込みがあり，払込金の引出しを，権限ある会社の代表機関は有効になし得るはずであるが，平成17年改正前商法（そして，会社法）は現実の払込み（物権的充実）を要求しており，取締役等に対する貸付金債権が存在するだけでは，会社財産確保としては，原則として不十分であると解すべきであり，払込みと主張されている行為を総合的に観察してその行為が会社財産確保の観点から仮装の払込みと判断される場合には，その払込みは無効であると解するのが穏当であると解されてきた（会社法の解釈としても，江頭憲治郎『株式会社法〔第3版〕』〔有斐閣，2009年〕81頁，龍田節『会社法大要』〔有斐閣，2007年〕419頁，前田庸『会社法入門〔第12版〕』〔有斐閣，2009年〕66頁，神田秀樹『会社法〔第13版〕』〔弘文堂，2011年〕51頁，大隅健一郎ほか『新会社法概説〔第2版〕』〔有斐閣，2010年〕52頁など，無効説が通説）。

　ところで，前掲最判昭和38・12・6は，①会社成立後，借入金を返済するまでの期間の長短，②払込金が会社資金として運用された事実の有無，③借入金の返済が会社の資金関係に及ぼす影響の有無，という要素等を総合的に観察して，設立時の払込みが，単に払込みの外形を装ったものにすぎないものであるかどうか判断すべきであるとした。本件は，募集株式の発行に関するものであるが，②に関しては，払込金が会社資金として運用された事実はなく，①に関しては，払い込んですぐに払戻しを受け，C（すなわちX）に3000万円を返還している。当時のYの財政状態等については判決中では明らかにされていないが，発行済株式が200株であるところ，1800株を発行するのであるから，③に関しては，借入金の返済が会社の資金関係に重要な影響をもたらした可能性は高い。したがって，本件において「平成20年9月18日にされた払込み」は「いわゆる見せ金による払込み」であると本判決が判断していることは，前掲最判昭和38・12・6の枠組みからは自然であると考えられる。しかも，本件においては，3000万円を種銭として，9000万円の払込みをしたことにしているのであるからなおさらであろう。

　他方，「払込みの効力を有しない」ということから，「Zは，本件株式の引受人として出資の履行をしていない」という帰結を導いた点は，——明確に意識されていたかどうかは不明であるが——注目に値する。これは，本判決が結論の基礎として用いた会社法208条5項に相当する規定が平成17年改正前商法には存在しなかったため，会社法208条5項にいう「出資の履行をしない」ことの解釈が会社法の下

では問題となるからである（弥永真生『演習会社法〔第2版〕』〔有斐閣，2010年〕19頁以下参照）。すなわち，「出資の履行をしない」とは外形的に出資の履行をしないということのみならず，法的に評価して「払込みの効力を有しない」払込み（の外観を有する行為）しかないことも含むと本判決は判断しているものと解される。これは，出資をしない者が株主としての権利を行使することができると解すると，他の株主の権利を反射的に損なうことを考慮すれば，適切であるともいえる。他方，このような解釈を前提とすると，いわゆる見せ金による払込みがあった場合に，当該引受人に対する募集株式の発行の効力を争うときには，新株発行無効の訴えによることを要さず，少なくとも当該払込みに対応する募集株式である新株については，新株発行不存在を主張することができることになりそうであり（本件においても，新株発行無効の訴えが提起され，認容判決がなされたという事実はない），これについては株式取引の安全を害するという批判もあり得るところであろう。

いずれにしても，本判決の射程は，設立に関する会社法36条3項及び63条3項の解釈にも及ぶと解するのが自然である。

なお，Zは別訴において，主位的請求として本件甲決議の不存在確認を，予備的請求として本件甲決議の取消しを，請求したが，本判決と同趣旨の事実認定と解釈に基づいて，第1審（東京地判平成22・4・28〔平成21年(ワ)第24333号〕）は，不存在確認の訴えを却下し，取消しの訴えを棄却し，控訴審（東京高判平成22・8・27〔平成22年(ネ)第3489号〕）も控訴を棄却した。

本判決についての評釈・解説は見当たらないが，岩原紳作・ジュリ947号123頁，酒巻俊雄＝龍田節編集代表『逐条解説会社法(3)』（中央経済社，2009年）126頁［洲崎博史］，吉本健一「新株発行・自己株式の処分の無効事由・不存在事由」浜田道代＝岩原紳作編『会社法の争点』（有斐閣，2009年）87頁。

Number 13

現物出資が錯誤により無効である場合の新株発行の効力

会社法 208 条・828 条

東京地判平成 19・10・30
平成 19 年(ワ)第 23494 号, X 対株式会社インフォーエス, 新株発行無効等請求事件, 判例集未登載
(Westlaw Japan 2007WLJPCA10308005)

→ 事実

　電子機器のシステム開発及び製造, 販売等を目的とする株式会社である Y は, 平成 18 年 12 月 19 日に, 臨時株主総会を開催し, 第三者を対象として募集株式を発行することを取締役会に委任することを特別決議により可決した。これを受けて, Y は, 同日, 取締役会を開催し, A の引受けがあることを条件として, A に Y の株式 3 万 3850 株を 1 株 3 万 8304 円で割り当てること, A は東証 2 部上場の訴外 B 株式会社の株式 2315 万 4000 株 (同日現在の評価額 12 億 9662 万 4000 円) を現物出資することなどを決議した。そして, A が, 同月 20 日に, 募集株式を引き受けて訴外 B 株式会社の株式 2315 万 4000 株を給付したので, 募集株式が発行された。その後, A が, 東京地方裁判所に, 本件現物出資が無効であることの確認請求訴訟を提起し, 平成 19 年 7 月 18 日に, 東京地方裁判所は, A の錯誤を理由として, 本件現物出資の無効を確認する判決を言い渡し (本書 15 事件), 同判決は確定した。
　そこで, Y の株主である X が, Y が平成 18 年 12 月 20 日に行った 3 万 3850 株の募集株式の発行 (本件新株発行) について, 引受人である A が行った現物出資が錯誤により無効であること等を理由に, 本件新株発行が無効であるとの判決又は不存在であることの確認判決を求めた。

→ 判旨

請求認容

「本件のように, 新株が発行された際に行われた現物出資が錯誤等により無効と

された場合には，新株の発行自体が無効になると解するのが相当であると思料する。……平成17年法律第86号による改正前の商法（以下「旧商法」という。）下においては，いわゆる見せ金による払込みがされた場合など新株の引受けがあったとはいえない場合であっても，取締役が共同してこれを引き受けたものとみなされるから（同法280条ノ13第1項），新株発行が無効となるものではないとされていた……。しかし，会社法においては，前記取締役の引受担保責任に相当する規定は存在せず，また，本件のように現物出資自体が無効である場合には，不公正な払込金額で株式を引き受けた者等の責任に関する会社法212条の適用もないことに鑑みれば，以後，適切な払い込みが行われることはあり得ないのであるから，発行された募集株式に対する払い込みが無効である以上，新株発行のみを有効と解することはできない。一方，新株発行の不存在とは，新株発行が無効であるにとどまらず，新株発行の実体が存在しないというべき場合であっても，新株発行の登記がされているなど何らかの外観がある場合を指すものと考えられるところ……，本件では，一度，現物出資が行われ，これに対応する募集株式が発行された後に，事後的に現物出資が無効であると評価されたものであることからすると，本件新株発行が不存在であるとまでいうことはできない。したがって，本件新株発行は無効であるというべきである。」

→ 解説

　東京高判平成15・1・30判時1824号127頁は，「新株発行の不存在とその無効とは，その性質上区別されるべきであるところ，これらの本来の語義に照らせば，新株発行が無効の場合とは新株発行が存在するもののその瑕疵が重大であるためにその効力が認められない場合であるのに対し，新株発行が存在しない場合とは，新株発行の実体が存在しないというべき場合，具体的には，新株発行の手続が全くされずに，新株発行の登記がされている場合であるとか，代表権限のない者が新株の株券を独断で発行した場合などであると解するのが相当である。」「取締役会が全く開催されていないなど新株発行に関する取締役会の決議自体がない場合であっても，代表権を有する取締役により，新株発行のための取締役会を開催したものとして新株発行が実施され，株式払込金が払い込まれた上，発行済株式の総数及び資本の額についての変更登記がされたときは，新株発行の手続が全くされていないとはいえず，新株発行としての実体は存在するというべきである。」「新株発行手続の実体は存在するが，当該の新株発行手続に，新株の発行により生じる会社の法律関係を覆

す必要がある程度の重大な瑕疵がある場合には，新株発行無効の訴えによってその効力を争うべきであり，新株発行不存在確認の訴えについては，上記のような瑕疵があった場合でも，新株発行としての実体が存在する限り，新株発行不存在の理由とはならないと解するのが相当である」としていた。すなわち，新株発行の手続が全くなされず，新株の引受け・払込みが何らなされていない場合（最判平成15・3・27民集57巻3号312頁）には新株の発行が不存在であると評価でき，代表権限を有する取締役が新株を発行すれば，取締役会が全く開催されていないなど新株発行に関する取締役会の決議がないことは新株発行無効原因にもならない（最判昭和36・3・31民集15巻3号645頁参照）としていた。

これは，代表権のある取締役によって発行手続が行われ，払込みがなされていれば新株発行は不存在とはならないという従来の下級審裁判例（大阪高判昭和52・8・5金判545号23頁，東京高判昭和61・8・21判時1208号123頁，名古屋高判平成14・8・21判タ1139号251頁など）の流れにも沿うものであった。もっとも，抽象論のレベルでは，株主総会決議が不存在とされる場合とパラレルに，前掲東京高判昭和61・8・21，名古屋高金沢支判平成4・10・26民集51巻1号60頁及び徳島地判平成10・10・13民集57巻3号325頁が新株発行の手続的・実体的瑕疵が著しいため，新株発行が不存在であると評価される場合を含むとして，登記のみがなされている物理的不存在の場合に限定していなかったのに対し，前掲東京高判平成15・1・30は，新株発行の実体がある限り，新株発行は不存在とはならないとした。なお，学説においては，新株発行の実体がある場合でも，新株発行の手続に著しい瑕疵がある場合には，株主の利益の保護の観点から，不存在であると法的には評価すべきであるとする見解が有力であった（岩原紳作・ジュリ947号122頁など）。

他方，見せ金の場合にも新株発行は無効・不存在とはならないというのが，平成17年商法改正前における判例（最判昭和30・4・19民集9巻5号511頁，最判平成9・1・28民集51巻1号40頁）の立場であったが，これは，取締役が引受担保責任を負うことを前提としていたものである。

しかし，本判決も指摘するように，会社法の下では，取締役・執行役は引受担保責任を負わないとされたから，払込み又は給付が無効である場合には，新株発行には瑕疵があると解すべきことになろう。本判決は，「一度，現物出資が行われ，これに対応する募集株式が発行された後に，事後的に現物出資が無効であると評価されたものであることからすると，本件新株発行が不存在であるとまでいうことはできない」と述べ，全く払込み・給付がされなかった場合には新株発行が不存在とされることがあり得ることを暗黙の前提としているとも理解できる一方で，「事後的

に」現物出資が無効であるとされたことをとらえて不存在とはいえないとする。

たしかに，このような解釈は前掲最判平成9・1・28などの従来の裁判例の立場と整合的であるように思われる。しかし，新株発行無効の訴えの提訴期間は公開会社では6カ月以内（会社828条1項2号）であるのに対し，錯誤による募集株式の引受けの無効は1年経過するまで（会社211条2項）主張することができる可能性がある。そうすると，6カ月経過後であるが1年経過前に錯誤による無効主張がなされた場合には，払込み・給付がなされていないにもかかわらず，新株発行の無効はもはや主張できないことになり，これは，会社法208条5項の文言と整合しないと考えられる（株主となることができないということは新株発行が不存在であることを意味すると思われる）。そして，その株式はだれに帰属することになるのかという問題も生じてしまう（自己株式の取得規制がなされている以上，自己株式になると解するのは適当ではないであろう）。錯誤による募集株式の引受けの無効主張を認める以上，少なくとも当該部分については新株発行が不存在であると解することによる問題はないのではないかと考えられる。

なお，平成17年商法改正前においても，前掲名古屋高金沢支判平成4・10・26は有効な払込みがなかったとして新株発行は不存在であるとしていた。

また，会社法の下で，東京高判平成22・9・29（本書12事件）は，Zによる払込みは見せ金による払込みであると認定した上で，「いわゆる見せ金による払込みとして払込みの効力を有しないものというべきである。そうだとすれば，Zは，本件株式の引受人として出資の履行をしていないことになるから，会社法208条5項により，出資の履行をすることにより本件株式に係る株主となる権利を失ったことになる。したがって，……発行済株式総数を200株から2000株に変更する登記は実体を反映しない登記でしかなく，Yの発行済株式は登記の記載にかかわらず200株であると認めるのが相当である」と判示し，見せ金に対応する新株については，新株発行無効の訴えによることなく，不存在を主張できるという立場によっているものと推測される。

Number 14

著しく不公正な方法による募集株式の発行

会社法210条・308条

東京地決平成20・6・23
平成20年(ヨ)第20071号, 株式会社オープンループ対株式会社クオンツ, 新株発行差止仮処分命令申立事件, 金判1296号10頁

→ 事実

　株式会社Y(債務者)は, 平成20年6月9日の取締役会において, 訴外A及びBを割当先として, 第三者割当てにより4444万4000株の新株発行(本件新株発行)を決定し, 定時株主総会における議決権行使の定款上の基準日は3月31日であるが, 同年6月25日を払込期日とし, 6月27日開催予定の定時株主総会においてA及びBは議決権を行使できるものと定めた。平成20年3月31日現在のYの株主構成は, 筆頭株主の持株比率ですら3.78％, 第5位の株主であるX(債権者)の持株比率は1.71％であり, 上位10名の株主の持株比率の合計は17.57％であったが, 本件新株発行がなされると, Aの持株比率が9.26％, Bの持株比率が8.16％となる一方で, Xの持株比率は1.43％に下落し, Xは第7順位の株主となるという状況が存在した。そこで, XがYに対し, 本件新株発行の差止めを求めたのが本件である。なお, 同年6月27日開催予定の株主総会には現在7名の取締役のうち3名の取締役の解任議案を提出する旨の取締役会決議が同年5月23日になされており, A及びBはこの解任議案に賛成する意向を表明していた。なお, Yとその子会社であるCは, 名義書換は未了であるもののXの株式の34.40％を保有していた。

→ 決定要旨

申立て認容

　会社法210条「2号に規定される『著しく不公正な方法』による新株の発行とは, 不当な目的を達成する手段として新株の発行が利用される場合をいうと解されると

ころ，会社の支配権につき争いがあり，既存の株主の持株比率に重大な影響を及ぼすような数の新株が発行され，それが第三者に割り当てられる場合に，その新株の発行が既存の株主の持株比率を低下させ現経営者の支配権を維持することを主要な目的としてされたものであるときは，不当な目的を達成する手段として新株の発行が利用される場合に当たる」。

「Yの本件新株発行は，会社の支配権につき争いがある状況下で，既存の株主の持株比率に重大な影響を及ぼすような数の新株が発行され，それが第三者に割り当てられる場合であって，かつ，それが，成否の見通しが必ずしもつかない反対派取締役の解任が議案となっている株主総会の直前に行われ，しかも，予め反対派取締役を解任する旨の会社提案に賛成することを表明している割当先に会社法124条4項に基づき議決権を付与することを予定しているというのであるから，他にこれを合理化できる特段の事情がない限り，本件新株発行は，既存の株主の持株比率を低下させ現経営者の支配権を維持することを主要な目的としてされたものであると推認できる」。

「Yにおいて資金調達の一般的な必要性があったことは否定できないものの，これを合理化できる特段の事情の存在までは認められず，本件新株発行は，既存の株主の持株比率を低下させ現経営者の支配権を維持することを主要な目的としてされたものであると認めるのが相当であり，……本件新株発行は著しく不公正な方法によるものと認定することができる。」

公開会社においても「会社の支配権につき争いがあり，既存の株主の持株比率に重大な影響を及ぼすような数の新株が発行され，それが第三者に割り当てられる場合に……従前の株主構成と比較して，既存の株主に看過できない持分比率の低下があると認められるときは，当該株主は不利益を受けるものといえる。」「Xの持株比率が1.71パーセントから1.43パーセントに低下することは，Yの従前の株主構成と異なり，事実上多数派を構成する株主が出現することから，Xの影響力が著しく低下することにつながることは明らかであり，既存の株主であるXにとって，従前の株主構成と比較して，看過できない持分比率の低下がある」。

「会社法308条1項本文かっこ書の趣旨が，会社間の実体的な支配・従属関係に着目して，適正な議決権行使が望めない株主による議決権行使を排除することにあることからすれば，名義書換未了であったとしても，親会社と子会社との合計で4分の1以上の株式を保有していれば，原則として，株主総会における議決権の行使は禁止される」。

→ 解説

　本決定は，会社の支配権につき争いがあり，既存の株主の持株比率に重大な影響を及ぼすような数の新株が発行され，それが第三者に割り当てられる場合に，その新株の発行が既存の株主の持株比率を低下させ，現経営者の支配権を維持することを主要な目的としてされたものであるときは，「著しく不公正な方法」による新株発行に当たるとしており，従来の下級審裁判例（東京地決平成元・7・25判時1317号28頁，東京地決平成元・9・5判時1323号48頁，東京地決平成16・7・30判時1874号143頁，東京高決平成16・8・4金法1733号92頁，さいたま地決平成19・6・22判タ1253号107頁など。新株予約権の発行について東京地決平成17・3・11判タ1173号143頁など）において採用され，また，ブルドックソース事件最高裁判所決定（最決平成19・8・7民集61巻5号2215頁）も依拠したと解される，いわゆる主要目的ルールを判断枠組みとして踏襲したものである。

　しかし，本決定は，いくつかの点で特徴を有する。

　第1に，主要目的ルールは，取締役会が第三者割当増資を決議するに至った様々な目的のうち，会社の支配権についての争いに介入するという不当な目的が主要なものと認められるか，すなわち，支配権維持目的と正当な目的（新株発行の場合には，通常，資金調達目的）とのいずれが優越するかを判断し，会社の支配権についての争いに介入するという不当な目的が主要な目的であると認められる場合に「著しく不公正な方法」による新株発行であるとするものであるが，従来の裁判例の傾向は，資金調達目的があれば，それだけで「著しく不公正な方法」によるものではないと判断してきたのではないかと推測される。すなわち，資金調達目的が「主要な」ものと評価できるかどうかについては必ずしも検討してこなかった（前掲東京地決平成元・9・5，前掲東京地決平成16・7・30，前掲東京高決平成16・8・4など参照）。しかし，本決定は，「資金調達の一般的な必要性」が存在するだけでは，資金調達目的が主要な目的であるとはいえないという立場を採っていると理解することができる点で，これまでの裁判例とは異なる。

　第2に，前掲東京地決平成16・7・30と異なり，会社の支配権についての争いがある状況の下で，基準日後に第三者割当増資が決定され，当該割当先に株主総会における議決権を認めるという事情がある場合には，「これを合理化できる特段の事情がない限り，本件新株発行は，既存の株主の持株比率を低下させ現経営者の支配権を維持することを主要な目的としてされたものであると推認できる」（圏点：筆者）と判示している。これは，前掲さいたま地決平成19・6・22と同様の判示であ

る。ここでは、「特段の事情」の存在は会社側が立証することが想定されているとも考えられ、挙証責任が事実上転換されていると理解する余地がある。もっとも、前掲東京地決平成元・7・25は、新株発行の主要な目的が「特定の株主の持株比率を低下させ現経営者の支配権を維持すること……にあるとはいえない場合であっても、その新株発行により特定の株主の持株比率が著しく低下されることを認識しつつ新株発行がされた場合は、その新株発行を正当化させるだけの合理的な理由がない限り、その新株発行もまた不公正発行にあたるというべきである」としていた。

第3に、本件のような事実関係の下で、既存株主にとって看過できない持株比率の低下があると認めた点でも、本決定は特異である。Xの持株比率は1.71％から1.43％に低下したにすぎず、Xの少数株主権の行使の可否に影響を与えるものでないし、そもそも、Xは単独で普通決議あるいは特別決議を成立させ、またはその成立を阻止できるほどの議決権比率を有していたわけでもないからである。「従前の株主構成と異なり、事実上多数派を構成する株主が出現する」ことが、差止請求との関係で、既存株主にとっての不利益に当たるという判断はこれまでの裁判例にはみられないものである。

なお、本決定は、傍論としてであるが、会社法308条1項本文かっこ書にいう「総株主の議決権の4分の1以上」には名義書換未了のものを含むという解釈（江頭憲治郎『株式会社法〔第3版〕』〔有斐閣、2009年〕314頁）を示しており、この点も注目に値する。

仮屋広郷・平成20年度重判解（ジュリ1376号）112頁、荒達也・ジュリ1397号107頁、王子田誠・金判1312号23頁、清水俊彦・金判1309号2頁・1310号8頁、若松亮・判タ1295号61頁、山田剛志「取締役会決議による買収防衛策と不公正発行（上）」金判1358号2頁。

Number 15

錯誤を理由とする募集株式の引受けの無効

会社法211条

東京地判平成19・7・18
平成19年(ワ)第13486号, フリージアトレーディング株式会社対株式会社インフォーエス, 現物出資無効確認請求事件, 判例集未登載(Westlaw Japan 2007WLJPCA07188003)

→ 事実

　平成18年10月ころから, 不動産取扱いを主な業務とする株式会社であるXの代表者Bは, ネットワーク装置の開発・販売を主な業務とする株式会社であるYの代表者Aから, 現物出資の依頼を受けるようになった。Aは, そのころ, Bに対し, 過去の決算資料や平成19年3月期の損益着地見込みなどの資料を示しながら, Yの営業内容につき, ①Yの平成18年7月27日作成の事業計画書では平成19年3月期売上15億円, 経常利益1億4500万円, ②覚書締結時点で売上計画を13億2000万円, 経常利益500万円と修正, ③前期売上計上の2億8000万円の未回収売掛金は12月中に回収でき, 売上計上は正しい, という説明を行った。これらの説明を受けたBは, その説明内容を全面的に信用し, 現物出資を行ってもリスクはなく, かえってXの利益になるものと判断し, 平成18年12月20日, フリージア・マクロス株式会社普通株式2315万4000株を出資してYの普通株式3万3850株を引き受ける本件現物出資が実行された。

　ところが, 本件現物出資の後, Yの①今期の業績は売上げがAの上述説明より7億円から8億円下がる予定であること, ②今期の利益は3億円以上の営業赤字となる予想であること, ③前期売上計上の未回収売掛金2億8000万円は未回収であり, その回収が確定しておらず, 売上計上そのものに疑義がある状況であることをAは認め, Yの経営状態に関する本件現物出資前の説明に嘘があったことを認めるとともに, 本件現物出資に関して, 虚偽の情報を提供したことに関し, 陳謝した。

　そこで, このような事実を本件現物出資前に認識していれば, Xが本件現物出

資に応じなかったことは明らかであって、本件現物出資行為に要素の錯誤があったことは明らかであり、本件現物出資は錯誤により無効であるとして、XがYに対し、本件現物出資について無効であることの確認を求めて提起したのが本件訴えである。

→ 判旨 　　　　　　　　　　　　　　　　　　　　　　　　　　請求認容

「会社法211条2項は、募集株式の引受人は、209条の規定により株主となった日から1年を経過した後又はその株式について権利を行使した後は、錯誤を理由として募集株式の引受けの無効を主張し、又は詐欺若しくは強迫を理由として募集株式の引受けの取消しをすることができないと規定するから、同項の規定する制限に該当しないならば、株式引受について錯誤による無効を主張することができる。
　したがって、上記制限に該当する場合はともかく、それ以外は株式引受について錯誤の適用がある。」
　「Y代表者の説明とYの経営実態との乖離や本件現物出資の価格（当時の時価総額12億9662万4000円）に照らすと、Xは、Yの経営実態を認識していれば、株式を引受けて本件現物出資をしなかったといえるから、株式を引き受けて現物出資をするに当たり、要素の錯誤があったといわざるを得ない。
　したがって、本件現物出資は無効である。」

→ 解説

　本判決は、会社の財産及び損益の状況について虚偽の事実を告げられた場合に、募集株式の引受けの無効主張を認めたものであり、東京地判平成19・10・30（本書13事件）の背景となった判決である。
　会社法211条2項は、「募集株式の引受人は、第209条の規定により株主となった日から1年を経過した後又はその株式について権利を行使した後は、錯誤を理由として募集株式の引受けの無効を主張し、又は詐欺若しくは強迫を理由として募集株式の引受けの取消しをすることができない」と規定しているところ、本件においては、Xは株主となった日（平成18年12月20日）から1年を経過する前で、かつ、Y会社の株主総会において議決権を行使する前に引受けの無効を主張したため、会社法211条2項による制限に服さないものとされたと解される。
　錯誤による株式の引受けの無効については、大判昭和2・6・20民集6巻354頁

は，会社成立時の株式の申込みにつき，「株式申込ハ一面ニ於テハ発起人ニ対スル株式引受ノ意思表示ナルト同時ニ他ノ一面ヨリ之ヲ観レハ一般ニ対スル会社設立ノ意思表示ナリト謂フヘク一般公衆ハ発起人ノ資格会社営業ノ目的等ニ著眼スルト共ニ他ノ株式申込人ノ引受ノ状況ニモ著眼シ此等ニ信頼シテ株式ノ引受ヲ為スモノニシテ会社ノ債権者モ各株式申込人ノ引受ノ有効ナルコトヲ信シ資産ノ確実ナルコトヲ看取シテ貸付ヲ為スヲ通常トスルモノナレハ株式申込ニ付錯誤アルモ特定ノ相手方ニ対スル意思表示ニ付定タル民法総則ノ規定ニ依リテ其ノ効力ヲ律スルコトヲ得サルモノトス」として，株式申込みの表示行為自体に無効又は不成立が生じた場合は別として，株式申込証に記載されていない事項により，民法95条にいう法律行為の要素に錯誤が生じても，株式引受けは無効とはならないと判示した。そして，大判昭和9・10・23法律新聞3790号7頁もこの判決を踏襲して（法律新聞所収の判決文では「昭和3年……6月20日言渡判決」とされているが，「3年」は「2年」の誤植であろう），株式申込みが適式な株式申込証により行われた場合には，その申込みにつき法律行為の要素に錯誤があったとしても，民法95条により株式申込みが「無効ニ帰セシムルコトヲ得サル旨」を説示した原判決の判断は正当であるとした。

　他方，昭和13年商法改正により，錯誤の場合についても，詐欺や強迫があった場合と同様に，無効を主張できる時期を制限する旨の明文の規定が設けられたため，現在では，その制限の下では，要素の錯誤があれば，株式の申込みを取り消すことができると解されるが，動機の錯誤が存在するにすぎない場合に，株式引受けの無効を主張するためには，他の法律行為と同様の要件を満たす必要がある。そして，本件においては，動機の錯誤があるにすぎないと考えられる。

　判例の大勢は，「通常意思表示ノ縁由ニ属スヘキ事実ト雖表意者カ之ヲ以テ意思表示ノ内容ニ加フル意思ヲ明示又ハ黙示シタルトキハ意思表示ノ内容ヲ組成スル」（大判大正3・12・15民録20輯1101頁）とし，同様に，動機が相手方に表示されたときにはそれが意思表示の内容の錯誤となり，要素の錯誤となるというのが従来の通説（我妻栄『新訂民法総則』〔岩波書店，1965年〕297頁）であったということができる。このような見解によると，本件において，Yの財政状態が悪くないから，現物出資に応じるという動機の表示がYの代表者に対してなされたということは認定されていない以上，Xは錯誤による無効を主張できないと考えるべきことになりそうである。

　しかし，近時の多数説は，動機の錯誤も意思表示の瑕疵であると解しているようであり（川島武宜＝平井宜雄編『新版注釈民法(3)』〔有斐閣，2003年〕412頁［川井健]），売買のような等価的財産取引行為において等価性の欠如がある場合には裁判例も要

素の錯誤を認める傾向にあるといわれている（川島＝平井編・前掲 425 頁［川井］）。実際，株式の売買について売買代金額の相当性について錯誤を認めた裁判例（東京地判平成 7・1・23 判時 1549 号 80 頁），株式を買い受けたところ，その会社の設立無効の判決が確定し，その株式が無価値となった場合に要素の錯誤の余地を認めた裁判例（大判昭和 6・4・24 大審院裁判例 5 巻民 75 頁）も存在する（ただし，福岡高判平成 8・4・15 判時 1594 号 144 頁）。このような考え方と本判決は整合的であるといえよう。

　もっとも，本件においては，Y 代表者による詐欺があるとも考えられ，錯誤無効の主張が認められないとしても，詐欺による取消しは認められた可能性があると解される。

　なお，金融商品取引法 18 条及び 19 条は，有価証券届出書に虚偽記載がある場合に届出者は投資者に対して投資者が当該有価証券の取得について支払った額から損害賠償請求時の市場価額などを控除した額を賠償しなければならないと定めている。これは，原状回復という発想に基づいたものと理解されているが，このような規定と会社法 211 条 2 項とは整合的とは必ずしもいえないのではないかと思われる。

Number 16

新株予約権付社債の有利発行・不公正発行

会社法247条

東京地決平成19・11・12
平成19年(ヨ)第20137号, シルチェスター・インターナショナル・インベスターズ・リミテッド対株式会社オートバックスセブン, 新株予約権付社債発行差止仮処分命令申立事件, 金判1281号52頁

→ **事実**

　Y（被申請人）の取締役会は, 平成19年10月26日に, 第1回新株予約権付社債（額面150億円）全額をAに, 第2回新株予約権付社債（額面500億円）全額をBに（以下, 併せて「本件新株予約権付社債」という）, それぞれ, 割り当てて発行することを決議した。

　なお, 平成19年3月31日時点のYの上位10名の大株主の発行済株式総数（3925万5175株）に対する所有株式の割合は, 合計42.41％であり, そのうち, 筆頭大株主は有限会社C（持株比率13.14％）, 2位から10位までの株主の持株比率は, それぞれ, 6.67％ないし1.29％であったが, 本件新株予約権付社債がすべて普通株式に転換されると, A及びBは, 併せてYの株式を2249万1349株（Aが519万311株, Bが1730万1038株）を取得し, それは, Yの発行済株式総数6174万6524株の約36.43％（それぞれ約8.41％及び約28.02％）に相当する。

　そこで, Yの株主であるX（申請人）が, 各新株予約権付社債の発行について, ①特に有利な条件による発行であるのに株主総会の特別決議がないため, 法令の規定に違反していること, ②著しく不公正な方法による発行であることを理由として, 会社法247条に基づき, これを仮に差し止めることを求めた。

→ **決定要旨**　　　　　　　　　　　　　　　　　　　　　　　申立て却下

　Ｉ　「新株予約権付社債を発行する場合において, 当該新株予約権付社債に付さ

れた募集新株予約権……と引換えに金銭の払込みを要しないこととする場合には，当該新株予約権の実質的な対価は，特段の事情のない限り，当該新株予約権付社債について定められた利率とその会社が普通社債を発行する場合に必要とされる利率との差に相当する経済的価値であるということができる。また，当該新株予約権の公正な価値は，現在の株価，権利行使価額，行使期間，金利，株価変動率等の要素をもとにオプション評価理論に基づき算出された新株予約権の発行時点における価額であると解される。

その上で，こうして算出された当該新株予約権の実質的な対価と当該新株予約権の公正な価値とを比較し，当該新株予約権の実質的な対価が公正な価値を大きく下回るときは，当該新株予約権付社債の発行は，会社法238条3項1号にいう『特に有利な条件』による発行（有利発行）に該当すると解すべきである。」

Ⅱ　Yの依頼により，D社は，モンテカルロ・シミュレーションを用いてYの将来株価のシミュレーションを行い，ある一定の前提を置いた発行者（Y），投資家の行動の結果，発生した将来の投資家の利益を現在価値に割り戻す「方法で，額面金額1億円の本件社債に付された本件新株予約権の発行時点における価額を198万円と算定したことが一応認められる」。ここで，Dは，普通株式に転換，売却される株式数は1日の平均売買出来高（8万株）の10％（8000株）を超えないことなどを前提として，各期間において，発行者及び投資家が合理的な判断を行うと仮定してシミュレーションを行った。「適時における市場での売却を前提とするものである以上，市場の売却制限の存在を前提条件にすることが不合理であるとはいえない。」「M＆Aによる売却は，当該業界の成長性，競争者や新規参入者の存在の有無，国際的な資金調達環境の状況など，株価や株式数以外の多様な条件によって左右されるから，売り手が希望するタイミングで容易に成立させることができるものではないことは公知の事実である。仮に，市場内立会外取引により分割売却するにしても，一定のディスカウントを余儀なくされることはXも自認するところであり，どの程度の分割によりどの程度の価格で売却し得るかを合理的に予想することは困難である。」「そうであれば，新株予約権の公正な価値の評価にあたり，売却の実現性や売却価額を合理的に予想できないM＆A市場内立会外取引による売却可能性を前提条件として考慮しないことをもって，不合理ということはできない。」

Ⅲ　「会社法247条2号所定の『著しく不公正な方法』による新株予約権の発行とは，不当な目的を達成する手段として新株予約権の発行が利用される場合をいうと解されるところ，株式会社においてその支配権につき争いがあり，従来の株主の持株比率に重大な影響を及ぼすような数の新株予約権が発行され，それが第三者に

割り当てられる場合に，その新株予約権の発行が特定の株主の持株比率を低下させ現経営者の支配権を維持することを主要な目的としてされたものであるときは，不当な目的を達成する手段として新株発行が利用される場合にあたるというべきである。」

→ 解説

　決定要旨Ⅰは，新株予約権付社債について（いわば，社債部分については公正な価額で発行されたと仮定して）新株予約権部分について有利発行がなされたかどうかを判断し，新株予約権部分について有利発行がなされたと解される場合には，そのような新株予約権を含む新株予約権付社債が有利発行されたと解するという判断枠組みを採用した。他方，いわゆる転換社債型新株予約権付社債については，新株予約権付社債を一体として評価すべきであるという見解があり，本件においても，Xはこのような評価手法に基づく算定結果に基づき有利発行に当たると主張した。後者の見解がより理論的には適切であるようにも思われるが，売建てオプションを用いれば，事実上，新株予約権のみを売却したのと同じ経済的効果を享受しつつ，社債部分のみを実質的には保有し続けることができること，実務上も，オプション部分のみを算定する方が容易である場合があることを考慮すると，決定要旨Ⅰの採る立場にも説得力はあろう。

　そして，新株予約権部分についての有利発行の判断枠組みとして，本決定は，募集新株予約権の有利発行に関するTRNコーポレーション事件判決（東京地決平成18・1・17〔平成18年(ヨ)第20001号〕。商事法務1756号56頁に概要の紹介がある），サンテレホン事件判決（東京地決平成18・6・30判タ1220号110頁）及びオープンループ事件判決（札幌地決平成18・12・13金判1259号14頁）が示した一般論を踏襲し，新株予約権の実質的な対価部分の算定については，企業会計上，区分処理を行う場合の枠組みと整合的な手法（日本公認会計士協会会計制度委員会報告第14号「金融商品会計に関する実務指針」351項及び352項）を採用した。

　決定要旨Ⅱは，YのためにDが行った新株予約権部分の評価において，「普通株式に転換，売却される株式数は1日の平均売買出来高の10％を超えない」という前提をおいたことは不合理ではないとしたものである。これは，一般論としてはうなずけるが，少なくとも，発行者について，現に支配権争奪が行われている場合あるいは近い将来に支配権争奪が行われることが合理的に予想できるような場合には市場における立会取引による売却のみを前提として，新株予約権の評価額を算定す

ることは適当ではないし，仮に，割当てを受ける者が売買目的ではなく，発行会社に対する支配や重要な影響を与えることを目的として取得するものであると解される場合にも妥当しないであろう。すなわち，決定要旨Ⅱの下では，大量の新株予約権（付社債）であればあるほど，希薄化が大幅であり，既存株主の利益が害されやすくなるにもかかわらず，他の条件が等しければ，新株予約権の評価額は低くなるという問題があるので，支配あるいは重要な影響を与えるだけのブロックの取得という面を考慮に入れる必要があるからである。

　決定要旨Ⅲは，新株あるいは新株予約権の不公正発行に関して従来の裁判例が採用してきた判断枠組みを踏襲するものである（新株については，たとえば，東京地決平成元・7・25 判時 1317 号 28 頁，東京地決平成 16・7・30 判時 1874 号 143 頁。新株予約権については，東京地決平成 17・3・16 判タ 1173 号 140 頁，東京高決平成 17・3・23 判時 1899 号 56 頁）。なお，本件の場合，他方で Y は自己株式の取得を計画していたことから，資金調達の必要性を超える大量な発行がなされたと評価される余地もあった。したがって，前掲東京地決平成元・7・25 と同様，特定の株主の持株比率を低下させ現経営者の支配権を維持することを主要な目的として，新株予約権付社債の発行がなされたと判断されるリスクが全く存在しなかったわけではないと思われる。

林天宇・ジュリ 1407 号 160 頁，田邊宏康・判タ 1268 号 73 頁，大塚和成・銀法 685 号 45 頁，大塚和成＝西岡祐介・銀法 699 号 93 頁，武井一浩ほか「第三者割当の有利発行適法性意見制度と実務対応(2)」商事法務 1873 号 113 頁，鬼頭俊泰・月刊税務事例 42 巻 1 号 72 頁。

Number 17

非公開会社における株主総会招集通知への議案の提案理由の記載の要否

会社法 305 条

東京地判平成 19・6・13
平成 19 年（レ）第 21 号, X 対東京燃料林産株式会社, 損害賠償請求控訴事件, 判時 1993 号 140 頁

→ 事実

　Y（被告。発行済株式総数 120 万株）は取締役会設置会社であるが、証券取引所に株式上場しておらず、株式の譲渡について取締役会の承認を要する旨の定款の定めを有する会社であり、書面による議決権行使の制度を採用していなかった。Y の株主である X（原告。4600 個の議決権を保有）は、平成 18 年 3 月ころ、Y の代表取締役 A に対し、第 59 期事業年度に係る定時株主総会（本件株主総会）について、「株主提案権行使書」と題する書面をもって、株主提案権を行使し、議案及び議案の提案の理由を株主総会招集通知に記載することを請求したが、Y は、平成 18 年 6 月 2 日付けの「第 59 期定時株主総会招集ご通知」には X が請求したとおりの記載をしなかった。そこで、株主提案権を侵害し、信用低下等の損害を被ったと主張して、X が Y に対し、不法行為に基づき、10 万円の損害賠償を求めて提起したのが本件訴えである。

　原判決（東京簡判平成 18・12・7〔平成 18 年（ハ）第 13875 号〕）は、Y による株主総会招集通知の記載内容及び方法に違法性はないとして X の請求を棄却したため、X が控訴し、控訴審では、違法行為として、X が提案した B の取締役解任を内容とする議案が株主総会において付議されなかったことを新たに追加主張した。なお、B は本件株主総会開催前に取締役を辞任していた。

→ 判旨　　　　　　　　　　　　　　　　　　　　　　　　　　　　　　　控訴棄却

I　「会社法305条1項にいう『議案の要領』とは，株主総会の議題に関し，当該株主が提案する解決案の基本的内容について，会社及び一般株主が理解できる程度の記載をいうものと解すべきである。けだし，その程度の記載があれば，会社及び一般株主にとって，当該議題に関する提案株主の解決案が示されることによって，当該議題について事前準備が充分可能であり，提案株主の意見を会社経営に反映させる機会を確保することができ，これにより前記法の趣旨の達成が期待できるからである。」「Yは，株主の数が1000人未満の公開会社でない取締役会設置会社であるから，会社法298条2項は適用されず，また，Yは，書面による議決権行使の制度を採用していない。したがって，本件において，株主総会招集に関する会社法301条1項は適用されないから，Yは，会社法施行規則65条，73条ないし94条に定める株主総会参考書類の交付を要するものではない。よって，本件招集通知に同施行規則93条は適用されない。」「会社法305条1項及び会社法施行規則93条1項3号によれば，『議案の要領』と『提案の理由』が区別して規定されていることが明らかであり，その文言解釈上，『議案の要領』に『提案の理由』が当然に含まれると解することはできない。」

II　「Yのように株主総会参考書類の交付を義務付けられていない株式会社においては，本来提案株主による議案の提案の理由を株主総会招集通知に記載する必要はない。もっとも，このような株式会社において，議案の提案の理由を任意に株主総会招集通知に記載することは許容されるものであるところ，その際に，提案株主が記載を要求した議案の提案の理由を省略し又は要約して記載することは，特定の提案株主による議案の提案の理由についてのみ，当該議案を排除する等の不当な目的をもって記載する等の特段の事情のない限り，違法とはいえないというべきである。」

III　「B取締役は，本件株主総会が開催された平成18年6月26日より前である同月20日にYの取締役を辞任していたことが認められる。そうすると，本件株主総会においてB取締役の解任を求めるとの第5号議案は，これを付議する前提を欠くことになるから，第5号議案を付議しなかったことが株主提案の不当拒絶に当たるということはできない。」

→ 解説

本判決は，会社法305条1項にいう「議案の要領」の意義について判示した初めての公表裁判例である。従来，「議案の要領」とは議案の全文ではなく，議案の基本的内容ないし重要な内容であると解されてきており（田中耕太郎編『株式会社法講座(3)』〔有斐閣，1956年〕851頁・854頁〔西原寛一〕，新注会(12) 24頁〔実方謙二〕），そのような理解と判旨Iは整合的である。昭和56年商法改正の解説においても，定款変更の場合に「株主に送付すべき議案の要領は議案そのものでなくてもよい」（元木伸『改正商法逐条解説〔改訂増補版〕』〔商事法務，1983年〕481頁），あるいは議案の「要旨である」とされていた（竹内昭夫『改正会社法解説〔新版〕』〔有斐閣，1983年〕102頁）。もっとも，実務の観点からは，ある記載が「要領を示しているかどうかの問題の生ずるおそれもある」という指摘も存在していた（大住達雄『新しい監査制度の解説』〔商事法務研究会，1974年〕59頁）。

また，会社法施行規則93条1項3号において「議案」と「提案の理由」とが区別して規定されている以上，「議案の要領」に「提案の理由」が当然に含まれると解することはできないとする点も広く受け入れられるところではないかと推測される。

たしかに，株主総会参考書類を送付することを要しない会社には，会社法施行規則93条の適用はないのであるから，そのような会社について，会社法施行規則93条を根拠として，「議案」と「提案の理由」とが区別されていると解することは適当ではないという考え方もあり得るかもしれない。しかも，会社法施行規則63条7号では「議案の概要」という語が用いられており，「議案の要領」と「議案の概要」とは異なり，「議案の要領」には提案の理由を含むという解釈の余地がないとまではいえないかもしれない。

しかし，沿革に照らすと，判旨Iのような解釈が穏当であると解される。すなわち，『株式会社の機関に関する改正試案』（昭和53年12月25日）の第一の二の4bでは，株主の「提案は，理由を含めて400字以内の書面でしなければならない」とし，その書面に記載された提案及び理由は招集通知に添付すべき書類に記載するものとすることが提案されていたが，昭和56年改正後商法232条ノ2は，議案の要領のみを招集通知などに記載を請求することができるとするにとどめ，提案理由の記載を請求できることとはしなかった。そして，この点は会社法の下でも変わりがないと考えられるから，「議案の要領」には提案理由は含まれないと解するのが適当である。

なお，本件においては争われていないようであるが，このように，「議案の要領」には提案理由は含まれないと解しても，提案株主は，株主総会の議場において，提案理由を説明できるし，会社が，株主総会の招集通知に提案理由の記載を認めなかった以上，議長は，提案株主に提案理由を説明する機会を与えなければならないことは当然の帰結ということになる（竹内・前掲103頁，新注会(5)84頁［前田重行］）。

　他方，提案株主による議案の提案の理由を株主総会招集通知に記載する必要がない会社においても，任意に提案理由を招集通知に記載することは妨げられないから，判旨Ⅱは当然のことを述べたものと位置付けることができる。そして，任意に行う場合であっても，会社は同じ株主総会に出席する株主に対しては，合理的な理由のない限り，同一の取扱いをすべきであり（最判平成8・11・12判時1598号152頁参照），特定の提案株主による議案の提案の理由についてのみ，提案株主が記載を要求した議案の提案の理由を省略し又は要約して記載することは，合理的な理由がない限り，会社に不当な目的があるか否かを問わず，招集の手続に法令違反があるものとして，決議取消事由（会社831条1項1号）に当たるおそれがあるのではないか。

　また，既に辞任した取締役を解任することはできないから，そのような解任議案を付議しないことが株主提案の不当拒絶に当たらないとする判旨Ⅲについては，異論のないところであろう。たとえば，取締役権利義務者は取締役解任の訴えの対象とならないとした最判平成20・2・26（本書47事件）の原審判決である名古屋高判平成19・6・14金判1295号47頁は，「既に退任している取締役を更に解任することが背理である」としていた。

内田千秋・早稲田法学85巻2号187頁，大塚和成・銀法688号54頁。

Number 18

株式会社の破産手続開始決定と当該株式会社の取締役等の解任又は選任を内容とする株主総会決議不存在確認の訴えの利益

会社法330条，民法653条

最判平成21・4・17
平成20年(受)第951号，X_1ら対株式会社花水館，株主総会等決議不存在確認請求事件，判時2044号74頁

→ 事実

　Y（被告・控訴人・被上告人）の株主であり，平成19年6月28日当時，Yの取締役であったX_1ら（原告・被控訴人・上告人）が，①同日に開催されたとするYの臨時株主総会における，X_1らを取締役から，Bを監査役から解任し，新たな取締役及び監査役を選任することを内容とする株主総会決議（本件株主総会決議），②同日に新たに選任されたとする取締役らによって開催されたとするYの取締役会における代表取締役選任決議（両決議を併せて，本件株主総会決議等）の不存在確認を求めて，同年7月10日に提起したのが本件訴えである。その後，Yは，第1審係属中の同年9月7日，破産手続開始の決定を受け，破産管財人が選任された。第1審判決（福島地判平成19・11・22金判1321号56頁）は，X_1らの請求を認容したが，原判決（仙台高判平成20・2・27〔平成19年(ネ)第524号〕）は，Yが破産手続開始の決定を受け，破産管財人が選任されたことにより，本件株主総会決議で選任されたとする取締役らは，いずれも，Yとの委任関係が当然終了してその地位を喪失し，他方，同決議で解任されたとする取締役らについても，本件訴訟で勝訴したとしても，破産手続開始の時点で委任関係が当然終了したものと扱われるので，Yの取締役らとしての地位に復活する余地はないから，特別の事情がない限り，本件株主総会決議等不存在確認の訴えは訴えの利益がないところ，訴えの利益を肯定すべき特別の事情があるとは認められないとして，X_1らの訴えを却下した。

→ 判旨

破棄差戻し

「会社が破産手続開始の決定を受けた場合，破産財団についての管理処分権限は破産管財人に帰属するが，役員の選任又は解任のような破産財団に関する管理処分権限と無関係な会社組織に係る行為等は，破産管財人の権限に属するものではなく，破産者たる会社が自ら行うことができるというべきである。そうすると，同条の趣旨に照らし，会社につき破産手続開始の決定がされても直ちには会社と取締役又は監査役との委任関係は終了するものではないから，破産手続開始当時の取締役らは，破産手続開始によりその地位を当然には失わず，会社組織に係る行為等については取締役らとしての権限を行使し得ると解するのが相当である」。

「したがって，株式会社の取締役又は監査役の解任又は選任を内容とする株主総会決議不存在確認の訴えの係属中に当該株式会社が破産手続開始の決定を受けても，上記訴訟についての訴えの利益は当然には消滅しないと解すべきである。」

→ 解説

本判決が引用する最判平成 16・6・10 民集 58 巻 5 号 1178 頁は，「有限会社の破産宣告当時に取締役の地位にあった者は，破産宣告によっては取締役の地位を当然には失わず，社員総会の招集等の会社組織に係る行為等については，取締役としての権限を行使し得ると解される」と判示したものである。もっとも，同判決は，既に委任関係の終了した従前の取締役が「当然清算人となるものとは解し難い」としていた最判昭和 43・3・15 民集 22 巻 3 号 625 頁に関しては「事案を異にする」として判例変更を行わなかった（また，最決平成 16・10・1 判時 1877 号 70 頁）。したがって，最高裁の立場は，破産手続開始時の取締役は会社財産の管理処分権を失い，清算手続が必要な場合であっても当然に清算人となることはないが，取締役としての地位を失わず，会社組織に係る行為等については取締役としての権限を行使し得るというものであったと解される（田中亘・倒産百選〔第 4 版〕33 頁）。本判決はこの立場をより詳細な理由を示して，明示的に踏襲したものであると位置付けることができる。

このように，会社について破産手続開始決定があっても，取締役は当然にその地位を失うものではないという見解は倒産法の研究者の中では多数説を占めているようであり（伊藤眞『破産法・民事再生法〔第 2 版〕』〔有斐閣，2009 年〕124 頁〜125 頁及び注 161，斎藤秀夫ほか編『注解破産法(上)〔第 3 版〕』〔青林書院，1998 年〕82 頁〔小室直人＝

高階貞男〕など），会社法の研究者の中でも少なくとも有力説である（大隅健一郎『会社法の諸問題〔新版〕』〔有信堂高文社，1983年〕360頁，大隅健一郎＝今井宏『会社法論（中）〔第3版〕』〔有斐閣，1992年〕174頁，河本一郎『現代会社法〔新訂第9版〕』〔商事法務，2004年〕444頁，新注会(6) 86頁～87頁〔浜田道代〕）。すなわち，民法653条が委任者の破産を委任の終了原因としているのは，委任者の財産の管理処分権が破産管財人に専属するため，通常，委任はその目的を達し得なくなるからであり，そうであるとすれば，破産管財人の権限に属さない事項については，委任関係が終了しないとも解し得ると論じられ（大隅＝今井・前掲），また，「破産手続中であっても，破産法人の法人格は存続しているのであるから，破産管財人の管理処分権に服さない事項については，理事など破産法人の機関が管理処分しなければならない。破産財団とかかわりのない法人の社団法的あるいは組織法的活動がこれに属する」とも主張されていた（伊藤・前掲）。本判決はこのような学説の理由付けを採用したものと推測され，法人についての破産手続開始決定によっては，その法人の機関は当然にその地位を失わないという解釈は株式会社のみならず，他の法人形態についても妥当すると解するのが首尾一貫する。もっとも，会社法の研究者は，前掲最判平成16・6・10及び本判決が採用する非終任説には，必ずしも賛成していないようである（たとえば，前田庸『会社法入門〔第12版〕』〔有斐閣，2009年〕407頁参照。また，伊藤靖史ほか『会社法〔第2版〕』〔有斐閣，2011年〕164頁も「複雑な問題である」と述べる）。これは，法人とその機関との関係は委任の規定に従うと規定されているにもかかわらず（会社330条，一般法人64条など），（委任者である）法人の破産手続開始決定があっても，民法653条は適用されないと解することの不自然さ，委任者が自然人でなければ，民法653条が定める委任の終了事由のうち委任者の破産手続開始決定の適用がないとすることの不自然さによるものと推測される。

　他方，最判昭和30・12・26民集9巻14号2082頁は，「確認の訴は，即時確定の利益がある場合，換言すれば，現に，原告の有する権利または法律的地位に危険または不安が存在し，これを除去するため被告に対し確認判決を得ることが必要かつ適切な場合に限り，許されるものであることはいうまでもない」とし，より具体的には，最判昭和47・11・9民集26巻9号1513頁は，「法人の意思決定機関である会議体の決議は，法人の対内および対外関係における諸般の法律関係の基礎をなすものであるから，その決議の効力に関する疑義が前提となって，右決議から派生した各種の法律関係につき現在紛争が存在するときに，決議自体の効力を既判力をもって確定することが，紛争の解決のために最も有効適切な手段である場合がありうることは，否定しえない」とし，（平成17年改正前）「商法252条は，株式会社に

おける株主総会の決議の内容が法令または定款に違反する場合においては，その決議の無効の確認を請求する訴を提起することができ，決議を無効とする判決は，第三者に効力を及ぼす旨を規定しているが，……かかる訴につき確認の利益を肯定したものと解される」と判示していた。

そして，原判決は，会社につき破産手続開始決定がなされた場合には，破産手続開始の時点でその会社とその取締役・監査役との間の委任関係は当然終了したものと扱われるという理解を前提としつつ，「役員選任の総会決議取消の訴が係属中，その決議に基づいて選任された取締役ら役員がすべて任期満了により退任し，その後の株主総会の決議によって取締役ら役員が新たに選任され，その結果，取消を求める選任決議に基づく取締役ら役員がもはや現存しなくなったときは，右の場合に該当するものとして，特別の事情のないかぎり，決議取消の訴は実益なきに帰し，訴の利益を欠くに至るものと解するを相当とする」とした最判昭和45・4・2民集24巻4号223頁をふまえて，訴えの利益は消滅すると判断した。他方，本判決は，破産手続開始の時点では，その会社とその取締役・監査役との間の委任関係は当然には終了しないという前提を採用したため，会社組織に係る行為等について取締役らとしての権限を行使し得るのはだれなのかを決定することが紛争の直接かつ抜本的な解決のため適切かつ必要と認められるとして，X_1らの訴えの利益を認めることができたとみることができる。なお，訴えの利益の存否を判断する枠組みについては，大阪高判昭和58・2・23下民集34巻5〜8号805頁及び東京高判平成7・3・30金判985号20頁とも整合的である。

＊　なお，差戻後控訴審判決（仙台高判平成22・2・26〔平成21年(ネ)第187号〕）は，X_1らは，本件株主総会当時，Yの取締役であり，本件株主総会決議の不存在を確認する訴えの利益が認められるとし，株主である者に対して招集通知が全くなされておらず，非株主のみが出席してなされた本件株主総会決議は不存在であるとして，Yの控訴を棄却した。

菱田雄郷・平成21年度重判解（ジュリ1398号）153頁，藤本利一・リマークス40号114頁，中島弘雅・判例セレクト2009〔Ⅱ〕28頁，長谷部由起子・金法1905号56頁，野村秀敏・金判1330号12頁，佐藤鉄男・民商141巻1号128頁，久保寛展・福岡大学法学論叢55巻1号145頁，丸山秀平・中央ロー・ジャーナル6巻4号97頁，和田宗久・速判解6号123頁，川嶋四郎・法セ658号118頁，野田博・金判1337号2頁，村田典子・法学研究（慶應義塾大学）83巻11号86頁。

Number 19

取締役の解任に伴う損害賠償

平成17年改正前商法257条（→会社法339条）

東京地判平成 19・6・25
平成17年（ワ）第21947号，X対株式会社バーデンジャパン，取締役報酬等請求事件，判例集未登載（Westlaw Japan 2007WLJPCA06258001）

→ **事実**

　X（原告）は，平成16年7月1日，Y（被告）の取締役に就任し，同年12月21日，重任され，平成17年9月29日開催の臨時株主総会において解任された。Yは，この臨時株主総会の招集通知に添付された議決権行使の参考書類に，Xの解任理由として，①Xは経理担当取締役であるにもかかわらず，粉飾決算を容認した旨，及び，②株式会社Bの監査室が上記の粉飾決算について監査しようとしたところ，Xは監査に対して威圧的な態度を取って監査を妨げた旨を記載し，株主に配布し，また，臨時株主総会の席上で同事実を披瀝したが，そのような事実は存在しなかった。

　また，Yの資本金は1億円，発行済株式200万株であったところ，平成18年4月，資本金を3000万円に減ずる資本減少手続を行い，同年5月30日付けで，株主に対し，持株の70%につき1株50円の払戻金の支払手続を行ったが，9800株を有していたXに対しては払戻しを行わなかった。

　そこで，XがYに対し，正当な理由なく取締役を解任されたと主張して平成17年改正前商法257条1項ただし書（会社法339条2項に相当）に基づく残りの任期の取締役報酬の支払，有償減資に伴う払戻金の支払及び弁護士報酬相当額の損害賠償などを請求して，訴えを提起したのが本件である。

　なお，Xは，取締役在任中，Yから月額83万3000円の報酬を受け取っており，Yの定款によれば，取締役の任期は，就任後2年内の最終決算期に関する定時株主総会の終結のときまでと規定されており，取締役を解任されなければ少なくとも

平成18年11月末日までは取締役の地位にあった。

→ 判旨

請求一部認容，一部棄却

Ⅰ 「Xの取締役解任は，正当な理由によるものとは認められないから，Yは，Xに解任によって失った得べかりし利益を賠償しなければならない。……〔平成17年〕改正前商法257条1項ただし書は，株主に取締役解任の自由を保障する一方取締役の任期に対する期待を保護し両者の利益の調和を図る趣旨で一種の法定責任を定めたものであって，賠償すべき損害の範囲は，取締役が解任されなければ在任中及び任期満了時に得られた利益の額であると解するのが相当であることから，X主張の訴訟代理人に対する報酬分の損害は含まれない。」「訴訟代理人に対する報酬額相当額の損害賠償請求が認められるには，YによるXの取締役解任が不法行為に該当する必要があるところ，本件全証拠によるもこれが不法行為に該当すると認めるに足りる証拠はない。」

Ⅱ 「Xは，改正前商法257条1項ただし書による請求及び払戻金請求のいずれについても商事法定利率による遅延損害金を請求するが，いずれも商行為とはいえないから，民法所定の年5分の範囲に限り理由がある。」

→ 解説

判旨Ⅰのうち「賠償すべき損害の範囲は，取締役が解任されなければ在任中及び任期満了時に得られた利益の額である」とする一般論は，従来の裁判例（大阪高判昭和56・1・30下民集32巻1～4号17頁，東京地判昭和57・12・23金判683号43頁，東京地判昭和63・2・26判時1291号140頁，名古屋地判昭和63・9・30判時1297号136頁）及び通説（新注会(6)72頁［今井潔］）を踏襲したものと位置付けられる。

他方，賠償すべき損害の範囲に弁護士費用が含まれるか否かについては，前掲大阪高判昭和56・1・30が「商法257条1項但し書にいう損害の賠償請求は会社と取締役との委任契約の不履行を原因とするものである（従って，不法行為に基づく損害賠償請求とは本質的に異る。）から，右請求訴訟の弁護士費用は，不当応訴等の特段の事情がないかぎり当然発生する損害とは認められない」としていた。平成17年改正前商法257条1項ただし書による責任の範囲は「取締役が任期満了まで就任していたならば残存任期期間中と任期満了時に会社から得られることが相当程度確実な経済的利益」に限られ，弁護士費用はそのような経済的利益には該当しな

いし，同条項の責任は不法行為責任ではないので，弁護士費用は除外すべきであるとするもの（近藤光男・ジュリ825号93頁），理由を示すことなく，不当応訴など特段の事情がない限り弁護士費用は認められないとするもの（前掲新注会(6)72頁〔今井〕，大山俊彦・金判655号51頁）も存在した。本判決は，前掲大阪高判昭和56・1・30と異なり，平成17年改正前商法257条1項ただし書の責任は法定責任であるという立場によっているが，不法行為責任ではないことに注目して，弁護士報酬相当額の損害賠償を認めなかったものと推測される。

　しかし，平成17年改正前商法257条1項ただし書による責任が不法行為責任ではないことのみを根拠として，弁護士報酬相当額の損害賠償を認めないことには必ずしも説得力があるとはいえない。たしかに，最判昭和44・2・27民集23巻2号441頁は不法行為責任との関係で，「現在の訴訟はますます専門化され技術化された訴訟追行を当事者に対して要求する以上，一般人が単独にて十分な訴訟活動を展開することはほとんど不可能に近いのである。従って，相手方の故意又は過失によって自己の権利を侵害された者が損害賠償義務者たる相手方から容易にその履行を受け得ないため，自己の権利擁護上，訴を提起することを余儀なくされた場合においては，一般人は弁護士に委任するにあらざれば，十分な訴訟活動をなし得ないのである。そして現在においては，このようなことが通常と認められるからには，訴訟追行を弁護士に委任した場合には，その弁護士費用は，事案の難易，請求額，認容された額その他諸般の事情を斟酌して相当と認められる額の範囲内のものに限り，右不法行為と相当因果関係に立つ損害というべきである」と判示し，その後，交通事故，公害，医療過誤などの不法行為責任に基づく損害賠償訴訟においては，弁護士費用の賠償が認められているのに対し，債務不履行に基づく損害賠償請求においては認められないことが少なくないという実態が存在する（やや古いが，小泉博嗣「債務不履行と弁護士費用の賠償」判タ452号47頁以下）。

　しかし，一般論としては，前掲最判昭和44・2・27の「基本思想……に合致する限りにおいては，弁護士費用のうちの相当額を債務不履行による損害の一部として請求しうることが是認されうるであろう」と解されており（奥田昌道『債権総論〔増補版〕』〔悠々社，1992年〕208頁），結局は，相当因果関係が認められる損害（民416条）に弁護士報酬が含まれるかどうかによる。正当な事由によらない解任は，訴訟において争われるのが一般的であるといえるのであれば，相当因果関係が認められる損害に当たると解する余地はあろう。正当な事由によるかよらないかを訴訟で争う場合には本人が十分な訴訟活動をなし得るとは評価できないという見方もあり得るからである。規定の文言からも，相当因果関係が認められる損害であれば賠償の

対象となっていると解するのが自然である。

　なお，平成17年改正前商法266条ノ3に基づく損害賠償責任は不法行為責任ではなく，法が定めた特別の責任であると解されていたが（最大判昭和44・11・26民集23巻11号2150頁），たとえば，いわゆる未公開株商法が問題となった事案につき，東京高判平成20・7・31証券取引被害判例セレクト32巻468頁は明示的に弁護士報酬の請求を認めている（また，外国為替証拠金取引に係る東京高判平成18・9・21金判1254号35頁も，何ら検討することなく，弁護士費用を損害として認定している）。これらの裁判例においては，監視義務違反を原因とする266条ノ3に基づく責任が問題とされ，行為者について不法行為責任を追及できる事案であったという特殊性が存在することには留意しなければならないが，不法行為責任ではないことのみを理由として，弁護士費用の請求を認めないという立場にはよっていないことはたしかである。

　判旨IIは，これまで争われてこなかった点について判断を示したものであるが，従業員の雇用契約は附属的商行為に当たるとするのが判例であり（最判昭和30・9・29民集9巻10号1484頁），取締役任用契約も附属的商行為に当たるという学説が存在する（前掲新注会(6)404頁［浜田道代］）。このような見解を前提とすることができれば（札幌高判平成18・3・2判タ1257号239頁は，取締役の選任は「会社がその機関を成立させることを直接の目的とするものである」として，附属的商行為ではないとする），債務不履行責任説によればもちろんのこと（大判明治41・1・21民録14輯13頁参照），法定責任説によっても実質的には取締役報酬の変形物なので，平成17年改正前商法257条1項ただし書の責任については商事法定利率の適用が認められても不思議ではないのであり（取締役の報酬請求権については，商事法定利率が適用されている。最判平成4・12・18民集46巻9号3006頁），解釈の根拠を示してほしいところであった。他方，減資に基づく払戻しが商行為に当たらないことは，会社・株主間の，いわば会社内部の行為である以上，当然であろう。

Number 20

有価証券報告書の虚偽記載と内部統制システム構築責任

平成 17 年改正前商法 261 条 3 項・78 条 2 項，
平成 18 年改正前民法 44 条 1 項（→会社法 350 条）

→ 事実

最判平成 21・7・9
平成 20 年（受）第 1602 号，X 対日本システム技術株式会社，損害賠償請求事件，判時 2055 号 147 頁

　Y（被告・控訴人・上告人）は，ソフトウェアの開発及び販売等を業とする株式会社であり，東京証券取引所第 2 部に上場していたが，その C 事業部の部長であった B は，高い業績を達成し続けて自らの立場を維持するため，平成 12 年 9 月以降，営業社員らに対し，後日正規の注文が獲得できる可能性の高い取引案件について，正式な注文がない段階で注文書を偽造するなどして実際に注文があったかのように装い，売上げとして架空計上する扱い（本件不正行為）をするよう指示した。

　ところが，平成 16 年 12 月ころ，本件不正行為が発覚し，Y は，平成 17 年 2 月 10 日に同年 3 月期の業績予想を修正し，東京証券取引所が，上場廃止基準に抵触するおそれがあるとして，Y の株式を監理ポストに割り当てることとしたという事実が新聞報道された後，Y の株価は大幅に下落した。そこで，Y の株主である X（原告・被控訴人・被上告人）が，Y の代表取締役 A に従業員らの不正行為を防止するためのリスク管理体制を構築すべき義務に違反した過失があり，その結果，X が損害を被ったなどと主張して，Y に対し，平成 17 年改正前商法 261 条 3 項・78 条 2 項が準用する平成 18 年改正前民法 44 条 1 項に基づき，損害賠償を求めて訴えを提起したのが本件である。

　1 審判決（東京地判平成 19・11・26 判時 1998 号 141 頁）は，「A には各部門の適切なリスク管理体制を構築し，機能させる義務を怠った過失があり，その結果，本件各有価証券報告書に本件不実記載がなされたことが認められる。そして，A の当該各行為は，不法行為……を構成するものというべきである」として，X の請求を

一部認容し，原審（東京高判平成20・6・19金判1321号42頁）は控訴を棄却した。なお，原審は，「証券取引法21条の2が新設される以前においても，株式の発行会社は，流通市場でその株式を取得した者に対して有価証券報告書等の虚偽記載について民法に基づく損害賠償責任を負っていたものと解され，また，株式会社の業績が取締役の過失により悪化して株価が下落した場合には，これによって損害を受けた株主が当該会社に対し個別的に損害賠償請求をすることを妨げる理由は見当たらず，それが株主平等の原則に反するものとも，信義則に反し又は権利の濫用に当たるとも認められない」と判示していた。

→ 判旨

破棄自判

「本件不正行為当時，Yは，①職務分掌規定等を定めて事業部門と財務部門を分離し，②C事業部について，営業部とは別に注文書や検収書の形式面の確認を担当するBM課及びソフトの稼働確認を担当するCR部を設置し，それらのチェックを経て財務部に売上報告がされる体制を整え，③監査法人との間で監査契約を締結し，当該監査法人及びYの財務部が，それぞれ定期的に，販売会社あてに売掛金残高確認書の用紙を郵送し，その返送を受ける方法で売掛金残高を確認することとしていたというのであるから，Yは，通常想定される架空売上げの計上等の不正行為を防止し得る程度の管理体制は整えていたものということができる。そして，本件不正行為は，……通常容易に想定し難い方法によるものであったということができる。」「また，本件以前に同様の手法による不正行為が行われたことがあったなど，Yの代表取締役であるAにおいて本件不正行為の発生を予見すべきであったという特別な事情も見当たらない。」「さらに，前記事実関係によれば，売掛金債権の回収遅延につきBらが挙げていた理由は合理的なもので，販売会社との間で過去に紛争が生じたことがなく，監査法人もYの財務諸表につき適正であるとの意見を表明していたというのであるから，財務部が，Bらによる巧妙な偽装工作の結果，販売会社から適正な売掛金残高確認書を受領しているものと認識し，直接販売会社に売掛金債権の存在等を確認しなかったとしても，財務部におけるリスク管理体制が機能していなかったということはできない。」「以上によれば，Yの代表取締役であるAに，Bらによる本件不正行為を防止するためのリスク管理体制を構築すべき義務に違反した過失があるということはできない。」

→ 解説

　有価証券報告書の虚偽記載があった場合に，代表取締役の不法行為に基づく会社の損害賠償責任（現在の会社法350条）を原告が追及しようとしたという点で，本件は公表裁判例の中では比較的まれな事案に関する判断であると考えられる（現在であれば，金融商品取引法21条の2に基づき，会社の責任を追及するのではないかと思われる事案である）。

　大阪地判平成12・9・20判時1721号3頁は，「健全な会社経営を行うためには，目的とする事業の種類，性質等に応じて生じる各種のリスク，例えば，信用リスク，市場リスク，流動性リスク，事務リスク，システムリスク等の状況を正確に把握し，適切に制御すること，すなわちリスク管理が欠かせず，会社が営む事業の規模，特性等に応じたリスク管理体制（いわゆる内部統制システム）を整備することを要する」，「取締役は，……代表取締役又は業務担当取締役として，リスク管理体制を構築すべき義務を……負うのであり，これもまた，取締役としての善管注意義務及び忠実義務の内容をなすものと言うべきである」と判示しており（大阪地判平成16・12・22判時1892号108頁及びその控訴審判決である大阪高判平成18・6・9判時1979号115頁，東京地判平成16・12・16判時1888号3頁及びその控訴審判決である東京高判平成20・5・21判タ1281号274頁も参照），本判決も，Yの代表取締役であるAが「本件不正行為を防止するためのリスク管理体制を構築すべき義務」を負っていたことを前提とするものと理解することができよう。

　もっとも，前掲大阪地判平成12・9・20は，「整備すべきリスク管理体制の内容は，リスクが現実化して惹起する様々な事件事故の経験の蓄積とリスク管理に関する研究の進展により，充実していくものである。したがって，様々な金融不祥事を踏まえ，金融機関が，その業務の健全かつ適切な運営を確保するとの観点から，現時点で求められているリスク管理体制の水準をもって，本件の判断基準とすることは相当でないと言うべきである。また，どのような内容のリスク管理体制を整備すべきかは経営判断の問題であり，会社経営の専門家である取締役に，広い裁量が与えられていることに留意しなければならない」（圏点：筆者）と判示していたのであり（前掲大阪地判平成16・12・22，前掲大阪高判平成18・6・9も同趣旨の判示を行っている），事後的・後知恵的に要求水準を設定することは不適切であることには異論がないし，当然のことながら，リスクを完全に排除できるリスク管理体制を整備すべきことまでは求められていないと解される。このような考え方に基づいて，本判決は，本件不正行為が通常容易に想定し難い方法によるものであったこと，及び，本

件以前に同様の手法による不正行為が行われたことがなかったことを根拠として，Aの義務違反がなかったと判断したと推測される。

また，本判決は，Aに義務違反がなかったという認定に当たって，「監査法人もYの財務諸表につき適正であるとの意見を表明していた」ことも指摘しているが，これは，Bらの本件不正行為が巧妙であったことの証拠になると同時に，一種の信頼の抗弁を認めた面があると評価する余地がある。例えば，前掲東京地判平成16・12・16及び前掲東京高判平成20・5・21は，他者の職務遂行に相当の信頼を置くことを認めたものであるが（前掲東京高判平成20・5・21は，「会社の業務執行を全般的に統括する責務を負う代表取締役や個別取引報告書を確認し事後チェックの任務を有する経理担当の取締役については，デリバティブ取引が会社の定めたリスク管理の方針，管理体制に沿って実施されているかどうか等を監視する責務を負うものであるが，Aほどの規模の事業会社の役員は，広範な職掌事務を有しており，かつ，必ずしも金融取引の専門家でもないのであるから，自らが，個別取引の詳細を一から精査することまでは求められておらず，下部組織等（資金運用チーム・監査室，監査法人等）が適正に職務を遂行していることを前提とし，そこから挙がってくる報告に明らかに不備，不足があり，これに依拠することに躊躇を覚えるというような特段の事情のない限り，その報告等を基に調査，確認すれば，その注意義務を尽くしたものというべきである」〔圏点：筆者〕としていた），本判決も同様の発想に基づくものと思われる。

なお，そもそも，会社法の下で，取締役らが善管注意義務の一内容として，適切な内部統制システムを構築する義務を負うのは，本来，会社に対してである。したがって，取締役が適切な内部統制システムを構築していなかった場合には，取締役の任務懈怠があるとされることがあり，その結果，取締役が第三者に対して，会社法429条に基づいて損害賠償責任を負うことがあることは格別，取締役が適切な内部統制システムを構築しなかったことが，民法709条との関係で，第三者に対する過失に当たるとは直ちには評価できないことには留意する必要があろう（会社法429条の責任については，第三者に対する故意・過失を要さず，会社に対する任務懈怠があればよいとされている点が特徴の1つであると，従来，説明されてきており，会社に対する任務懈怠が直ちに第三者に対する故意・過失に当たるわけではないと考えられてきた〔最大判昭和44・11・26民集23巻11号2150頁〕。木村真生子・ジュリ1374号100頁参照）。

松井秀征・リマークス41号86頁，酒井太郎・判評617号（判時2075号）31頁，西川義晃・速判解6号131頁，志谷匡史・月刊監査役561号4頁，川島いづみ・セレクト2009〔Ⅱ〕20頁，山田剛志・金判1336号（金融・消費者取引判例の分析と展開）222頁，中村直人「裁判所の揺らぎと最高裁の真意」金判1323号1頁，松嶋隆弘・平成21年度主判解184頁，王子田誠・金判1353号8頁，鳥山恭一・法セ663号121頁，高岸直樹「内部統制システムにおける監査役の職務」日本法学75巻3号609頁。

Number **21**

従業員のセクハラと代表者の不法行為

会社法 350 条, 民法 715 条

大阪地判平成 21・10・16
平成 20 年 (ワ) 第 5038 号, 損害賠償請求事件, 裁判所 HP

→ 事実

X（原告）は，建物及び各種施設の総合管理業務（清掃，保安，警備等）の請負等を目的とする株式会社 Y_1（被告。Y_1 の代表取締役は A）と雇用契約を締結し，清掃業務のため，甲に配属されていた。Y_1 の甲における統括者は B であり，Y_2（被告）は業務責任者として甲において知的障害者の業務を支援しつつ，自らも清掃業務に従事していた。ところが，Y_2 は，①X の背後から身体を密着させ，また，②X の腰から臀部付近にかけて触った。

そこで，X が，Y_2 からセクシュアル・ハラスメントを受け，休職を余儀なくされたなどと主張し，Y_2 及び Y_3（被告。甲における専任支援者）に対して，民法 709 条に基づき損害賠償を求め，Y_1 に対しては，民法 715 条 1 項又は会社法 350 条に基づき損害賠償などを求めて，訴えを提起したのが本件である。

→ 判旨 　　　　　　　　　　　　　　　　　　　　　　　　　　　　請求一部認容

「Y_2 の上記①及び②の行為は，明らかにセクシュアル・ハラスメント……であり，X の人格権（性的自由）を侵害する不法行為に該当する（以下，上記①及び②の行為を『本件セクシュアル・ハラスメント』という。）。」

「本件セクシュアル・ハラスメントは，勤務時間中に，職場で行われたものであり，Y_2 の職務と密接な関連を有するものと認めるのが相当であるから，これによって X が被った損害は，Y_2 が Y_1 の事業の執行について加えた損害にあたるとい

うべきである。……使用者は，被用者に対し，信義則上その人格的利益に配慮すべき義務を負っており，セクシュアル・ハラスメントに起因する問題が生じ，これによって被用者の人格的利益が侵害される蓋然性がある場合又は侵害された場合には，その侵害の発生又は拡大を防止するために必要な措置を迅速かつ適切に講じるべき作為義務を負っているものと解される。……XがY_1に対し本件セクシュアル・ハラスメントを訴えたにもかかわらず，Bは，Y_2から簡単な事情聴取をしただけで，セクシュアル・ハラスメントの存否を確認しないまま，Y_2に対しセクシュアル・ハラスメントと誤解を受けるような行為をしないように注意したにすぎず，Aは，Y_1の代表者として，B等の担当者に対し，本件セクシュアル・ハラスメントについて十分な調査を尽くさせないまま，適切な措置を執らなかったことが認められるのであって，Aのこのような対応は，上記作為義務に違反するものといわなければならない。

そして，Xは，Aのこのような対応によって，セクシュアル・ハラスメントが生じた職場環境に放置され，人格的利益の侵害を被ったことが容易に認められるから，Y_1は，会社法350条に基づき，Aの上記対応（作為義務違反）によってXが被った損害を賠償する責任がある。」

→ 解説

本判決は，従業員がセクシュアル・ハラスメントを行った場合に，雇用者である会社は民法715条に基づいて被害者に対して損害賠償責任を負うとしたのみならず，セクシュアル・ハラスメントについて適切な措置を執らなかったという会社代表者の不作為が不法行為に該当し，会社は会社法350条に基づいても損害賠償責任を負うと判示した点で意義を有する。

まず，従業員がセクシュアル・ハラスメントを行った場合に，事業の執行について加えた損害と評価される限りにおいては，雇用者である会社は民法715条に基づいて被害者に対して損害賠償責任を負うということは従前から異論のないところである（神戸地判平成9・7・29判タ967号179頁，大阪地判平成10・12・21判タ1002号185頁，福岡高判平成12・1・28判タ1089号217頁など多数）。

また，会社代表者自身がセクシュアル・ハラスメントを行った場合に，会社法350条に基づいて，会社が被害者に対して損害賠償責任を負うことも理論的には考えられ，それを認めた裁判例も存在する。たとえば，最判平成11・7・16労判767号14頁は，「Y_2は，本店所在地でもあり，種々電話連絡等もあるY_1宅の家政を一

手に委ねるために X を採用したものであり」、本件の「特殊な事情を考慮すれば、Y_1 の職務とは別の個人的利益とは認めることはできず、むしろ職務行為ないしはこれと牽連する行為と認めるのが相当である。そうすれば、この間になされた代表取締役である Y_1 の前記違法行為について、Y_2 は、X に対し、民法44条1項〔平成18年改正前〕によって損害賠償すべき義務を負う」とした名古屋高金沢支判平成8・10・30判タ950号193頁を正当として是認した。

さらに、「Y 代表者は、Y の取締役及び代表取締役として、Y の健全な運営を図るため、各部門の適切なリスク管理体制を構築し、機能させる義務を負うものと解するのが相当であるところ、上記本件事務手続の流れを踏まえて、不正行為がなされる可能性を意識すれば、本件不正行為当時においても、Y 代表者が上記リスクが現実化する可能性を予見することは可能であり、また、当該リスクを排除ないし低減させる対策を講じることが可能であった……にもかかわらず、Y 代表者は、各部門に不正はないものと過信し、組織体制や本件事務手続を改変するなどして当該リスクを排除ないし低減させる対策を講じることをせず、適切なリスク管理体制を構築すべき義務を怠った」として、会社法350条に基づく損害賠償責任を会社が負うとした裁判例（東京地判平成19・11・26判時1998号141頁。控訴審判決である東京高判平成20・6・19金判1321号42頁はこれを是認。ただし、上告審判決である最判平成21・7・9〔本書20事件〕）も存在する（また、東京地判平成21・2・4判時2033号3頁も参照）。

もっとも、本判決には、やや理由不備な点があるようにも思われる。

まず、A が本件セクシュアル・ハラスメントについての報告を受けたあるいは本件セクシュアル・ハラスメントを知っていたという事実は摘示されておらず、抽象的に「A は、Y_1 の代表者として、B 等の担当者に対し、本件セクシュアル・ハラスメントについて十分な調査を尽くさせないまま、適切な措置を執らなかった」と本判決は述べているにすぎない。確かに、会社などの組織においては、常に「セクシュアル・ハラスメントに起因する問題が生じ、これによって被用者の人格的利益が侵害される蓋然性が」あるのだから、「その侵害の発生……を防止するために必要な措置を……適切に講じるべき作為義務を負っている」と本判決は考えたのかもしれない（ただ、本件前に、Y_1 において、〔とりわけ、Y_2 による〕セクシュアル・ハラスメントがあったという事実も認定されておらず、作為義務違反があったとまで評価できるかは議論の余地がある。そうだとすれば、担当者に十分な調査を尽くさせなかった点をとらえて作為義務違反と評価するのは不自然である）。また、「本件セクシュアル・ハラスメントについて十分な調査を尽くさせ」なかったことが仮に作為義務違反であるとしても、

それとXがセクシュアル・ハラスメントによって人格的利益を侵害されたこととの間に因果関係はないのではないかという根本的な疑義もないわけではない（もっとも，本判決は，セクシュアル・ハラスメントが生じた職場環境に放置されたことを人格的利益の侵害ととらえている。しかし，Xが，Y₁に申し立てた後にも被害が継続したという認定はされていない）。

さらに，理論的な問題として，本判決によれば，「使用者」がセクシュアル・ハラスメントによる人格的利益の「侵害の発生又は拡大を防止するために必要な措置を迅速かつ適切に講じるべき作為義務」を負っているのであり，使用者がそのような義務を負っていることから，直ちに，使用者の代表者であるA自身が作為義務を負うといえるのかという点について十分な分析がなされていないきらいがあるように思われる（もちろん，代表者が措置を講じないことが使用者の作為義務違反に当たり，使用者が民法709条により責任を負うことはあり得る）。なお，取締役みずからが性的暴行を行ったとされた事案につき，水戸地判平成16・3・31判時1858号118頁は，「従業員を寮に住まわせて労働させている会社における取締役は，会社に対し，従業員が安全かつ平穏に労働し生活し得る環境を整える義務があるものと認められる。このような義務を負う取締役本人が，従業員に対し殴る蹴る等の身体的暴行を加えたり，強姦等の性的被害を与えたり，従業員を侮辱する発言をすることは会社に対する上記義務違反といえ，その結果，従業員に対し損害を与えた場合には，取締役は従業員に対し，〔平成17年改正前〕商法266条ノ3ないし〔平成17年法律第87号による廃止前〕有限会社法30条ノ3に基づき，従業員に与えた精神的苦痛に対する賠償責任を負うものと認められる」（圏点：筆者）と判示している。ただし，傍論と評価すべきであろうが，福岡地判平成4・4・16判時1426号49頁は，「使用者は，被用者との関係において社会通念上伴う義務として，……職場が被用者にとって働きやすい環境を保つよう配慮する注意義務もあると解されるところ，被用者を選任監督する立場にある者が右注意義務を怠った場合には，右の立場にある者に被用者に対する不法行為が成立することがあり，使用者も民法715条により不法行為責任を負うことがある」（圏点：筆者）としていた。

Number **22**

親会社の子会社従業員に対する不法行為責任

会社法 350 条，民法 709 条・715 条

佐賀地判平成 22・3・26
平成 20 年 (ワ) 第 281 号，X 対株式会社佐賀ゴルフガーデンほか，労働契約存続確認等請求事件，労判 1005 号 31 頁

→ **事実**

　X（原告）は，訴外 A との間で雇用契約を締結し，A の経営するゴルフ練習場において，主に経理及びフロント業務を担当していたが，Y_2（被告：和恒産業）が当該ゴルフ練習場事業を A から譲り受け，Y_2 は X との間で雇用契約又は請負契約（ないし請負類似の契約）を締結した。その後，Y_2 は Y_1（被告：佐賀ゴルフガーデン）を設立し，Y_1 に本件ゴルフ場を賃貸し，その事業を承継させ，また，Y_1 は X との間で雇用契約を締結した。また，Y_2 の代表取締役は Y_3（被告）であったが，Y_3 の夫であり，Y_2 の経営を主体となって行っていた Y_2 の専務取締役 Y_4（被告）は，X に Y_1 の代表取締役への就任を働きかけたが，X が固辞したため，自らが Y_1 の代表取締役となり（まもなく，Y_4 に代わり，Y_5 が代表取締役に就任），X を Y_1 の取締役に選任し，その旨の登記もされた。Y_1 の日常業務に関する事項は Y_5 が X らに適宜相談しながら行っていたが，人事等の重要事項については，Y_5 が Y_4 らと協議して意思決定をしており，取締役会を開催することはなかった。その後，X は，売上の約 6 割を賃料名目で Y_2 に支払っている Y_1 の経営に不安を感じ，Y_4 及び Y_5 に対して，取締役を辞任させてくれるよう何度も求めたが，応じてもらえなかったため，平成 19 年 6 月 28 日に X は建交労（全日本建設交運一般労働組合佐賀県本部）に入会した。建交労は，平成 20 年 3 月 17 日に，Y_5 との間で，団体交渉を行うとともに，X を取締役から外すことや賃金引上げ等を Y_1 に要求したが妥結するに至らなかった。Y_1 は X を取締役から解任するとともに，同月 21 日に，Y_5 は，X に対して，解雇するとの意思表示を行った（本件解雇処分）。同月 27 日に，建交労の書記長である

BとXとが，Y₅との間で，本件解雇処分等を議題とする交渉を行った際に，Y₅は解雇処分の理由として，会社の役員であるにもかかわらず，労働組合に入ったことが納得がいかないと述べ，本件解雇処分は東京にいる取締役（Y₃及びY₄は東京に在住）と電話協議によって決定した旨の答えをした。そこで，Xが，XとY₁及びY₂との間の労働契約の存在確認及び損害賠償を求めて訴えを提起したのが本件である。

なお，Y₁は訴外Cに対して解雇の意思表示をしたことがあったが，その際には，Y₅はY₂の総括部長である訴外Dと交渉すべきであると答え，建交労の執行委員長であったEが電話でDと交渉したところ，Y₁がCの解雇を撤回すると述べたが，その際にCに送付された労働条件通知書には，Y₂とY₁が連名で記載され，Y₂の担当者としてDと記載されていた。その後，DがEに対してY₄から交渉権をはく奪されたので，Cの雇用を撤回すると述べたため，EがY₄と交渉したところ，XがCの自覚を促すことを約束することを条件にY₁が解雇を撤回することになったが，その際に，Y₄に差し入れられた，Cが作成した誓約書及びXが作成した書面の宛先はY₂となっていた。

→ 判旨　　　　　　　　　　　　　　　　　　　　請求一部認容

I 「労働者が労働組合法2条ただし書1号所定の『役員』に該当するか否かは，問題とされた組合員の職制上の名称から直ちに決せられるべきではない。すなわち，同法2条ただし書1号の趣旨は，労働組合の自主性を確保維持するために，使用者側の利益に連なる一定範囲の労働者を例示してその範囲を画し，これを排除していこうというものであり，かつ，組合自治の犠牲においても，これら労働者の参加を否定するというものであるから，その判定にあたっては，当該労働者の担当職務の実質的内容等に即して，個別的，具体的に判断すべきものであると同時に，これを拡張的に解釈することは相当でない」。「確かに，Xは，登記簿上取締役とされているだけでなく，自ら取締役の肩書を用いる等，自己が取締役であるとの認識を有していた」。しかし，Y₁の「設立の前後を通じてその勤務場所や勤務実態等に格別の変化はなく，勤務時間や勤務日数についても会社から管理を受けていたというのであり，取締役に就任したとはいえ，単なる従業員とほとんど異ならない立場にあったとみることができる。……Y₁では，取締役会は開催されず，経営上の重要事項については，もっぱらY₅と東京在住の取締役らとの間の協議で決められていたことが認められ，Xがそこに関与していた事実を認めるに足りる証拠がないことからすれば，Xは取締役としての実質を有していなかったものというべきであ

る。そうすると，Xは，労働組合法2条ただし書1号所定の『役員』に該当しないというべきである」。

Ⅱ 「Y_4は，Y_1の従業員の処遇について，Y_2の実質的経営権をもつ取締役として関与してきたことが認められ，Y_2は，Y_1の従業員の処遇については，現実的かつ具体的に支配，決定することができる地位にあったと認められる。そうすると，本件解雇処分の決定についても，Y_4は，Y_2の取締役として関与していたものと推認されるから，Y_2も，不法行為に基づき，本件解雇処分によってXが被った損害について賠償する責任がある」。

Ⅲ 「法人格否認の法理により，当該会社の従業員が他の会社に対し雇用関係の存在を主張することが認められるためには，当該会社の法人格が全く形がい化しているか，又は濫用目的が明白であることを要すると解するのが相当である。」

→ 解説

本判決は労働事件に関するものであり，また，地裁レベルの判断である（Y_1らが控訴中）という限定付きで理解しなければならないが，会社法の観点から，いくつかの点で興味深い判示をしている。

判旨Ⅰは，この論点について判断を示した初めての公表裁判例であると思われる。すなわち，労働組合法2条ただし書1号の解釈をめぐっては，いわゆる例示説あるいは実質説と独立要件説あるいは形式説が対立しているほか（西谷敏『労働組合法〔第2版〕』〔有斐閣，2006年〕80頁など参照），「使用者の利益を代表する者」などにどのような従業員が当たるかが問題とされてきたが，後者については，「その者が加入することにより，使用者と対等の立場に立つべき労働組合の自主性が損なわれるかどうかの観点から，個別具体的に判断」すべきであると解されてきており（東京地判平成15・10・1労判864号13頁。また，東京高判平成12・2・29労判807号7頁〔最決平成13・6・14労判807号5頁により上告棄却〕），判旨Ⅰの一般論はこれによったものであるが，従来は，「役員」に当たるか否かについて，このような判断基準を当てはめてこなかったし，当てはめることも想定していなかったのではないかと思われる。いずれにせよ，会社法の観点からは，判旨Ⅰのような考え方ができるのであれば，取締役の報酬等との関係で，報酬等が定款又は株主総会決議（委員会設置会社では報酬委員会）で定められていなくとも，実質的には取締役ではないという理論構成によって，報酬請求を認める余地があることになりそうである。なお，会社法上は，一方的意思表示によって，取締役の辞任は可能であるから（会社330条，民651

条1項。また，大阪地判昭和63・11・30判時1316号139頁)，会社法の視点からは，本件においては，Xはもはや取締役ではなかったと評価することも可能なのかもしれない。

判旨Ⅱは，親会社であるY₂のXに対する不法行為責任を認めた点で意義を有する。どの条文を適用したのかは明示されていないが，Y₂が「労働者の基本的な労働条件等について，雇用主と部分的とはいえ同視できる程度に現実的かつ具体的に支配，決定することができる地位にある」(最判平成7・2・28民集49巻2号559頁)として，民法709条を適用したのかもしれない。ただ，裁判例においては，このような論理に基づいて親会社の使用者性を認めることは一般的ではないようであり(大阪高判平成10・10・23労判758号76頁，東京地判平成16・5・17判時1870号134頁など。ただし，大阪高判平成15・12・24労旬1577号48頁)，本判決は，会社法350条，民法709条に基づいて損害賠償責任を認めた可能性もある。そうであるとすれば，本判決は，Y₄が「Y₂の実質的経営権を」持っていたことから，Y₄が会社法350条にいう「代表取締役その他の代表者」に当たるとしたという点で特徴を有する。また，確かに，本判決は，「Y₁の従業員の処遇については，現実的かつ具体的に支配，決定することができる地位」にY₄ひいてはY₂があったことに注目しており，そのような現実的・具体的な決定権が認められる場合に限定されているとはいえ，子会社の少数派株主あるいは債権者が親会社に対して損害賠償請求するための1つの法律構成を認知したものと位置付けることもできよう。

判旨Ⅲは，雇用関係との関連でも法人格否認の法理の適用の余地はあるが，形骸化又は法人格の濫用に当たること(最判昭和44・2・27民集23巻2号511頁)が必要であるとしている。大阪高判平成19・10・26労判975号50頁は一定の要件の下で，親会社による法人格の濫用の程度が顕著かつ明白であるとして，親会社に対して，子会社解散後も継続的，包括的な雇用契約上の責任を追及することができるとしたが，福岡地小倉支判平成21・6・11労判989号20頁は，「解散した子会社の従業員が，親会社に対し，雇用関係の存在を主張する場合は，仮に主張が肯定されるならば，将来的に継続する法的関係を認めることとなり，個別的・例外的といえる域を超えて救済を認めることとなる」ので，「法人格否認の法理により，解散した子会社の従業員が親会社に対し雇用関係の存在を主張することが認められるためには，子会社の法人格が全く形がい化しているか，又は濫用が明白であることを要すると解するのが相当である」と判示し，当該事案への適用を否定した。

Number 23

不公正な払込金額による募集投資口の発行

投資信託及び投資法人に関する法律 109 条 5 項, 会社法 360 条

東京地決平成 22・5・10
平成 22 年(ヨ)第 20040 号, エスジェイ・セキュリティーズ・エルエルシー対 Y, 執行役員違法行為差止仮処分命令申立事件, 金判 1343 号 21 頁(東京地決平成 22・5・11〔平成 22 年(モ)第 1848 号〕により仮処分決定認可)

→ **事実**

　投資信託及び投資法人に関する法律(投信法)に基づき設立された, 資産を主として不動産などの特定資産に対する投資として運用することを目的とする A 投資法人の代表者である執行役員である Y (債務者)は, 新投資口(本件新投資口)を一口当たり 18 万円で 2 万 7776 口(特定目的会社 D に 1 万 3888 口, 特定目的会社 E に 1 万 3888 口に割り当てる)発行すること(本件新投資口発行)を定め, A の役員会において承認(投信法 82 条 1 項)を受けた。本件新投資口発行に係る役員会の承認日の前日における投資口の終値は一口当たり 23 万 5000 円であり, 本件新投資口の払込金額である 18 万円は, その 76.6%に相当する額にすぎなかった(A の投資口は東京証券取引所に上場されている)。そこで, A の投資口 7600 口(発行済投資口総数の 23.24%)を平成 20 年 10 月 21 日以降保有している投資主である X (債権者)が, Y に対し, 本件新投資口発行は, その払込金額が投信法 82 条 6 項に定める投資法人の保有する資産の内容に照らし公正な金額ではない違法があり, また, 本件新投資口発行は, Y が A に負うべき善管注意義務(投信法 97 条, 民 644 条), 忠実義務(投信法 109 条 5 項, 会社 355 条)に違反する違法があり, これにより A に回復することができない損害を生ずるおそれがあると主張して, 投信法 109 条 5 項の準用する会社法 360 条 1 項に基づく違法行為差止請求権を被保全権利として, 本件新投資口発行を仮に差し止めることを求めたのが本件である。

　なお, D 及び E の 100%出資者は, それぞれ, I トラストが 100%出資した F 及び G であったが, I を中核とする企業集団は, A への出資のみならず, B グループ,

具体的には資産運用会社であるB不動産投信の100％親会社であるCに対する出資を一体的に行っていた。

→ 決定要旨

申立て認容

I 「募集投資口の払込金額（新投資口の発行価額）について、投信法82条6項は、『投資法人の保有する資産の内容に照らし公正な金額としなければならない。』と規定している。……募集投資口を消化して資金調達の目的を達成するとの観点からは原則として払込金額を時価より多少引き下げる必要もある。したがって、このような場合の募集投資口の公正な金額とは、払込金額決定前の当該投資法人の投資口の市場価格、従前の市場価格や売買高の動向、投資法人の資産状態、収益及び分配金の状況、将来の業績の見通し、発行済投資口数と募集投資口数、金融商品取引市場の動向や募集投資口の消化可能性等の諸事情を総合し、既存投資主の利益と投資法人が有利な資金調達を実現するという利益の調和の中に求められるべきものである。もっとも、上記の公正な金額の趣旨に照らすと、払込金額が公正な金額であるというためには、原則として、払込金額決定前の発行済投資口の市場価格に近接していることが必要であると解すべきである（株式会社の新株発行についての最高裁判所昭和50年4月8日第三小法廷判決・民集29巻4号350頁参照）。……A及びCに対する出資条件などを巡り、AとBグループとは、実質的な利益相反関係があり、Aの執行役員が、Aに対する出資の条件、殊に募集投資口の払込金額を定めるについては、実質的な利益相反関係に基づきA及びその既存投資主の利益が害されることがないよう慎重に契約の交渉及び締結を進めるべき善管注意義務及び忠実義務がある。……BグループとAとの間の利益相反関係に配慮し、A及びその既存投資主の利益が害されることがないよう慎重に契約の交渉及び締結をするための特段の措置は何ら執られていない。そのような状況の下で、Yは、日証協指針の原則的な払込金額の算定基準である承認直前日の市場価格を勘案せず、かつ、日証協指針が許容している最大のディスカウント率10％を用いることにより、……18万円の払込金額で本件新投資口発行をしようとしているのであり、……上記承認直前日の市場価格を勘案しなかった理由としてYが主張する個々の事情は、これを相当と認め得るほどの合理性を有しているとはいえないことを総合すると、Yは、Bグループ側の利益も考慮して、本件新投資口の払込金額を低額に抑えたものと推認されてもやむを得ないものというべきである。……Yの本件新投資口発行は、善管注意義務及び忠実義務に違反しているものと認められる。……以上によ

れば，本件新投資口の払込金額は，投信法82条6項の公正な金額ということはできない違法なものであると一応認めることができる。」

Ⅱ 「本件新投資口の発行価額18万円は『公正な金額』とはいえず，他方，『公正な金額』として，仮に，本件新投資口発行の承認の日の終値（23万5000円）から10％を減じた価格21万1500円を採用した場合には，Aは，公正な金額による発行であれば払い込まれるであろう金額である一口21万1500円と払込金額である18万円の差額に発行新投資口数である2万7776口を乗じた8億7494万4000円の損害を被ることになる。……不公正な払込金額によって本件新投資口が発行されたことにより，Aが公正な金額で本件新投資口を発行していたならば払い込まれた金額を取得できないとすれば，それは，まさに本投資法人の損害になるというべきであるし，投信法84条1項が会社法212条1項を準用し，執行役員と通じて著しく不公正な払込金額で新投資口を引き受けた場合には，公正な金額との差額に相当する金額を投資法人に支払う義務を負わせていることなどをも勘案すると，新投資口の公正な金額と不公正な払込金額との差額は投資法人の損害になると解すべきである。……本件新投資口発行によって発生するであろう損害額は，上記のとおり相当多額に及ぶと考えられること，また，『公正な金額』について争いがあるうえ，要件が異なる（『取締役と通じて』，『著しく不公正』）ため，仮に」D及びEが「本件新投資口の払込金額のほかに各2億6000万円程度の現金を保有しているとしても，」D及びEが「当然に上記支払義務を負うものとはいえず，仮に」D及びE「に対して訴訟等の手続をとり，勝訴したとしても判決の確定を待っていては資産が散逸することも考えられるのであり，上記損害額を回復するのに相当の困難を伴うものと一応認められる。したがって，Yの本件新投資口発行により，Aには回復することができない損害が生ずるおそれがあるものと認めるのが相当である」。

→ 解説

判旨Ⅰは，投資法人による投資口の募集における公正な払込金額についても，株式会社の募集株式の発行等における公正な払込金額と同様の判断枠組み（最判昭和50・4・8民集29巻4号350頁）が妥当するとし，また，日本証券業協会「第三者割当増資の取扱いに関する指針」（平成22年4月1日）（日証協指針）に一定の合理性を認めているものの，原則的な算定基準によらず，かつ許容されるディスカウント率の上限である10％を採用することについての合理性が十分ではないとして，払込金額は公正な金額ではないと認められるとしている点は注目に値する。すなわち，募

集株式の発行等（新株発行）との関連では，日証協指針又はその前身に則って，発行価額を定めている場合には「特に有利な」発行価額ではないと裁判所は判断することが多いようであるが（東京地決平成元・9・5判時1323号48頁，大阪地決平成2・7・12判時1364号100頁〔②事件〕，仙台地決平成19・6・1金判1270号63頁，横浜地決平成19・6・4金判1270号67頁など。則らなかった場合に，特に有利な価額に当たるとしたものとして，東京地決平成16・6・1判時1873号159頁），本決定は，日証協指針が許容しているというだけでは，公正な払込金額とは評価できないという立場を採っている。そして，Yの本件新投資口発行は，善管注意義務及び忠実義務に違反しているものと認められるとするが，これは，違法行為差止請求という法律構成が採られているためである（松井・後掲。投信法には，会社法210条〔募集株式の発行差止め〕に相当する規定がないためである）。

　しかも，判旨Ⅱは，より注目に値する。不公正な払込金額が募集株式の発行等において定められても会社には損害は生じないと考えられることも，会社法210条が設けられている趣旨であると説明されることも少なくなかった（藤田友敬「株式会社の企業金融(2)」法教265号79頁など参照）。もっとも，裁判例においても，会社に損害が生ずることを認めるもの（東京地判平成12・7・27判タ1056号246頁。また，大阪地判昭和61・3・5及びその控訴審判決である大阪高判昭和63・8・9〔未公刊〕。河本一郎「商法266条ノ3第1項の『第三者』と株主」服部栄三先生古稀記念『商法学における論争と省察』（商事法務研究会，1990年）254頁で引用〕。さらに，大阪高判平成11・6・17判時1717号144頁も会社の損害を認めているようである）があり，有力な見解（田中亘「募集株式の有利発行と取締役の責任」新堂幸司＝山下友信編『会社法と商事法務』〔商事法務，2008年〕160頁注25に掲げられた文献参照）は，取締役の対会社責任の文脈において，このような場合にも会社の損害の発生を観念できるとしており，本判決は，このような見解と整合的である。

　また，「回復することができない損害が生ずるおそれ」か否かを判断する上で，損害賠償（支払）義務者の資力のみならず，訴訟を通じた請求に付随する敗訴の可能性や時間や手間なども考慮に入れるべきファクターとしていることは興味深い。本判決のような立場を採ると，「回復することができない損害が生ずるおそれ」は広く認められそうである。

松井秀征「不公正な払込金額による募集投資口の発行」金判1343号1頁，八木俊則＝大髙利通・みんけん645号24頁。

Number 24

株主総会の決議等を経ることなく支給された退職慰労金と不当利得返還請求

会社法 361 条

最判平成 21・12・18
平成 21 年(受)第 233 号, アサミズ株式会社対 Y, 損害賠償等請求事件, 判時 2068 号 151 頁

→ **事実**

　Y（被告・被控訴人・上告人）は, X 株式会社（原告・控訴人・被上告人）の常勤取締役を退任したが, X の代表取締役である A は, Y に対し, 退職慰労金を支給しない意向を告げた。そこで, Y が, 役員の退職慰労金の算定基準等に係る内規（本件内規）に基づく退職慰労金の支給をするよう催告をしたところ, X から, 本件内規に従って算定された額が送金されたが（この送金を「本件送金」, 本件送金に係る金員を「本件金員」), 本件送金は, A の決裁を経ずにされたものであり, 事前又は事後の株主総会決議もなされていない。そこで, X が Y に対して, 本件金員相当額の返還を求めて訴えを提起したのが本件である。

　なお, X においては, 退任取締役に対する退職慰労金は, 通常は, 事前の株主総会の決議を経ることなく, ①代表取締役は, 経理部の担当者に対し, 当該取締役に支給すべき退職慰労金の額の算定を指示する, ②代表取締役は, 経理部の担当者が本件内規に従って算定した退職慰労金の額を確認し, その支給について決裁する, ③代表取締役は, 上記退職慰労金を当該取締役に送金するよう改めて指示する, ④代表取締役は, 次期の定時株主総会において, 支給済みの退職慰労金の額を退任取締役ごとに明らかにして, 計算書類の承認を受ける, という手続により支給されていた。また, 平成 18 年当時は, A が X の発行済株式総数の 99.24％を保有していた。

　1 審判決（東京地判平成 20・5・19〔平成 19 年(ワ)第 18573 号, Westlaw Japan 2008WLJPCA05198002〕）は, 送金した金員の返還を求めることは信義則に違反するとして,

Xの請求を棄却したが，原審判決（東京高判平成20・10・30〔平成20年（ネ）第3247号〕）は，「X代表者が……Yに対し……本件内規に従って退職慰労金を支払う旨の意思表示をしたとの事実を認めるに足りる的確な証拠がない」，Xは民事再生手続開始の決定を受けており，Xの現役員及び元役員を除く再生債権者等との関係を考えれば「本件請求をすることが信義則に違反し，権利の濫用に当たるとはいい難い」と判示して，Xの請求を認容した。

→ 判旨

破棄差戻し

「Yに対し退職慰労金を支給する旨の株主総会の決議等が存在しない以上は，Yには退職慰労金請求権が発生しておらず，Yが本件金員の支給を受けたことが不当利得になることは否定し難い」。しかし，「Xにおいては，従前から，退任取締役に対する退職慰労金は，通常は，事前の株主総会の決議を経ることなく，上記……の支給手続によって支給されており，発行済株式総数の99％以上を保有する代表者が決裁することによって，株主総会の決議に代えてきたというのである。そして，Yが，……本件内規に基づく退職慰労金の支給をするよう催告をしたところ，その約10日後に本件金員が送金され，Xにおいてその返還を明確に求めたのは，本件送金後1年近く経過した平成19年2月21日であったというのであるから，Yが，本件送金の担当者と通謀していたというのであればともかく，本件送金についてX代表者の決裁を経たものと信じたとしても無理からぬものがある。また，X代表者が，上記催告を受けて本件送金がされたことを，その直後に認識していたとの事実が認められるのであれば，X代表者において本件送金を事実上黙認してきたとの評価を免れない。さらに，Yは，Yが従前退職慰労金を支給された退任取締役と同等以上の業績を上げてきたとの事実も主張しており，上記各事実を前提とすれば，Yに対して退職慰労金を不支給とすべき合理的な理由があるなど特段の事情がない限り，XがYに対して本件金員の返還を請求することは，信義則に反し，権利の濫用として許されないというべきである。このことは，X代表者が，Yに対し，本件内規に基づく退職慰労金を支給する旨の意思表示をしたと認めるに足りず，Xが民事再生手続開始の決定を受けているとしても，異なるものではない」。

なお，竹内行夫裁判官の反対意見（善意の受益者であるという事実が不当利得返還請求権の行使を排斥する余地を認める根拠になるとは考え難い，不当利得返還請求権はもはや行使されないものとXにおいて信ずべき正当な事由が生じたため権利の失効はやむを得ないと

いえるほど長期間にわたって，その行使をYが怠っていたわけでもない，Xが，異例な形で行われた本件送金がAの決裁を経たものであると信じたとは考え難い，多数意見の立場は，業績を上げてきた退任取締役に対しては，株主総会の決議等がなくとも業績によっては退職慰労金を取得させる余地を認めるべきであるというに等しいものと解され，その趣旨において，会社法361条1項や定款に退職慰労金に関する定めのない場合，退職慰労金請求権は，株主総会の決議によって初めて発生するとする最判昭和56・5・11集民133号1頁や最判平成15・2・21金法1681号31頁と抵触する）が付されている。

→ 解説

　本判決は，株主総会の決議を経ずに退職慰労金の支給がなされても，会社が退職取締役に対して支給額相当額の不当利得返還請求をすることが権利の濫用に当たる場合があるとした最高裁判所の裁判例として意義を有する。

　平成17年改正前商法の下では，取締役が「受クベキ報酬」は定款にその額を定めなかったときは，株主総会でその額を定めるとされており（269条），退職慰労金も「報酬」に含まれるとするのが判例の採る立場であり（最判昭和39・12・11民集18巻10号2143頁），その帰結として，定款に退職慰労金に関する定めがない場合には，退職慰労金請求権は，株主総会の決議によって初めて発生するというのが，判例（最判昭和56・5・11集民133号1頁，最判平成15・2・21金法1681号31頁）・通説であった。会社法361条1項は，委員会設置会社以外の会社においては，取締役の報酬等の額等について，定款に定めのないときは，株主総会の決議によって定めるとしているが，同項にいう「報酬等」には退職慰労金も含むものと解するのが通説である。したがって，会社法の下でも，定款に退職慰労金に関する定めがない場合には，退職慰労金請求権は，株主総会の決議によって初めて発生するのが原則であると考えられ，本判決はそのような見解を採ったものであるということができる。

　しかし，平成17年改正前商法の下では，定款の定めも株主総会の決議もなかった場合に，実質株主全員の同意があれば，株主総会決議があったと擬制し，または同視することによって，取締役の報酬請求権を認めたものがあり（大阪高判平成元・12・21判時1352号143頁，東京地判平成3・12・26判時1435号134頁，東京高判平成7・5・25判タ892号236頁〔傍論〕など），学説としてもこのような例外を認めるものが多数であったところ（龍田節・続判例展望〔別冊ジュリ39号〕172頁，落合誠一・ジュリ616号142頁，新注会(6)387頁〔浜田道代〕など），前掲最判平成15・2・21は，「本件取締役の報酬については，報酬額を定めた定款の規定又は株主総会の決議がなく，

株主総会の決議に代わる全株主の同意もなかったのであるから，その額が社会通念上相当な額であるか否かにかかわらず，YがXに対し，報酬請求権を有するものということはできない」（圏点：筆者）と判示して，取締役の報酬額の決定については，全株主の同意によって株主総会決議に代えることができることを前提としているようである。

　また，前掲東京高判平成7・5・25は，代表取締役Aとその妻及び代表取締役の兄2人のみが株主であった場合について，「Yのように，株主総会が一度も開かれず，計算書類の承認，取締役の選任，退職金を除く取締役の報酬の決定等法律上株主総会の決議でなすべき事項がすべてAによって意思決定されてきた場合には，他の株主はAに対して株主総会の決議でなすべき事項の処理をゆだねていたものといわざるを得ないから，前示事実関係のもとでは，Aが決定した退職金について株主総会の決議の欠缺を主張してその支払を拒むことは，信義則上許されない」と判示していたし，会社の実態によっては，正義・公平の観念から，代表取締役が退職慰労金の支払を約した場合には，その約束が無効であると主張することが許されない場合があるとする下級審裁判例（大阪地判昭和46・3・29判時645号102頁，京都地判平成4・2・27判時1429号133頁など）や，違法であっても事実上株主の了解を得て慣行とされてきた手続を経て，退任した取締役に対する退職金支給がなされ，それによって実質的に株主の利益が害されないなどの特段の事情が認められる場合には，株主総会の支給決議が欠缺していることを理由に退職金の支払を拒むことは信義則上許されないとした下級審裁判例（東京高判平成15・2・24金判1167号33頁）も存在していた。

　本判決は，代表取締役Aが退職慰労金の支給を決定又は黙認したか否かを考慮要素の1つとはしているものの，返還請求まで約1年経過したこと，YのXに対する貢献なども考慮に入れて，返還請求が権利濫用に当たるか否かを判断する余地があることを示唆しており，従来の裁判例よりも一歩踏み出したものと評価する余地があるのかもしれない。また，全株主の同意はないもののAが99％あまりを有する株主であることを考慮に入れているとすると，それも，従来の裁判例よりも，元取締役の保護に傾いたといえるかもしれない。

伊藤靖史・判評620号（判時2084号）22頁，北村雅史・リマークス42号86頁，秋坂朝則・速判解7号139頁，大塚和成・銀法712号55頁。

Number 25

退職慰労年金の一方的減額の可否

会社法 361 条

最判平成 22・3・16
平成 21 年(受)第 1154 号, X 対もみじ銀行, 退職慰労金等請求事件, 判時 2078 号 155 頁

▶ 事実

　Y（被告・控訴人・被上告人）の取締役を退任した X（原告・被控訴人・上告人）が，株主総会決議等によって定められたところに従い，当時の Y の役員退職慰労金規程（本件内規）に基づき算出された額の退職慰労年金を受給していたところ，Y は公的資金の投入を受け，Y の株式を保有する持株会社である株式会社 A は，経営健全化目標の達成が不十分であるとして，金融庁から業務改善命令を受けた。これを背景として，本件内規を廃止する取締役会決議がなされ，年金の支給が打ち切られた。そこで，X が Y に対し，未支給の退職慰労年金の支払等を求めて訴えを提起したのが本件である。なお，Y は，①退職慰労年金における集団性，画一性等の制度的要請から，一定の場合には退任取締役の同意なく契約内容を変更することが許される，② X が取締役に就任した際の委任契約において，本件内規の廃止後は退職慰労年金が支給されないことが黙示的に契約の内容となっていた，③事情変更の原則により支給打切りが許される，などと主張した。

　第 1 審判決（東京地判平成 20・5・22〔平成 19 年(ワ)第 11708 号, Westlaw Japan 2008WLJPCA05228002〕）は，退任取締役の退職慰労年金の額が具体的に定められた場合には，当該取締役が同意しない限り，既に具体的に発生している退職慰労年金の支給を受ける請求権が消滅するようなことはない，本件では，Y の責に帰すべからざる事由に基づくものとまでは認められないから，いわゆる事情変更の原則の適用はない，などとして，X の請求を認容。他方，原審判決（東京高判平成 21・3・19〔平成 20 年(ネ)第 3260 号, Westlaw Japan 2009WLJPCA03198014〕）は，「個々の退職

役員に対する支給期間が20年間という長期のものであり，制度としての退職年金制度は，より長期の存続が見込まれるところ，その間に社会経済情勢，会社の状況などが大きく変化することも予想されるのであるが，そのような場合，一切変更を認めないとすると会社にとって酷な場合も生じうるし，また，将来の受給者についてのみ変更を認め，過去の受給者について変更を認めないこととすると，過去の受給者と将来の受給者との公平が図れなくなり，退職年金制度として好ましからざる事態となることも予想されるのであり，制度としての合理性からすると，一定の場合には，過去の受給者についても変更を認める必要があるというべきである。……そして，変更等が認められるか否かは，変更等の必要性，内容の妥当性，手続の相当性を考慮して判断すべきである。なお，前記のような制度的な特色からすると，変更等は，根拠となっている規定等の改廃により，一律に行われるべきであり，個々の受給者との合意によるべきものではないから，規程の改廃がなされた場合には，これに同意しない者に対してもその効力は及ぶと解すべきである」，「本件退職慰労年金の廃止の必要性は極めて高かったものと認められ，給付されているのが取締役として在任した者に対する退職慰労年金であって職務の直接の対価ではないこと，別に相当高額の退職慰労一時金が支給されていること等を考慮すると」，「年金の廃止が不相当とはいえないこと，また，廃止に当たって，年金を受給している元役員に対してその必要性を理解してもらう努力を重ね，結果的に，Xを除くほぼ全員の理解を得ることができた……ことから手続的にも相当であり，ほぼ全員の理解を得られていることから廃止の必要性・合理性も裏付けられている」として，Xの請求を棄却。

→ 判旨

破棄差戻し

「Yの取締役に対する退職慰労年金は，取締役の職務執行の対価として支給される趣旨を含むものと解されるから，会社法361条1項にいう報酬等に当たる。」「Yの株主総会決議による個別の判断を経て初めて，Yと退任取締役との間で退職慰労年金の支給についての契約が成立し，当該退任取締役が具体的な退職慰労年金債権を取得するに至るものである。Yが，内規により退任役員に対して支給すべき退職慰労金の算定基準等を定めているからといって，異なる時期に退任する取締役相互間についてまで画一的に退職慰労年金の支給の可否，金額等を決定することが予定されているものではなく，退職慰労年金の支給につき，退任取締役相互間の公平を図るために，いったん成立した契約の効力を否定してまで集団的，画一的な処

理を図ることが制度上要請されているとみることはできない。退任取締役がYの株主総会決議による個別の判断を経て具体的な退職慰労年金債権を取得したものである以上，その支給期間が長期にわたり，その間に社会経済情勢等が変化し得ることや，その後の本件内規の改廃により将来退任する取締役との間に不公平が生ずるおそれがあることなどを勘案しても，退職慰労年金については，上記のような集団的，画一的処理が制度上要請されているという理由のみから，本件内規の廃止の効力を既に退任した取締役に及ぼすことは許されず，その同意なく上記退職慰労年金債権を失わせることはできないと解するのが相当である。」

→ 解説

まず，本判決は元取締役に対する退職慰労年金が取締役の報酬等に当たるとした初めての最高裁判所の判決として意義を有する。もっとも，取締役の退職慰労金は取締役の報酬等に当たると判例（東京高判平成3・7・17資料版商事法務102号149頁〔最判平成4・9・10同143頁によって是認〕など）・通説は解しており，退職慰労年金も同様に解することは首尾一貫するし，本件においては，退職慰労金の事実上の分割払と見ることができる。

また，受給者の同意なくして，具体化した退職慰労年金債権を失わせることができないとした点についても，「株式会社において，定款又は株主総会の決議……によって取締役の報酬額が具体的に定められた場合には，その報酬額は，会社と取締役間の契約内容となり，契約当事者である会社と取締役の双方を拘束するから，その後株主総会が当該取締役の報酬につきこれを無報酬とする旨の決議をしたとしても，当該取締役は，これに同意しない限り，右報酬の請求権を失うものではないと解するのが相当である」とした最判平成4・12・18民集46巻9号3006頁（また，最判昭和31・10・5集民23号409頁など）及び通説（大隅健一郎＝今井宏『会社法論(中)〔第3版〕』〔有斐閣，1992年〕167頁，新注会(6)404頁〔浜田道代〕参照）の考え方に沿ったものであるといえるし，東京地判平成18・12・11（平成17年(ワ)第25350号，Westlaw Japan 2006WLJPCA12110003）は，「支払決議により，XのYに対する本件退職慰労金支払請求権は具体的な金銭債権として成立しているから，その後のY株主総会の決議によって一方的にそれを消滅させたり，減額したりすることはできないと解される。したがって，本件減額決議のみでは抗弁たり得ない」と判示していた。

もっとも，本判決が，Yの②及び③の主張について審理をするために原審に差

し戻している点には注目する必要がある。まず、③取締役の報酬等と事情変更の原則との関係では、大阪地判昭和58・11・29判タ515号162頁が常勤取締役が非常勤取締役とされた際にその報酬額が減額されたことにつき、「従前にくらべその職務内容に重要な変動があったもので、Xの報酬を、その同意を得ることなく減額をすることのできる事情の変更があった」と判示しており、事情変更の原則の適用を認めたものと解されているが、学説からは批判が強い（たとえば、小塚荘一郎・法協111巻1号136頁参照）。しかも、事情変更の原則は、契約締結時には予見できなかった重大な変動が生じ、そのため、当初の契約内容を当事者に強制することが信義衡平の観念に著しく反する場合に、信義則を根拠として、契約内容の改定を認めるものであり、本件退職慰労年金を取締役の報酬等の後払であると位置付けるのであれば、債務者の資力が悪化したことが、ここでいう事情の変更に当たると評価することは難しいのではないかと推測される。他方、②退職慰労年金が純然たる報酬等の後払以外の面を有し、Yに支払う十分な財政的余裕があることを黙示的に前提として支給されることが予定されていたという契約解釈の余地については差戻審の判断にゆだねられていた。

＊　差戻後控訴審判決である東京高判平成22・11・24（平成22年（ネ）第1773号。要旨：金判1358号20頁）は、「XがYの常務取締役に就任した際に、YとXとの間の委任契約において退職慰労年金について内部規程が消滅した後は退職慰労年金が支給されないことが黙示的に契約内容になっていなかった」として、②についてはYの主張を退けた。また、③の主張との関連でも、Yが主張する「事情変更とは、……要するにYの業績が悪化したというにすぎず、……本件退職慰労年金契約に事情変更の原則を適用することはできない」と判示し、さらに、「Xの退職慰労年金の請求が信義に反し、権利の濫用として許されないものであるとは認められない」とし、控訴を棄却し、Xの請求を認容した第1審判決を支持した。

中村康江・平成22年度重判解（ジュリ1420号）134頁、松中学・民商143巻2号237頁、木下崇・速判解8号147頁、川島いづみ・月刊監査役571号108頁、堀天子・金判1352号6頁、中村信男・金判1346号7頁、同・セレクト2010［Ⅱ］20頁。

Number 26

代表取締役が取締役会の決議を経ずにした重要な業務執行に該当する取引の効力

会社法 362 条

最判平成 21・4・17
平成 19 年(受)第 1219 号, 武中商事有限会社及び財団法人相模厚生会対東邦, 約束手形金, 不当利得返還等請求事件, 民集 63 巻 4 号 535 頁

→ **事実**

訴外 A は, Y（被告・控訴人・被上告人）に対して過払金についての不当利得返還請求権（本件過払金返還請求権）を有しており, A が事実上倒産した時点で, X_1（原告・被控訴人・上告人）は, A に対し貸金債権を有していた。そこで, A の代表取締役と X_1 の代表取締役は, 本件過払金返還請求権を X_1 に譲渡する旨の合意をした（本件債権譲渡）。その後, X_1 が, Y に対し, 本件債権譲渡により取得した本件過払金返還請求権に基づき, その支払を求めて訴えを提起したのが本件である（他に X_2 も Y が本件墓地使用権を有しないことの確認を求めていたが, 本稿では省略）。

第 1 審判決（横浜地小田原支判平成 18・12・15 民集 63 巻 4 号 548 頁）は,「本件債権譲渡について取締役会の決議はなされていない。しかしながら, ……本件債権譲渡は, A が X_1 に対して負担していた 3 億円を超える債務に対する担保提供としてなされたものであり, しかも, それがされたのは, A が手形不渡りを出して事実上倒産し, その業務がなされていない段階であって, 株主保護を目的とする取締役会の業務執行に関する旧商法の規定の適用場面というよりは, むしろ倒産法の規制が及ぶ時期であったというべきである。そのような観点から見ると, 本件債権譲渡が業務執行決定機関としての取締役会の決議を必要とする『重要なる財産の処分』にあたると解することはできない」として, X_1 の請求を認容した。

しかし, 原判決（東京高判平成 19・4・25 民集 63 巻 4 号 608 頁）は, 本件債権譲渡は, A の重要な財産の処分に当たり, 取締役会の決議が必要であったというべきであり, 本件債権譲渡については, 上記取締役会の決議がなく, 上記債権譲渡の相手方

である X_1 もそのことを知っていたから，上記債権譲渡は無効であるとして，X_1 の請求を棄却した。

→ 判旨　　　　　　　　　　　　　　　　　　一部破棄差戻し，一部破棄自判

「会社法 362 条 4 項……が重要な業務執行についての決定を取締役会の決議事項と定めたのは，代表取締役への権限の集中を抑制し，取締役相互の協議による結論に沿った業務の執行を確保することによって会社の利益を保護しようとする趣旨に出たものと解される。この趣旨からすれば，株式会社の代表取締役が取締役会の決議を経ないで重要な業務執行に該当する取引をした場合，取締役会の決議を経ていないことを理由とする同取引の無効は，原則として会社のみが主張することができ，会社以外の者は，当該会社の取締役会が上記無効を主張する旨の決議をしているなどの特段の事情がない限り，これを主張することはできないと解するのが相当である。」

→ 解説

取締役会の決議を経ることなくなされた，（会社法 362 条 4 項に相当する）平成 17 年改正前商法 260 条 2 項 1 号にいう「重要ナル財産ノ処分」について，最判昭和 40・9・22 民集 19 巻 6 号 1656 頁は，「代表取締役は，株式会社の業務に関し一切の裁判上または裁判外の行為をする権限を有する点にかんがみれば，代表取締役が，取締役会の決議を経てすることを要する対外的な個々的取引行為を，右決議を経ないでした場合でも，右取引行為は，内部的意思決定を欠くに止まるから，原則として有効であって，ただ，相手方が右決議を経ていないことを知りまたは知り得べかりしときに限って，無効である」と判示していた。本判決も，これを引用し，前提としつつ，だれが，どのような場合に無効を主張することができるのかという点について，判断を示したものであり，会社の利益を保護しようとする趣旨に基づいて取締役会の決議が要求されている場合には，取締役会の決議を経ていないことを理由とする取引の無効は，原則として会社のみが主張することができ，会社以外の者は，当該会社の取締役会がその無効を主張する旨の決議をしているなどの特段の事情がない限り，これを主張することはできないとした点で意義を有する。

会社ひいては株主の利益を保護するために株主総会の決議が要求されていると解される限り，株主総会決議を欠いてなされた行為についても，原則として会社及び

株主のみが主張することができるとする解釈が首尾一貫するが，既に，利益相反取引との関係では，たとえば，最判昭和 48・12・11 民集 27 巻 11 号 1529 頁が，平成 17 年改正前商法 265 条は「会社と取締役との間で利害の対立する取引について，取締役が会社の利益の犠牲において私利をはかることを防止し，会社の利益を保護することを目的とするものであるから，同条の右趣旨からすると，会社が取締役個人に対して貸し付けた金員の返還を求めた場合に，取締役が同条違反を理由としてみずからその貸付の無効を主張することは，許されないものと解するのが相当である」と判示していたし，また，東京高判昭和 59・6・11 判時 1128 号 123 頁は「会社に対し売買代金債務を負担している買主は，会社が右売買代金債権をもって取締役個人の第三者に対して負担する債務につき，取締役のために代物弁済として債権譲渡をした場合に，それが取締役会の承認を得ていないことをもって，その無効を主張することは許されない。けだし，商法 265 条は取締役個人と会社との利害が相反する場合に取締役個人の利益を図り，会社に不利益な行為がみだりに行われることのないようにこれを防止しようとするにほかならないから，会社に対し売買代金債務を負担している買主たる債務者の側から右債権譲渡の無効を主張する利益ないし利害関係はないからである」としていたし，学説もこのような判決の立場におおむね同意していた（たとえば，新注会(6) 257 頁［本間輝雄］参照）。本判決は同様の価値判断を重要な業務執行につき取締役会の決議を欠く場合に当てはめたものと考えられ，また，錯誤による無効について「民法 95 条の律意は瑕疵ある意思表示をした当事者を保護しようとするにあるから，表意者自身において，その意思表示に何らの瑕疵も認めず，錯誤を理由として意思表示の無効を主張する意思がないにもかかわらず，第三者において錯誤に基づく意思表示の無効を主張することは，原則として許されないと解すべきである」とした原判決を首肯した最判昭和 40・9・10 民集 19 巻 6 号 1512 頁と同様の発想に基づいたものであると解される。

　もっとも，定款に記載のない財産引受けの効力に関する最判昭和 28・12・3 民集 7 巻 12 号 1299 頁は，当時の「商法 168 条 1 項 6 号にいわゆる財産引受けは現物出資に関する規定をくぐる手段として利用せられる弊があったので，これを防ぐため現物出資と同様な厳重な規定を設け」「たのである。従って単に財産引受は会社の保護規定であるから，会社側のみが無効を主張し得るということはできない。この無効の主張は，無効の当然の結果として当該財産引受契約の何れの当事者も主張ができる」と判示して，財産引受けの相手方からの無効主張を認めていたし，最判昭和 61・9・11 判時 1215 号 125 頁は，営業譲渡契約は，譲渡会社が「株主総会の特別決議によってこれを承認する手続を経由しているのでなければ，無効であり，し

かも、その無効は、原始定款に記載のない財産引受と同様、広く株主・債権者等の会社の利害関係人の保護を目的とするものであるから、本件営業譲渡契約は何人との関係においても常に無効であると解すべきである。……そして、営業譲渡が譲渡会社の株主総会による承認の手続をしないことによって無効である場合、譲渡会社、譲渡会社の株主・債権者等の会社の利害関係人のほか、譲受会社もまた右の無効を主張することができるものと解するのが相当である。けだし、譲渡会社ないしその利害関係人のみが右の無効を主張することができ、譲受会社がこれを主張することができないとすると、譲受会社は、譲渡会社ないしその利害関係人が無効を主張するまで営業譲渡を有効なものと扱うことを余儀なくされるなど著しく不安定な立場におかれることになるからである」と判示していた。これらの判決の論理からすれば、ある事項・取引につき取締役会決議が要求されている趣旨が会社の利益保護にとどまらないと解釈されると、本判決と異なり、会社以外の者も主張できることになるが、営業譲渡（事業譲渡）について株主総会決議が要求される趣旨と重要な財産の処分について取締役会決議が要求される趣旨とは本当に異なるのかという問題がありそうである。

なお、利益相反取引規制との関係では、会社債務の保証人は無効を主張できるのが原則であると解するのが有力な見解であり（江頭憲治郎『株式会社法〔第3版〕』〔有斐閣、2009年〕414頁）、また、たとえば、今井教授は、債権者代位権を行使する場合など、第三者が取引の無効を前提とする必要があるときには、当該無効を会社が認めている限り、第三者は無効を主張することができ、会社が取締役に対して債務を負担し、第三者がその債務を保証している場合のように、第三者が無効を主張することについて何らかの具体的利益を有するときには、少なくとも会社が内部的に取引の無効を主張することを決定している限り、第三者はその無効を援用できるという見解を示していた（今井宏「代表権の制限と取引の安全」民商93巻臨時増刊号(1)159頁）。このような価値判断を前提とすれば、取締役会の決議を欠く場合についても、同様の事情は特段の事情と評価されよう。

松中学・平成21年度重判解（ジュリ1398号）120頁、齊藤真紀・リマークス41号82頁、北村雅史・セレクト2009［Ⅱ］19頁、同・法教368号116頁、山本爲三郎・判評612号（判時2060号）16頁、松井智予・民商141巻3号361頁、木下崇・速判解5号131頁、込山芳行・山梨学院ロー・ジャーナル5号69頁、来住野究・信州大学法学論集15号275頁、中村信男・金判1334号2頁。

Number 27

取締役会議事録の閲覧

会社法 371 条

福岡高決平成 21・6・1
平成 21 年(ラ)第 49 号, X 対株式会社佐賀銀行, 取締役会議事録謄写許可申請一部許可決定に対する抗告事件, 金判 1332 号 54 頁(最決平成 21・8・28〔平成21 年(ク)第 646 号〕により抗告棄却)

→ **事実**

　Y 銀行（原審被申請人・被抗告人兼抗告人）は，特別清算された A' 会社のマンション販売部門を平成 16 年 1 月に承継した A 株式会社の優先株主（発行済株式総数の 90％を超える）であり，かつ債権者（約 23 億円。A の借入金総額の 6 割を超える）であったが，A につき M&A（本件 M&A）を行う旨を決定し，C 銀行からの情報提供に基づき，平成 19 年 5 月 10 日に，B 株式会社を買主として，本件 M&A が成立した。その後，X（原審申請人・抗告人兼被抗告人）は，Y に対して，X が本件 M&A の「蔭の功労者」であると自負している旨等を記載した書面を送付し，また，C 銀行が本件 M&A に関与した経緯，事情に関する 4 項目の質問への回答を求める書面を送付したが，Y は X の代理人弁護士に対し，回答できない旨を回答した。そこで，X は Y の株式 1000 株を取得したうえで，本件 M&A に関する取締役会議事録の閲覧・謄写を書面（X には，株主として Y の主導による A の整理如何，貸付金の回収額，比率について知る権利がある旨，C 銀行等に対して不正競争防止法による提訴を準備中である旨を記載）で請求したが，Y がこれに応じなかったので，閲覧謄写許可を佐賀地方裁判所に対して申請したのが本件である。原決定（佐賀地決平成 20・12・26 金判 1312 号 61 頁）は，「株主としての権利を行使するか否かは，当該取締役会議事録を閲覧・謄写し，その内容を検討してみて初めて判明する事柄であることは否定できないことから，権利行使の要否を判断をするためという場合についても必要性が肯定されることになると解される」，「権利行使の対象となり得，又は権利行使の要否を検討するに値する特定事実の関係が存在し，取締役会議事録の閲覧・謄写の結果

によっては，権利行使をすると想定することができる場合であって，かつ，当該権利行使に関係のない取締役会議事録の閲覧・謄写を求めているということができないというときであれば，上記必要性の要件を肯定すべきであると解するのが相当である」，「株主としての権利行使に籍口した請求であり，実質は，株主としての権利行使であると認められない場合については，上記必要性の要件が否定されることになる」，「個人的利益を図る目的が併存している場合に，株主権の行使を認めないとなると，株主の権利という重要な権利を著しく制約することになりかねず，個人的利益を図る目的が併存していても株主権の行使は妨げられないと考えられる」，「著しい損害を及ぼすおそれの有無の要件については，閲覧・謄写を認めることによって株主（X）が得られる利益と会社（Y）等が被る損害とを比較衡量し，会社等により多大の損害が生ずるときに，上記要件は肯定されることになると解される」，「そこで，当裁判所は，本件取締役会議事録……の提示を求め（職権探知主義），Yから本件申請に関係する議事録の提示を受け，職権により，その内容について取り調べた」，「取締役会議事録の閲覧謄写請求権が株主に認められた重要な権利であることからすれば，要件を満たす限り，一部でも開示を認めるのが相当というべきである」として，Xの請求を一部認容したので，X及びYが抗告。

→ 決定要旨 　　　　　　　　　　　　　　　原決定変更，申請却下

「Xは，平成19年10月ころ，福岡地方裁判所に対し，C及びBを相手に，Xを本件M&Aから排除するなどしたと主張して，不正競争防止法等に基づく損害賠償として，仲介人として得べかりし利益金相当額3000万円の支払を求める訴えを提起し，さらに，平成20年4月21日，上記訴訟について，『万一，Xが，本件訴訟で敗訴したときには，Xとしては，Yに対し損害賠償請求を行い得るものと考える。』と主張して，Yを被告知人とする訴訟告知の申立てをした。」「XはYが本件M&Aに関する質問を拒絶したことから，新たにYの株式を取得して本件申請をし，現在，本件M&Aの関係者であるC及びBを相手に訴訟を追行し，さらには，Yを当事者として引き込むため訴訟告知をしているものであって，このような一連のXの行動をみると，Xは，株主の地位に仮託して，個人的な利益を図るため本件M&Aを巡る訴訟の証拠収集目的で本件申請をしたものと認めるのが相当である。しかして，M&Aを進めるべきか否かのY取締役会の審議の内容が企業秘密たる事項であることは明らかであるところ，これらの記載部分が閲覧・謄写されることになれば，Yの将来の事業実施等についても重大な打撃が生じるおそ

れがあるのであって，このことはYの全株主にとっても著しい不利益を招くおそれがあると認められる。そうすると，本件申請は，会社法371条2項にいう『株主の権利を行使するため必要であるとき』という要件を欠くか，或いは権利の濫用に当たるというべきであ」る。

→ 解説

　本決定は，まず，Xの申請は，会社法371条2項にいう「株主の権利を行使するため必要であるとき」という要件を欠くとみることができる可能性を指摘している。「株主の権利を行使するため必要であるとき」という要件については，下級審裁判例は比較的緩やかに認めてきたのではないかと推測される。すなわち，東京地決平成18・2・10判時1923号130頁は，「権利を行使をするため必要があるといえるためには，権利行使の対象となり得，又は権利行使の要否を検討するに値する特定の事実関係が存在し，閲覧・謄写の結果によっては，権利行使をすると想定することができる場合であって，かつ，当該権利行使に関係のない取締役会議事録の閲覧・謄写を求めているということができないときであれば足りると考えられる」とし，東京地決平成18・3・31（平成18年（ヒ）第37号）も，一般に株主代表訴訟提起のための申請は，株主の権利行使のためのものと解され，その必要性については提訴請求の前後を問わないものと解されるし，ここでいう株主代表訴訟提起のためというのは，その裁判の証拠に用いるためだけでなく，訴訟を提起する際の請求原因の構成を検討するための意義をも含むものと解されるとしていた（学説においても，この要件をみたす場合を広くとらえるべきであるとする見解が有力であった。たとえば，竹内昭夫『改正会社法解説〔新版〕』〔有斐閣，1983年〕162頁，鴻常夫ほか『改正会社法セミナー(3)取締役及び取締役会・監査役及び会計監査人』〔有斐閣，1984年〕150頁〔前田庸〕参照）。

　もっとも，本件において，Xの主要な目的が株主の権利行使のためであったと評価できるのかどうかは問題であり，付随的な目的として株主の権利行使のためであってもよいのかについては検討を要するのであり（株主名簿閲覧請求に係る東京高決平成元・7・19判時1321号156頁，名古屋高決平成22・6・17資料版商事法務316号198頁〔最決平成22・9・14資料版商事法務321号58頁により抗告棄却〕。小出篤・ジュリ1236号117頁参照），本決定は，株主の権利の行使が主目的とはいえないという認定に基づくのかもしれない。取締役会議事録は会計帳簿資料に劣らない企業機密を含んでいることが十分に想定できることにかんがみれば，会計帳簿資料の閲覧等請求に対する拒絶事由を定める会社法433条2項との関連では，株主としての権利行使のた

めという目的が併存していても，当該条項に該当するということを根拠に拒絶を認めてきている下級審裁判例の流れとも整合的である。

また，本決定は，Xにつき「株主の権利を行使するため必要であるとき」という要件がみたされないとは仮に評価できないとしても，取締役会議事録閲覧等請求は「権利の濫用に当たる」という判断を下している。これは，東京地判昭和49・10・1判時772号91頁が，株主の閲覧・謄写請求権の行使であっても，それが権利の濫用となる場合には，当然に許されないものと解すべきであるところ，その原告の関与している東南アジア留学生の援助活動に対する賛助金を獲得する目的で被告会社代表者に直接面会することを求める方法の一環として請求がなされたと認定し，請求は，株主に認められた閲覧・謄写請求権の目的を逸脱し，権利の濫用に該当するとして，閲覧・謄写を認めなかったことと整合的である。

原決定は，職権探知主義を根拠として，取締役会議事録を取り調べ，謄写を許可しない部分を特定したとしている点で，初めての公表裁判例であり，興味深い裁判例であったが，本決定は申請を全体として却下したため，一部のみの開示を原決定のように，許可することができるかについての高裁レベルの判断は今後に期待することになった。

木村真生子・ジュリ1414号246頁，大塚和成・銀法713号54頁。

Number 28

取引相場のない株式の取得と経営判断原則

会社法 423 条

最判平成 22・7・15
平成 21 年(受)第 183 号, X₁ら対 Y₁ほか 2 名, 損害賠償請求事件, 判時 2091 号 90 頁

▶ 事実

　Z（補助参加人・上告補助参加人）は，Aの株主から，Aの株式を1株当たり5万円，総額1億5800万円で買い取った（本件取引）。そこで，Zの株主であるX₁ら（原告・控訴人・被上告人）が，Zの代表取締役であるY₁ならびに取締役であるY₂及びY₃（被告・被控訴人・上告人）はその取締役としての任務を怠ったことによりZに損害を生じさせたものであるから，会社法423条1項により，Zに対する損害賠償責任を負うと主張して，会社を代表して訴えを提起した。第1審（東京地判平成19・12・4金判1304号33頁）は，X₁らの請求を棄却したが，原審（東京高判平成20・10・29金判1304号28頁）は，X₁らの請求を認容した。なお，Zは，Aを完全子会社とするために実施を予定していた株式交換に備え，監査法人等2社に株式交換比率の算定を依頼したが，提出された交換比率算定書の1つにおいては，Aの1株当たりの株式評価額が9709円とされ，他の1つにおいては，類似会社比較法による1株当たりの株主資本価値が6561円ないし1万9090円とされていた。

▶ 判旨

破棄自判

　「本件取引は，AをBに合併して不動産賃貸管理等の事業を担わせるというZのグループの事業再編計画の一環として，AをZの完全子会社とする目的で行われたものであるところ，このような事業再編計画の策定は，完全子会社とすることのメリットの評価を含め，将来予測にわたる経営上の専門的判断にゆだねられている

と解される。そして，この場合における株式取得の方法や価格についても，取締役において，株式の評価額のほか，取得の必要性，Zの財務上の負担，株式の取得を円滑に進める必要性の程度等をも総合考慮して決定することができ，その決定の過程，内容に著しく不合理な点がない限り，取締役としての善管注意義務に違反するものではないと解すべきである。

　以上の見地からすると，ZがAの株式を任意の合意に基づいて買い取ることは，円滑に株式取得を進める方法として合理性があるというべきであるし，その買取価格についても，Aの設立から5年が経過しているにすぎないことからすれば，払込金額である5万円を基準とすることには，一般的にみて相応の合理性がないわけではなく，Z以外のAの株主にはZが事業の遂行上重要であると考えていた加盟店等が含まれており，買取りを円満に進めてそれらの加盟店等との友好関係を維持することが今後におけるZ及びその傘下のグループ企業各社の事業遂行のために有益であったことや，非上場株式であるAの株式の評価額には相当の幅があり，事業再編の効果によるAの企業価値の増加も期待できたことからすれば，株式交換に備えて算定されたAの株式の評価額や実際の交換比率が前記のようなものであったとしても，買取価格を1株当たり5万円と決定したことが著しく不合理であるとはいい難い。そして，本件決定に至る過程においては，Z及びその傘下のグループ企業各社の全般的な経営方針等を協議する機関である経営会議において検討され，弁護士の意見も聴取されるなどの手続が履践されているのであって，その決定過程にも，何ら不合理な点は見当たらない。」

→ 解説

　本判決は，非上場株式の買取りに関する取締役の善管注意義務違反を否定した裁判例としての意義を有する。

　まず，善管注意義務違反があったかどうかの判断枠組みについては，東京地判平成10・5・14判時1650号145頁，東京地判平成10・9・24判時1665号119頁，東京地判平成16・9・28判時1886号111頁（福岡高判昭和55・10・8高民集33巻4号341頁も参照）などの判断枠組みを踏襲し，決定の過程，内容に著しく不合理な点がない限り，取締役としての善管注意義務に違反するものではないとした。「その取締役の判断の前提となった事実の認識に重要かつ不注意な誤りがなく，また，その意思決定の過程，内容が企業経営者として特に不合理，不適切なものといえない限り，その措置に係る経営判断は，裁量の範囲を逸脱するものでな」いとしていた，

非上場株式の買取価格をめぐる経営判断についての大阪地判平成11・5・26判時1710号153頁と同様の立場を採っている。

　この大阪地判平成11・5・26は、Aが、類似業種比準法、時価純資産法等により算定される価格を相当程度上回ることを十分認識しつつも、非上場会社であるB会社の株式をCらから取得したという事案に関するものであるが、「証券取引所へ上場されず店頭登録もされていないいわゆる非上場株式については、会社の事情、評価の目的、場面等に応じて様々な評価の方法が考案されており、方法により評価額が異なるのであり、自ずから評価額にはある程度の幅を免れない」、「一般に取引相場のない場合、取引価格は交渉当事者間の、相対の交渉で形成、決定されることになるのであり、様々な評価方法はこの交渉を行うに当たっての参考資料となるにとどまることにならざるを得ない。本件取引においても、いわゆる非上場株式である本件株式を実質的に買い取るに当たっては、Aの経営目標における本件株式取得の必要性を考慮しつつ、相手方との交渉を経て決定されるものであるとすると、右価額の評価自体、正に、長期的な視野に立って、諸事情を総合考慮して行うべき場合であり、専門的かつ総合的な経営判断が要求されるというべきものであって、取締役らに委ねられる裁量の範囲も広いと解せられる」とし、Cらが要求する最低条件でB株式を実質的に買い取るか、買取りを断念するかを決断せざるを得なかったという事情などを認定し、Y_1ら（Aの取締役）が、Aの長期的経営計画において欠くべからざるものであるという経営判断に立ち、CらがDから買い取った価格と同一の価格でB株式を買い取ったことは、その裁量の範囲を逸脱するものではないと判示していた（控訴審判決である大阪高判平成12・9・28資料版商事法務199号330頁も、さらにいくつかの事実を認定して、Y_1らがそのような価格での買取りを決定したことは取締役としての裁量の範囲を超えるものではないとした）。

　また、東京地判平成8・2・8資料版商事法務144号115頁は、「A株式の引取り価格はBの取得価格であって、非公開株式の価格算定方式として一般的に行われている純資産価格法、収益還元法等によるものではなく、Bの報酬分についても、それ自体をとってみれば、支払いの妥当性に議論はあるであろう。しかし、融資の肩代わりを含め、これらの負担は、合弁事業から合弁相手を撤退させ、事業の円滑な引継ぎを受けて完全な支配権を取得するための対価として、総合的にその妥当性をみるべきもので、そこでは企業の信用失墜、取引先との関係悪化、法的紛争の防止といった金銭的な評価が困難な要素も考慮されることになるし、また、最終的には相手方との交渉によって決定されるものである（Xは、CがBから提訴される合理的理由はない旨主張するが、終局的な勝敗の見通しはともかく、米国において

この種の法的紛争に巻き込まれた場合の有形無形の負担は、小さなものではあり得ないであろう)。したがって、右対価の額の決定自体が、経営上の裁量判断の対象とならざるを得ないのであって、株価の決定が純資産価格法等の一般的な方式によるものでないこと、論議の余地があるBの報酬分を支払ったことをもって直ちに不当であるとはいえず、合弁事業の完全な支配権を円滑に取得することに大きな積極的・消極的利益を認めて買収を決定したことからすれば、本件対価の額の決定が経営裁量の範囲を逸脱していると認めるだけの根拠はない」と判示していた。

　他方、自己株式の取得に係る裁判例である大阪高判平成19・3・15判タ1239号294頁が「会社が非上場の自己株式を取得するに当たり、その取得価格を算定するに当たっては、当該株主から当該価格により株式を取得する必要性、取得する株式数、取得に要する費用からする会社の財務状況への影響、会社の規模、株主構成、今後の会社運営への影響、資本維持の観点から当該価格の1株あたり純資産額からの乖離の程度など諸般の事情を考慮した企業経営者としての専門的、政策的な総合判断が必要となる」と判示していたことの影響を受けたと推測される本件第1審判決が、取引相場のない株式の「取得価格を算定するに当たっては、当該株主から当該価格により株式を取得する必要性、取得する株式数、取得に要する費用からする会社の財務状況への影響、会社の規模、株主構成、今後の会社運営への影響等諸般の事情を考慮した企業経営者としての専門的、政策的な総合判断が必要になる」という一般論を示していたところ、本判決はこれを踏襲したものと位置付けることができよう。また、第1審判決は、加盟店との関係を良好に保つ必要性があることといった事情が存在することなどを指摘して紛争の発生を防止し、その後のグループ全体の取引を円滑に行うため、出資価額による株式の買取りという方法を選択したことに不合理・不適切な点は認められないとしていたのであって、本判決は具体的当てはめについても第1審判決の立場を是認している。のみならず、事業再編の効果によるAの企業価値の増加も期待できたことを指摘している点(交換比率算定書に示された評価額にはいわゆるシナジー効果等が反映されていないとみたのであろう)、及び、設立後5年程度しか経過していないことを理由に払込金額を基準とすることには、一般的にみて相応の合理性がある(このように評価できる根拠は示されていないが、払込金額で当該株式を取得することは困難であるという趣旨であろうか)としている点は興味深い。

北村雅史・平成22年度重判解(ジュリ1420号)138頁、落合誠一・商事法務1913号4頁、小林量・セレクト2010［Ⅱ］18頁、藤原俊雄・金判1350号2頁、大塚和成＝髙谷裕介・ビジネス法務10巻11号12頁。

Number 29

取締役の任務懈怠に基づく対会社責任の消滅時効期間

平成 17 年改正前商法 266 条 1 項 5 号（→会社法 423 条）

最判平成 20・1・28
平成 18 年(受)第 1074 号,株式会社整理回収機構対 Y_1 ほか 6 名,損害賠償請求事件,民集 62 巻 1 号 128 頁

→ **事実**

A 銀行は，B に対し，平成元年 1 月から同年 2 月にかけて，融資を実行し，その後も，同年 5 月 31 日に融資を行ったほか，一部弁済を受け，また書換えを行った。また，A は，C 株式会社に申入れをし，平成 2 年 10 月に C から B に対する与信を開始させ，A は，平成 3 年 6 月 17 日，C との融資時の約束により，C の B への融資残額を肩代わりした。その後も，A は，平成 4 年 2 月から同年 3 月にかけて，B に対し，融資を行った。いずれもその融資を行うことが合理的であるといえる事情はなかった。なお，B は，平成 4 年 4 月 17 日に，A に対して利息及び元金の支払ができなくなって遅滞に陥り，事実上破綻し，支払不能の状態となった。

その後，平成 10 年 11 月 11 日，A は，X（原告・被控訴人・被上告人）との間で資産買取契約を締結し，A が有する債務不履行に基づく損害賠償請求権等を X に譲渡したとして，同年 12 月 3 日ころ，A の取締役である Y_1 ら（被告・控訴人・上告人）に対し，その旨を通知した。そこで，X が，上記融資を承認する決裁をし，実行に関与した取締役である Y_1 らには取締役としての善管注意義務ないし忠実義務違反等があると主張し，Y_1 らに対し，（平成 17 年改正前）商法 266 条 1 項 5 号に基づく損害賠償及び遅延損害金の支払を求めて，同月 15 日に，本件訴えを提起し，同月 26 日に Y_1 らに訴状が送達された。

Y_1 らは商事消滅時効を援用する旨主張したが，第 1 審判決（札幌地判平成 14・9・3 判時 1801 号 119 頁）及び原判決（札幌高判平成 18・3・2 判タ 1257 号 239 頁）は，商法 522 条の適用はないとの判断を示した。

→ 判旨

上告棄却

「株式会社の取締役は，受任者としての義務を一般的に定める商法254条3項（民法644条），商法254条ノ3の規定に違反して会社に損害を与えた場合に債務不履行責任を負うことは当然であるが（民法415条），例えば，違法配当や違法な利益供与等が会社ないし株主の同意の有無にかかわらず取締役としての職務違反行為となること（商法266条1項1号，2号）からも明らかなように，会社の業務執行を決定し，その執行に当たる立場にある取締役の会社に対する職務上の義務は，契約当事者の合意の内容のみによって定められるものではなく，契約当事者の意思にかかわらず，法令によってその内容が規定されるという側面を有するものというべきである。商法266条は，このような観点から，取締役が会社に対して負うべき責任の明確化と厳格化を図る趣旨の規定であり……，このことは，同条1項5号に基づく取締役の会社に対する損害賠償責任が，民法415条に基づく債務不履行責任と異なり連帯責任とされているところにも現れているものと解される。

これらのことからすれば，商法266条1項5号に基づく取締役の会社に対する損害賠償責任は，取締役がその任務を懈怠して会社に損害を被らせることによって生ずる債務不履行責任であるが，法によってその内容が加重された特殊な責任であって，商行為たる委任契約上の債務が単にその態様を変じたにすぎないものということはできない。また，取締役の会社に対する任務懈怠行為は外部から容易に判明し難い場合が少なくないことをも考慮すると，同号に基づく取締役の会社に対する損害賠償責任については商事取引における迅速決済の要請は妥当しないというべきである。したがって，同号に基づく取締役の会社に対する損害賠償債務については，商法522条を適用ないし類推適用すべき根拠がないといわなければならない。

以上によれば，商法266条1項5号に基づく会社の取締役に対する損害賠償請求権の消滅時効期間は，商法522条所定の5年ではなく，民法167条1項により10年と解するのが相当である。」

→ 解説

平成17年改正前商法266条1項5号が定める損害賠償責任の消滅時効期間は10年であると解するのが通説であった（鈴木竹雄＝竹内昭夫『会社法〔第3版〕』〔有斐閣，1994年〕299頁，大隅健一郎＝今井宏『会社法論(中)〔第3版〕』〔有斐閣，1992年〕261頁，北沢正啓『会社法〔第6版〕』〔青林書院，2001年〕437頁，森本滋『会社法〔第2版〕』〔有信

堂高文社, 1995 年] 255 頁, 新注会(6) 293 頁 [近藤光男])。

　また, 下級審裁判例も消滅時効期間が 10 年であるとし, または, それを前提としていた。本判決の第 1 審判決は,「一般に, 株式会社と取締役との間の取締役任用契約は, 委任契約であり, 商人である株式会社の付属的商行為ということができるところ, 商法 266 条 1 項の定める取締役会の会社に対する責任は, 委任契約に基づく取締役の善管注意義務及び忠実義務の不履行責任に基礎を置くものと解することができる」としつつも,「商法は, 取締役の責任について特に規定を設け, 266 条 1 項各号において取締役が責任を負う場合を個別的に列挙して取締役の責任を明確化するとともに, その一部については無過失責任とした上, その責任は連帯して負うべきものとし, 同条 5, 6 項においては, その責任の免除を極めて厳格な手続のもとにのみ許容するなど, 一般の債務不履行責任に比較して, 極めて厳格な責任を定めていて, これらは, その規定の趣旨に照らして強行法規性を有するものと解される。このように商法が取締役に対する責任を厳格に定めていることからすると, その責任は, 一般の債務不履行責任には止まらない特別の法定責任の性質をも有するものと考えられる」とし,「商法は, 企業の取引活動の迅速性の要請から, 短期消滅時効を規定しているが, 会社の内部関係というべき取締役の会社に対する損害賠償責任に迅速性の要請が及ぶものとはいえないし, 取締役の会社に対する責任は必ずしも容易に判明するわけでもなく, 商法自身が取締役同士がなれ合う危険性のあることを想定している……から, 商法が特に取締役の責任を厳格に定め, その責任免除を厳しく制限して, 責任追及の手続を実効あらしめるために諸々の規定をもって臨んでいるのに, このような取締役の会社に対する責任を短期の時効にかからせることは, そのような法の趣旨に明らかに反するものといわなければならない」として, また, 原判決も,「商法 266 条 1 項 5 号が定める取締役の責任は, 取締役の委任契約に基づく受任者としての上記義務の不履行についての損害賠償責任を包含するものであるということができる」としつつ,「商法 266 条 1 項 5 号の規定は, 会社との間の委任契約に基づく義務であるかどうかにかかわりなく, ひろく取締役としての義務を怠った者が会社に対する損害賠償又は弁済の責任を負う旨を定めたものであると解される」から,（会社と取締役との間の委任契約は, 会社がその機関を成立させることを直接の目的とするものであるから, 商人が営業のためにする行為, すなわち附属的商行為には該当しないとの見解を示しつつ)「仮に取締役との間の委任契約が商行為として締結されたものであるとしても, その商行為たる委任契約そのものによって生じたものとはいえない」として, それぞれ, 商事消滅時効期間の適用を否定していた (なお, 時効期間が 10 年であることについては争われなかった事案についてで

あるが，東京地判平成 7・10・26 判時 1549 号 125 頁は消滅時効期間が 10 年であることを前提としている）。

他方，会社は商人であり，取締役の任用契約（委任契約）は商人が営業のためにする附属的商行為であるから，その不履行による損害賠償請求権の消滅時効期間は 5 年と解すべきこと，沿革にかんがみると平成 17 年改正前商法 266 条 1 項 5 号の責任は債務不履行責任の一種であると解するのが自然であることなどを根拠として，消滅時効期間を 5 年とする説も存在した（藤山文夫「取締役の会社に対する責任の消滅時効期間（上）（下）」取締役の法務 59 号 86 頁・61 号 86 頁）。

このような中で，本判決は，平成 17 年改正前商法 266 条 1 項 5 号に基づく取締役の会社に対する損害賠償責任は法によってその内容が加重された特殊な責任であって，商行為たる委任契約上の債務とは異質のものであること，及び，取締役の会社に対する任務懈怠行為は外部から容易に判明し難い場合が少なくないことにかんがみ，商事取引における迅速決済の要請は妥当しないことを根拠として，商事時効の適用がないことを明らかにした初めての最高裁判所の公表裁判例である。なお，会社法 423 条が定める役員等の会社に対する責任も一種の法定責任であると解されるので，本判決の判旨は，会社法 423 条が定める損害賠償責任に基づく債務にも妥当すると考えられる。

増森珠美・ジュリ 1406 号 144 頁，増森珠美・曹時 62 巻 7 号 223 頁，齊藤真紀・平成 20 年度重判解（ジュリ 1376 号）119 頁，森本滋・リマークス 38 号 98 頁，藤原俊雄・判評 597 号（判時 2014 号）23 頁，堀天子・金判 1305 号 32 頁，山岸暢子・法協 126 巻 9 号 1980 頁，斉藤武・龍谷法学 41 巻 3 号 553 頁，笹本幸祐・法セ 640 号 136 頁，大久保拓也・速判解 5 号 119 頁，田中裕明・神戸学院法学 38 巻 3・4 号 879 頁。

Number 30

会社の代表取締役が事実上主宰する別会社を用いて行った競業と損害賠償

平成17年改正前商法266条4項（→会社法423条・356条・365条）

名古屋高判平成20・4・17
平成19年（ネ）第1016号，高木製綿株式会社対Y₁及びコンボ開発有限会社，損害賠償請求控訴事件，金判1325号47頁（確定）

→ 事実

　X株式会社（原告・控訴人兼被控訴人）は，1993年ごろに，Y₁（被告・被控訴人兼控訴人），A及びBが共有する土地にコンテナを設置して貸コンテナ事業を開始し，その後も，コンテナ倉庫の賃貸及びリース業を営んできたが，Xの関連会社であるCの顧客である農協組合員が所有する土地をコンテナの設置場所として賃借することにより貸コンテナ事業のための土地を確保してきた。また，Xの関連会社であるDも1997年ごろから貸コンテナ事業を営んでいた。他方，Y₁は，1987年5月8日からXの代表取締役であったが，2001年7月5日に，その家族が出資して貸コンテナ事業を目的とするY₂有限会社（被告・被控訴人）が設立され，Y₂の代表取締役にはY₁の長女Eが就任し，Y₁の次女FとY₁の長男の妻GがY₂の取締役に就任した。その後，Y₁，その長男H及びY₁の妻IもY₂の取締役に選任された。Y₂の貸コンテナ事業のために必要な土地も，主にCの顧客である農協組合員の土地を賃借することにより調達されており，その際の賃借人の名義はXであり，連帯保証人はY₁であった。Y₂が利用している土地の賃料も，Xの銀行口座を通じて賃貸人に支払われていた。

　Y₁がXの代表取締役と取締役を退任した後，Xは，Y₁はY₂の事実上の主宰者であると主張して，Y₁とY₂に対し，主位的には，XとY₁との間の委任関係又はその類推に基づいてコンテナの引渡しとY₂が貸コンテナ事業により既に得た利益の返還を求め，予備的には，Y₁の競業避止義務違反又は不法行為を理由にした損害賠償の支払を求めて訴えを提起したのが本件である。

原判決（名古屋地判平成19・10・25 判タ 1276 号 298 頁）は，「単に会社と取締役の関係にあれば，会社が取締役に対し引渡請求ができるとはいえない」などとしてXの主位的請求を棄却した。他方，「Y_2の貸コンテナ事業は，Y_1がいなければ成り立たないもので，Y_1の家族らがこれを手伝っているといえる。したがって，Y_1はY_2の代表取締役でなく，出資持分を有していないとしても，Y_2の事実上の主宰者であると考えるのが相当である。……Y_1には，Xに対する競業避止義務違反が認められ，損害賠償責任を負う」とし，Y_1がY_2において実質的に受領した報酬額（同居の親族が受領した報酬額とY_1が受領した報酬額の6割に当たる1626万8000円）が平成17年改正前「商法266条4項により，Xの損害と推定されるべきものである」とした。他方，Y_2に対する請求は，「法人格否認の法理のうち，特に法人格の濫用といわれるものは，何らかの義務を負う者（自然人，法人を問わない）が，法人格の本来の目的に反し別個の法人格を利用することでその義務を逃れようとする場合に，当該取引に限り法人格を否定することによって，取引の相手方を保護する考え方である。この点，本件は，競業避止義務を負っていたY_1自身が，競業避止義務違反に当たる事業を，Y_2の計算で行ったのであるから，形式的にも実質的にもY_1の行為が問題となるにすぎない。Y_2は，Xに対してもともと競業避止義務を負っているわけではないのであり，Y_1の法人格を濫用するといったことを想定することはできない。……法人格が全くの形骸にすぎず，会社即個人といえる場合には，個人の行為を会社の行為であると認めることが可能であるが，本件では，Y_2はコンテナ等の独自の資産を保有しており，全くの形骸であってY_1と同じであるとまではいえないから，その前提が認められない」として，棄却された。

→ 判旨

原判決変更

「Xの請求は，主位的請求についてはいずれも理由がなく，予備的請求については」Y_1及びY_2に対し「連帯して1953万円及びこれに対する……遅延損害金の支払を求める限度で理由があ」る。「① Y_1は，Y_2の出資持分を有していないが，Y_2の運転資金の多くはY_1からの借入に依っていること，②コンテナの敷地となる土地の賃貸借についてY_1が連帯保証人となっていること，③ Y_1はXで貸コンテナ事業を担当していたところ，Y_2においては，貸コンテナ事業で重要な土地の賃貸借契約をY_1が担当し，土地の貸主の紹介，貸コンテナの設置作業，仲介及び集金等についてはXが利用してきたのと同一の業者を利用していること，④ Y_2の事務所はY_1の自宅であり，これはY_1の取締役在任中のX及びDの貸コンテナ事業の

事務所と同一であることなどからすれば，Y₂においては，資金調達，信用及び営業についてY₁が中心的役割を果たしているといえる。これにY₂に出資し業務に従事しているのがY₁の家族であることからすれば，Y₁はY₂を事実上主宰して，Y₂において貸コンテナの利用に係る賃貸借契約をして，競業避止義務に違反したというべきである。」「Y₁が競業避止義務違反によって得た利益は，役員報酬又は給与手当が役務の対価又は労務の対価であり，Y₂においてY₁が資金調達，信用及び営業について中心的役割を果たしていることに鑑みれば，……Y₁及びその家族の報酬……の合計額の5割とするのが相当である。」

「Y₁はY₂を事実上主宰していること，Y₂をして貸コンテナに係る賃貸借契約をさせることによりY₁に競業避止義務違反による責任が生じることを潜脱しようとしたこと，上記賃貸借契約による利益はY₂に帰属することからすれば，本件においては，Y₁とY₂の法人格が異なることを否定して，Y₂にもY₁と同じ限度で競業避止義務による損害賠償責任を負担させるのが相当である。」

→ 解説

第1に，本判決は，取締役が第三者を代表して，又は代理して競業行為を行ったことを必ずしも直接認定することなく，競業避止義務違反による損害賠償責任を認めている。これは，東京地判昭和56・3・26判時1015号27頁（山崎製パン事件）及び大阪高判平成2・7・18判時1378号113頁と同様，取締役が競業会社の「事実上の主宰者」である場合には，取締役の競業規制の対象となるというものである。もっとも，本判決は「貸コンテナ事業で重要な土地の賃貸借契約をY₁が担当」したと認定しており，担当したということがY₂を代理して契約を締結していた，あるいは交渉を行っていたというのであれば，その点をとらえて，端的にY₁の競業避止義務違反を認定できたのではないかとも思われる。

第2に，本判決及び原判決の特徴は，会社の損害額の推定（平成17年改正前商法266条4項〔会社法423条2項がこれに相当〕）との関連で，取締役及び取締役の親族が競業会社から得た役員報酬の額の一部を取締役が得た利益の額としていることである。これは，極めて画期的な判断であるということはできるが，平成17年改正前商法266条4項は，競業「取引ニ因リ取締役又ハ第三者ガ得タル利益ノ額」と定めていたのであって，本判決のような解釈をするためには，より詳細な理由付けが必要であったのではないかと思われる。すなわち，Y₁がY₂から得た利益は競業取引自体から得た利益ではないし，平成17年改正前商法266条4項は，競業取引に

よって第一次的には第三者に利益が生じており，第一次的に取締役には利益が生じていない場合には，第三者が得た利益の額を会社の損害額と推定する規定であると理解するのが自然だからである。もっとも，家族・親族のみで運営されている会社においては，剰余金の配当ではなく役員報酬等の形で会社の利益が分配されていることは広く知られており，本判決はそのような実態に注目したものかもしれない。しかし，このような発想によったとしても，Y_2においては損失が計上されているという事実を明示的に考慮しないことは理論的にみて問題がある。すなわち，競業取引により，Y_2の得た利益額の上限は，Y_1及びその家族が受けた報酬の額の合計額からY_2の損失額を控除した額であるはずであり，そこから，Y_1及びその家族に支払われるべき合理的な給与・賞与又は報酬の額を控除して初めて，Y_2の得た利益額が算定できるはずであって，本判決は理由不備といわれてもおかしくない（鳥山・後掲8頁）。もっとも，民事訴訟法248条によれば本判決のような認定も許容されるのであろう）。

　第3に，法人格否認を認めて競業会社の責任を認めている点でも，取締役が競業会社に対する出資持分を有していなかったにもかかわらず，法人格否認の法理を適用した点でも，おそらく初めての公表裁判例なのではないかと思われる。たしかに，最判昭和44・2・27民集23巻2号511頁が，法人格が「法律の適用を回避するために濫用されるが如き場合」につき，法人格否認の余地を認め，法律上あるいは契約上の競業避止義務を潜脱するために，会社を用いる場合に法人格否認の余地があることは広く認められている。しかし，法人格否認の法理に基づき，競業会社に対して損害賠償請求すること等については否定的に解する見解が有力である（江頭憲治郎『会社法人格否認の法理』〔東京大学出版会，1980年〕196頁）。しかも，熊本地八代支判昭和35・1・13下民集11巻1号4頁は，「会社の競業行為について被告等に契約違反として責任を追求〔ママ〕するためには，被告等が会社の背後にあって之を支配している事実，つまり会社の支配者と契約上の義務者である被告等が同一人であること，このことは被告等が会社の株式の全部若くは重要部分を保有することによって達せられる場合が多いであろう」とし，法人格否認の法理の適用を認め，会社に対する損害賠償請求を認めた名古屋高判昭和47・2・10高民集25巻1号48頁は，競業避止義務を負う者が唯一の無限責任社員である合資会社の事案についてであった。これらの裁判例では，行為者が競業会社の（しかも実質的にほとんどの経済的便益を享受する）社員でないということは想定されていなかったのではないかとも思われる。

鳥山恭一・金判1313号2頁，コーエンズ久美子・山形大学法政論叢48号1頁。

Number 31

貸出しにおける善管注意義務

会社法 423 条

最判平成 21・11・27
平成 19 年(受)第 1056 号, X₁ ほか 1 名対 Y₁ ほか 9 名, 損害賠償請求事件, 判時 2063 号 138 頁

→ **事実**

　A（被上告補助参加人）は，B 会社またはその会長である C に対し，D 県副知事などからの県の融資（本件県融資）が実行されるまでのつなぎ融資の要請を契機として，合計 18 億円余りの貸付け（本件各融資）を行ったが，その後，B は民事再生手続の開始決定を申し立て（その後，A の反対により，同手続は廃止），本件各融資については相当部分が回収できない状況となった。そこで，A の株主である X_1 及び X_2（原告・被控訴人・上告人）が，A が行った本件各融資は回収見込みがないにもかかわらず実行されたものであって，本件各融資の実行の当時いずれも A の取締役であった E（被告・控訴人。原審口頭弁論終結後に死亡したため，Y_1，Y_2 及び Y_3〔被上告人〕が訴訟承継）及び Y_4〜Y_9（被告・控訴人・被上告人）には，本件各融資の実行の決裁等に関与し，または，取締役の監視義務を怠った点で，それぞれ善管注意義務違反があるとして，本件各融資により A が被った損害を賠償するよう求めて，株主代表訴訟を提起したのが本件である。なお，本件各融資のうち，約 9 億 5000 万円（本件つなぎ融資。実質的には無担保融資）については，担当専務であった Y_4 及び担当部長であった Y_7 が，約 3 億円（本件追加融資 1）及び 1 億 6500 万円（本件追加融資 2）については，担当副頭取であった Y_4 及び担当部長であった Y_9 が，それぞれその実行の決裁を行い，3 億 9350 万円（本件追加融資 3）については，取締役会において，それぞれその実行を承認する旨の決議を行い，各取締役会に出席した E らは，各決議に賛成した。また，本件追加融資 2 は，期限を付して，本件県融資の実行を求める旨の A の 2 度にわたる要請書に対して本件県融資が実行されることはなかっ

たという状況の下で、本件追加融資3は、AがBの債務者区分を要注意先から破綻懸念先に変更した後に行われたものであり、その一部は、D県の副知事及び出納長がBに対する本件県融資の実行は現状では難しい旨を述べた後に行われた。

第1審判決（高知地判平成17・6・10資料版商事法務260号194頁）は、県が融資を実行する意思を表明しているとしてもその意向が実現される蓋然性は相当低く、Bの経営が実質的に破綻しておりBの営業利益から貸付金を回収できる状況ではなく、善管注意義務違反があったとして、X_1らの請求を一部認容したが、原判決（高松高判平成19・3・16〔平成17年(ネ)第224号〕）は、Bが倒産しないよう融資せざるを得なかったし、融資は最小限といえ、金額、時期とも合理的と認められる範囲にとどまり、Y_1らが、Bの再建可能性があると判断したことには合理性が認められるとして、X_1らの請求を棄却。

→ 判旨

一部破棄差戻し、一部上告棄却

「Bは、元々健全な融資先ではなかった上、……Bの経営を建て直すために9億5000万円にも上る本件つなぎ融資を受けたにもかかわらず、Bは、それから1年も経たない平成9年9月には手形決済資金等のための追加融資を要請するような経営状態にあり、同年末までにBを含むグループ会社全体で約2億円もの資金不足が見込まれたというのである。加えて、本件追加融資1～3……に当たっても、本件つなぎ融資と同様、格別の担保が徴求された事情はうかがえないことからすれば、上記手形決済資金等のための追加融資の要請があった時点においては、Bに対する追加融資は、融資金の回収を容易に見込めない状況にあったものということができる。さらに、平成11年3月末日の段階では、Aによる資産査定によって、Bの債務者区分が要注意先から破綻懸念先に変更されるなど、その経営状態はいよいよ劣悪で危機的状況に陥っていたというべきであって、それ以降に行われた本件追加融資3は、融資金の回収の見込みがほとんどなかったものというべきである。」「しかしながら、Aが、Bに対する追加融資を実行しなければ、上記のような経営状態にあったBが破綻、倒産する可能性は高く、そうなれば、Bが本件県融資を受けることができなくなり、本件県融資により回収を予定していたBに対する本件つなぎ融資の融資金9億5000万円までもが回収不能となるおそれがあった。以上のような状況の下で決裁関与取締役が本件各追加融資の実行を決裁したことに合理性が認められるのは、本件つなぎ融資の融資金の回収原資をもたらす本件県融資が実行される相当程度の確実性があり、これが実行されるまでBの破綻、倒産を回避

して，これを存続させるために追加融資を実行した方が，追加融資分それ自体が回収不能となる危険性を考慮しても，全体の回収不能額を小さくすることができると判断すること（以下，この判断を『本件回収見込判断』という。）に合理性が認められる場合に限られる」。本件県融資の実行が難しいことがほぼ明らかになったなどの「状況の下で，ほとんど回収見込みのない追加融資を実行することは，単に回収不能額を増大させるだけで，全体の回収不能額を小さくすることにつながるものとはいえない。そうであれば，上記の時点以前に実行された本件追加融資2については，決裁関与取締役の本件回収見込判断の合理性を直ちに否定することはできないものの，それ以降に実行された本件追加融資3については，決裁関与取締役の本件回収見込判断は，著しく不合理であったものといわざるを得ない」。

→ 解説

　本判決は，融資に関する金融機関の取締役の善良な管理者としての注意義務に関する最高裁判所の裁判例として意義を有する。

　「決裁関与取締役の本件回収見込判断は，著しく不合理であったものといわざるを得ない」と判示していることから，金融機関の取締役の判断も，いわゆる（日本版）経営判断原則（東京地判平成16・9・28判時1886号111頁「前提としての事実の認識に不注意な誤りがなかったか否か及びその事実に基づく行為の選択決定に不合理がなかったか否かという観点から，当該行為をすることが著しく不合理と評価されるか否かによる」）による保護を受けることを，本判決も前提としていると理解できるのではないかと思われるが（小塚・後掲などは経営判断原則を前提としたものと位置付けることに無理があるとする。もっとも，小法廷は異なるが，本判決の直前に下された最決平成21・11・9〔本書48事件〕は明示的に経営判断原則に言及していた），最判平成20・1・28集民227号105頁が，担保の不適格性，リスクの把握と対応策を検討していないこと，融資先を再建，存続させるためのものではなく，存続不可能との前提でその破綻の時期を数カ月遅らせるためのものにすぎなかったことなどを根拠として，判断が著しく不合理であったとしていたことと対比すると，本判決は，金融機関の取締役の任務懈怠が認められる場合はさらに広いことを明らかにしたものと位置付けられるかもしれない。すなわち，破綻が懸念される融資先に対する融資は，当該融資先の「破綻，倒産を回避して，これを存続させるために追加融資を実行した方が，追加融資分それ自体が回収不能となる危険性を考慮しても，全体の回収不能額を小さくすることができると判断すること……に合理性が認められる場合に限られる」としており，金融機

関の取締役等の一般的な行為準則・判断枠組みを本判決は示したと評価できる。

もっとも，既に，たとえば，大阪地判平成 14・10・16 判タ 1134 号 248 頁は，「銀行の取締役は，融資を行うに当たり，その資金使途，返済原資，担保状況等の諸事情を踏まえ，回収できないことが具体的に予見できる場合であっても，例えば，当該融資を行うことによって，銀行が既に実行していた貸付金の回収額が増加し，今回実行する新規貸付金による回収不能額を控除してもなお，全体としての回収額が増加し，当該融資を行うことが銀行にとって利益となり，全株主にとっても利益となるなど特段の事情があるときは，当該融資を行うことが許される」と判示していたし，特別背任罪に係る最決平成 21・11・9（本書 48 事件）は，「追加融資は新たな損害を発生させる危険性のある状況にあった。被告人……は，そのような状況を認識しつつ，抜本的な方策を講じないまま，実質無担保の本件各追加融資を決定，実行したのであって，……客観性を持った再建・整理計画があったものでもなく，所論の損失極小化目的が明確な形で存在したともいえず，総体としてその融資判断は著しく合理性を欠いたもの」であったとしていた。

＊ 本判決の判断枠組みは，たとえば，宇都宮地判平成 22・3・18（平成 17 年（ワ）第 50 号。要旨：金判 1342 号 12 頁）及びその控訴審判決である東京高判平成 22・12・1（平成 22 年（ネ）第 2923 号。要旨：金判 1358 号 21 頁）において踏襲されている。宇都宮地判平成 22・3・18 は「先行する融資の回収が不能となる可能性があったのに，融資全体の回収不能額を小さくできると判断して行われた追加融資は，……不合理であったといわざるを得」ないし，「将来の景気回復という不確定な事情のみに依拠し，ゴルフ会員権が販売可能であると判断することは，融資に伴うリスクを的確に把握して融資の回収を確実にするという観点からみて，その判断の前提となる調査検討に合理性は認められず，これに基づく判断自体も著しく不合理であったといわざるを得」ないから，X の取締役であった A らには善管注意義務違反があったと判示し，東京高判平成 22・12・1 も「信頼するに足るゴルフ会員権売却見込みの裏付けがないまま，計画どおり売却がなされるといういわば僥倖を頼みにして約 100 億円の追加融資をすることを決済したのであるから，経営判断として合理性がなく，経営会議の構成員として決済に加わった A らの取締役としての善管注意義務違反は免れない」として，原判決を是認した。

吉井敦子・平成 22 年度重判解（ジュリ 1420 号）136 頁，松井智予・判評 619 号（判時 2081 号）29 頁，小塚荘一郎・金融判例研究 20 号（金法 1905 号）18 頁，吉本健一・金判 1347 号 7 頁，同・セレクト 2010〔Ⅱ〕19 頁，小沢征行・金法 1894 号 4 頁，根本伸一・速判解 7 号 123 頁，河村尚志・リマークス 42 号 82 頁。

Number 32

監事の任務懈怠

平成17年改正前農業協同組合法39条2項・33条2項（→会社法423条・330条）

最判平成 21・11・27
平成 19 年(受)第 1503 号，大原町農業協同組合対 Y，
損害賠償等請求事件，判時 2067 号 136 頁

▶ 事実

　X農業協同組合（原告・控訴人・上告人）の代表理事兼組合長であったAは，理事会に対して，補助金の申請，用地購入について虚偽の報告をした上，堆肥センター建設工事の入札の実施について組合長等への一任を取り付け，入札を実施し，理事会で工事費用等の報告をして，同工事を実施に移した。他方，Xの監事であったY（被告・被控訴人・被上告人）は，その監事としての在任期間中，Aに対し，補助金交付申請の内容，受領見込額，受領時期等に関する質問をしたり，資料の提出を求めたりしたことはなかった。そこで，Xが，Aらに対して損害賠償を求めるとともに，Yに対し，その監査に忠実義務違反があったなどと主張して，（平成17年法律第87号による改正前）農業協同組合法39条2項・33条2項に基づき，損害の一部の賠償を求めて，訴えを提起したのが本件である。
　第1審判決（岡山地津山支判平成18・12・22〔平成15年(ワ)第79号〕）及び原判決（広島高岡山支判平成19・6・14〔平成19年(ネ)第23号〕）は，Xの役員は，「理事長のみが常勤であり，……理事長が指導力を発揮し，責任を負担することを前提として理事会の一任を取り付けたうえで様々な事項を処理判断するとの慣行が存在し，その慣行に基づき理事会が運営されてきたものと認められる。そして，Aは，その慣行に沿った形で，……なし崩し的に工事の実施に向けて理事会を誘導したと認められるところ，この間のAの一連の言動につき，特に不審を抱かせるような状況もなかったのであるから，このような状況の中で，監事あるいは理事が，理事長に対し更に裏付け資料を求めなければならないという義務を課すことは酷であり，そ

の提出を求めなかったからといって，直ちに忠実義務違反があったとは認め難い」として，Yは，Xに対して損害賠償責任を負わないと判断した。

→ 判旨

破棄自判

「監事は，理事の業務執行が適法に行われているか否かを善良な管理者の注意義務……をもって監査すべきものであり……監事の上記職責は，たとえ組合において，その代表理事が理事会の一任を取り付けて業務執行を決定し，他の理事らがかかる代表理事の業務執行に深く関与せず，また，監事も理事らの業務執行の監査を逐一行わないという慣行が存在したとしても，そのような慣行自体適正なものとはいえないから，これによって軽減されるものではない。したがって，原審判示のような慣行があったとしても，そのことをもってYの職責を軽減する事由とすることは許されない」。「Aの一連の言動は，同人に明らかな善管注意義務違反があることをうかがわせるに十分なものである。そうであれば，Yは，Xの監事として，理事会に出席し，Aの上記のような説明では，堆肥センターの建設事業が補助金の交付を受けることによりX自身の資金的負担のない形で実行できるか否かについて疑義があるとして，Aに対し，補助金の交付申請内容やこれが受領できる見込みに関する資料の提出を求めるなど，堆肥センターの建設資金の調達方法について調査，確認する義務があったというべきである。しかるに，Yは，上記調査，確認を行うことなく，Aによって堆肥センターの建設事業が進められるのを放置したものであるから，その任務を怠ったものとして，Xに対し，農業協同組合法39条2項，33条2項に基づく損害賠償責任を負う」。

→ 解説

本判決は農業協同組合において，従来，その代表理事が理事会の一任を取り付けて業務執行を決定し，他の理事らがかかる代表理事の業務執行に深く関与せず，また，監事も理事らの業務執行の監査を逐一行わないという慣行が存在したとしても，そのような慣行は適正なものとはいえない以上，そのような慣行の存在によって，監事が履践すべき手続・行為が縮減されるものではなく，また，払うべき注意義務のレベルが軽減されるものではないと判示したものであると解される。

本判決は，監事の任務・善管注意義務の内容を明らかにしたものであり，監査役のそれらとパラレルな問題を取り扱ったものと位置付けることができ，本判決の判

示は，会社法の下での監査役あるいは監査委員の任務懈怠責任の成否との関連でも意義を有するものと考えられる。本件当時における農業協同組合法は，組合の監事の職務と責任について，平成17年法律第87号による改正前商法（以下，「旧商法」）中の監査役に関する規定を準用していたからである。すなわち，監事は，理事の業務執行が適法に行われているか否かを善良な管理者の注意義務（農業協同組合法39条1項，旧商法254条3項，民法644条）をもって監査すべきこととされ（農業協同組合法39条2項，旧商法274条1項），理事が組合の目的の範囲内にない行為その他法令もしくは定款に違反する行為を行い，または行うおそれがあると認めるときは，理事会にこれを報告しなければならないものとされていた（農業協同組合法39条3項，旧商法260条ノ3第2項）。監事は，理事のこのような行為により組合に著しい損害を生ずるおそれがある場合には，理事の行為の差止めを請求することができ（農業協同組合法39条2項，旧商法275条ノ2），監事は，理事会に出席し，必要があるときは意見を述べることができ（農業協同組合法39条3項，〔平成13年法律第149号による改正前〕商法260条ノ3第1項），いつでも組合の業務及び財産の状況の調査を行うことができるものとされていた（農業協同組合法39条2項，旧商法274条2項）。なお，監事は，組合のため忠実にその職務を遂行しなければならないものとされ（農業協同組合法39条2項・33条1項），旧商法277条と同様，その任務を怠ったときは，組合に対して損害賠償責任を負うものとされていた（農業協同組合法33条2項）。

　農業協同組合の監事の組合に対する任務懈怠に基づく損害賠償責任について，本判決が対象とした争点について，詳細な分析を加えた文献は存在しないようである。東京高判平成20・5・21判タ1281号274頁（最決平成22・12・3資料版商事法務323号11頁により上告棄却・上告不受理）は，デリバティブ取引について，「下部組織等（資金運用チーム・監査室等）が適正に職務を遂行していることを前提として，監査室等から特段の意見がない場合はこれを信頼して，個別取引報告書に明らかに異常な取引がないか否かを調査，確認すれば足りた」，「金融取引の専門家でもない」として，監査役の任務懈怠を否定したが，本件では，専門的知識がなくとも，Aの矛盾する言動からYはAの善管注意義務違反があることを容易に察知できたと評価されているようであるし，そもそも，内部統制体制の整備によって阻止できるタイプの不正ではなかったと評価することができそうである。なお，旧商法の下での裁判例には，取締役と会社との間に取締役としての職務を果たさなくてよいとの合意があっても，この種の合意は会社の内部事項にすぎず，第三者には対抗できないとするものが多かった。総株主の同意があれば，対内的には有効であるとする見解も存在したが（戸塚登「名目的代表取締役の対第三者責任(1)」民事研修101号21頁），

会社の機関の職責に関する規定は強行規定であり，このような合意は，総株主の同意があっても，対会社関係を含めて無効であるという見解が多数説であったのではないかと推測され（吉川義春「名目的代表取締役の地位と責任（上）」判タ 520 号 17 頁，新注会(6) 284 頁〜285 頁［近藤光男］），会社法の下でも同様であろう。ほとんど検討がされてこなかったが，これは，名目的監査役にもあてはまると考えるのが首尾一貫しており，本判決は，同様の解釈に基づくものであるといえよう。

そして，いわゆる名目的取締役について，東京地判平成 11・3・26 判時 1691 号 3 頁は，「株主総会や取締役会等の法定機関が全く機能していなかったことは，右職責を免れる理由となるものではなく，むしろ，その任務懈怠を最も明確に示す事情といい得るのであって，この理は，現実に違法行為に関与した代表取締役等が会社の経営を独断専行していた，いわゆるワンマン会社の場合でも異なるものではない」と判示していた（東京地判平成 20・11・20〔平成 18 年(ワ)第 26617 号〕なども同趣旨〕）。

なお，本件以前に，札幌地判平成 10・6・30（平成 8 年(ワ)第 2977 号）が，粉飾決算は巧みになされ，常勤理事会に出席していない者がこれに気付くことは困難であったこと，監事らは会計専門家ではないこと等から，粉飾決算を発見してそれを阻止できたと認めることは難しいとして，監事（非常勤）に任務懈怠はないとしたのに対し，その控訴審（札幌高判平成 11・10・29〔平成 10 年(ネ)第 291 号］）は，監事の職務は会計監査ではなく，財産及び業務執行の監査であるが，新規の投資が進んでいたわけでもないのに，総資産が毎年増大し，組合債の発行額が毎年著しく増加していたこと等の事情から考えると，「監事は常勤理事らに対して説明を求める等の調査によって，常勤理事会で決定された決算が不自然あるいは不当であると指摘することが困難であったとは認められない」が，監事は，決算書の金額が資料と一致するかどうかを確認する程度の監査をしただけで，決算が不自然あるいは不当である等の指摘をすることがなく，そのため，粉飾決算が継続されたのであるから，適切な監査をすべき義務を怠ったというべきであるとして，組合債の債権者に対して，監事は損害賠償責任を負うとした（最決平成 12・11・10〔平成 12 年(受)第 83 号〕により上告不受理）。

山口利昭「平成 21 年 11 月 27 日付最高裁判決にみる監査役の業務監査上の責任に関する留意点」旬刊経理情報 1238 号 55 頁，山田泰弘・判評 620 号（判時 2084 号）18 頁，清水円香・民商 142 巻 4・5 号 465 頁。

Number 33

「税法基準」と「公正ナル会計慣行」

平成17年改正前商法32条2項（→会社法431条）

> **事実**
>
> **最判平成20・7・18**
> 平成17年(あ)第1716号、各証券取引法違反、商法違反被告事件、刑集62巻7号2101頁

　株式会社A銀行（日本長期信用銀行）は、平成9年4月1日から平成10年3月31日までの事業年度に係る有価証券報告書を大蔵大臣（当時）に提出したが、その有価証券報告書に含まれていた貸借対照表上、当期未処理損失は2716億円余りと記載されていた。そして、平成10年6月25日開催の定時株主総会において、この未処理損失額を基礎として、任意積立金を取り崩し、1株3円の割合による71億円余りの利益配当を行う旨の決議が可決承認され、そのころ、Aの株主に配当金が支払われた。しかし、大蔵省大臣官房金融検査部長「早期是正措置制度導入後の金融検査における資産査定について」（平成9年3月5日。資産査定通達）、全国銀行協会連合会金融資業務専門委員会「『資産査定について』に関するQ&A」（平成9年3月12日）、日本公認会計士協会銀行等監査特別委員会報告第4号「銀行等金融機関の資産の自己査定に係る内部統制の検証並びに貸倒償却及び貸倒引当金の監査に関する実務指針」（平成9年4月15日）、大蔵省大臣官房金融検査部管理課長「金融機関等の関連ノンバンクに対する貸出金の査定の考え方について」（平成9年4月21日。9年事務連絡）、全国銀行協会連合会金融資業務専門委員会「『資産査定について』に関するQ&Aの追加について」（平成9年7月28日）などが公表等され、資産査定通達等が定める基準に従った資産査定を行ったとすれば、Aは、取立不能のおそれがあって取立不能と見込まれる貸出金3130億円余りの償却又は引当てをする必要があった。そこで、株式会社Aの代表取締役頭取であったY₁（被告人）、代表取締役副頭取であったY₂（被告人）及びY₃（被告人）が、虚偽記載有価証券報告書提出罪

及び違法配当罪によって起訴されたのが本件である。第1審判決（東京地判平成14・9・10刑集62巻7号2469頁）及び原判決（東京高判平成17・6・21判時1912号135頁）は，被告人 Y_1 らを有罪とした。

すなわち，原判決は，「『資産査定通達等』の定める基準に基本的に従うことが『公正なる会計慣行』となっていたというべきであり」「資産査定通達等」「の定める基準から大きく逸脱する会計処理は，もはや『公正なる会計慣行』に従ったものとはいえ」なくなっていた。「従前『公正なる会計慣行』として容認されていた税法基準……による会計処理や，関連ノンバンク等についての段階的処理等を容認していた従来の会計処理……はもはや『公正なる会計慣行』に従ったものではなくなった，言い換えると，『資産査定通達等』の示す基準に基本的に従うことが唯一の『公正なる会計慣行』であ」るから，「Aの自己査定基準は，『資産査定通達等』の趣旨に反し，その基準を著しく逸脱するもので，許されないものである」とした。

→ 判旨

破棄自判。被告人無罪

「資産査定通達等によって補充される改正後の決算経理基準は，金融機関がその判断において的確な資産査定を行うべきことが強調されたこともあって，……大枠の指針を示す定性的なもので，その具体的適用は必ずしも明確となっておらず，取り分け，別途9年事務連絡が発出されたことなどからもうかがえるように，いわゆる母体行主義を背景として，一般取引先とは異なる会計処理が認められていた関連ノンバンク等に対する貸出金についての資産査定に関しては，具体性や定量性に乏しく，実際の資産査定が容易ではないと認められる上，資産査定通達等によって補充される改正後の決算経理基準が関連ノンバンク等に対する貸出金についてまで同基準に従った資産査定を厳格に求めるものであるか否か自体も明確ではなかった」上，「本件当時，関連ノンバンク等に対する貸出金についての資産査定に関し，従来のいわゆる税法基準の考え方による処理を排除して厳格に前記改正後の決算経理基準に従うべきことも必ずしも明確であったとはいえず，過渡的な状況にあったといえ，そのような状況のもとでは，これまで『公正ナル会計慣行』として行われていた税法基準の考え方によって関連ノンバンク等に対する貸出金についての資産査定を行うことをもって，これが資産査定通達等の示す方向性から逸脱するものであったとしても，直ちに違法であったということはできない」。虚偽記載有価証券報告書提出罪及び違法配当罪の成立を認めた第1審判決及びこれを是認した原判決

は，「事実を誤認して法令の解釈適用を誤ったものであって，破棄しなければ著しく正義に反するものと認められる」(圏点筆者)。

→ 解説

　本判決は，ある会計処理が「公正ナル会計慣行」に反していたか否かについて判断を下した，おそらく，初めての最高裁判所の公表判決である。たしかに，本判決は，法令の解釈を示したものというよりは，事実認定の問題として，本件についての解決を示したものであると評価するのが判決の文言上はより自然であるとはいえ，事実認定に当たって，平成17年改正前商法32条2項についての特定の解釈が前提となっていることは否定できない。

　すなわち，本判決は，①少なくとも，法令がある会計処理を定めている場合でもなく，かつ，法令に基づき法的な規範性を有するものとしてある会計基準が定められたわけでもない場合（たとえば，監督官庁の通達や日本公認会計士協会の実務指針として，一定の会計処理方法が示された場合）に，②それらの指針が具体性や定量性を欠き，それらの指針が規律する範囲が不明確であり，従来の「公正ナル会計慣行」が排除される趣旨であるかどうかが不明確であり，その結果，③監督官庁の通達などによって，一定の会計処理方法が示されたとしても，複数の「公正ナル会計慣行」が並存していたと考えられるような場合には，その会計処理方法に従わないことをもって，「公正ナル会計慣行」に反していたとはいえないという解釈が前提となっていると理解できる。

　まず，一般論として，平成17年改正前商法の解釈として，「公正ナル会計慣行」は1つとは限らず，複数存在することがあり得るというのが定説であり，また，いわゆる税法基準が「公正ナル会計慣行」の1つに当たる場合があるというのが下級審裁判例において採用されてきた理解であり（東京地判平成17・9・21判タ1205号221頁，大阪地判平成18・2・23判時1939号149頁など），本判決もこのような解釈によっている。

　また，企業会計基準委員会が公表した企業会計基準等や日本公認会計士協会が会計事項に関連して公表した実務指針が「公正ナル会計慣行」に当たる場合があることは広く認められてきたが，常に，それらの会計指針が直ちに唯一の「公正ナル会計慣行」となると評価することはできないというのが本判決における事実認定の前提となっている考え方であるというべきであろう。

　さらに，②は，ある会計処理方法の適用が商法又は証券取引法の解釈上，強制さ

れていると解するためには、その会計処理方法が具体的に示されている必要があるというものであろう。ルールの明確性を要求するものであり、この点についても異論はないであろう。本判決は、「大手行18行のうち14行は、長銀と同様、関連ノンバンク等に対する将来の支援予定額については、引当金を計上しておらず、これを引当金として計上した銀行は4行に過ぎなかった。……当時において、資産査定通達等によって補充される改正後の決算経理基準は、その解釈、適用に相当の幅が生じるものであったといわざるを得ない」と述べている。

しかし、古田佑紀裁判官が補足意見として、「Aの本件決算は、その抱える不良債権の実態と大きくかい離していたものと推認される」「企業の財務状態をできる限り客観的に表すべき企業会計の原則や企業の財務状態の透明性を確保することを目的とする証券取引法における企業会計の開示制度の観点から見れば、大きな問題があったものであることは明らかと思われる」と指摘しつつ、法廷意見に与していることに照らせば、刑事事件に関するものだからなのか否かは不明であるが、本判決が——おそらく無意識のうちに——前提としている考え方は、仮に、これまで慣行として行われている会計処理方法（あるいは、従来、個別企業で適用されていた会計処理方法）の適用結果が会社の財産及び損益の状況を必ずしも十分に示しているとは考えられない場合であっても、それを否定する明確なルールが存在しない場合には、（平成17年改正前）商法違反あるいは証券取引法違反とはならないというものであるように思われる。より一般化して理解するならば、たとえば、イギリスなどのように、個別の会計基準に従っているか否かを問わず、真実かつ公正なる概観を示さないことが会社法違反に当たるという考え方はわが国の（平成17年改正前）商法や証券取引法の解釈としては採用しないという立場を本判決は採ったものと理解するのが最も無理がない。このように理解すると、本判決は、会社の計算に関する会社法及び金融商品取引法の規定の今後の解釈に重要な意義を有することになる。

岸田雅雄・リマークス39号70頁、野村稔・判評607号（判時2045号）22頁、津田尊弘・研修733号19頁、品田智史「経済活動における刑事規制」法時82巻9号26頁、藤田和之・みんけん616号36頁、岸田雅雄・商事法務1845号26頁、渡部晃・金法1857号20頁・1858号24頁・1859号40頁。

Number 34

「公正ナル会計慣行」の意義と虚偽記載有価証券報告書提出罪

平成17年改正前商法32条2項（→会社法431条）

最判平成21・12・7
平成19年(あ)第818号, 証券取引法違反被告事件,
刑集63巻11号2165頁

→ **事実**

　Yら（被告人）はA銀行の代表取締役であったが，Aの当期未処理損失を612億円余りとする貸借対照表，損益計算書及び損失処理計算書を掲載するなどした平成10年3月期に係る有価証券報告書を大蔵省関東財務局長に対し提出した。ところが，検察官は，資産査定通達（大蔵省大臣官房金融検査部長「早期是正措置制度導入後の金融検査における資産査定について」〔平成9年3月5日〕）等によって補充される改正後の決算経理基準が，平成17年改正前商法32条2項にいう「公正ナル会計慣行」としては唯一のものであって，これによればAには2205億700万円の未処理損失があり，Yらが提出した有価証券報告書には重要な事項につき虚偽の記載があったとして公訴を提起した。第1審判決（東京地判平成16・5・28刑集63巻11号2400頁）は，「平成10年3月期においては，資産査定通達及び4号実務指針に整合した自己査定基準及び償却・引当基準を設けて，貸出金の償却・引当を行うことは，〔平成17年改正前〕商法32条2項の定める『公正なる会計慣行』になっており，しかも，それが唯一のものであった」とし，Yらに虚偽記載有価証券報告書提出罪が成立するためには，「少なくとも，Yらにおいて，大蔵省関東財務局長に提出した有価証券報告書につき，回収不能見込みの貸出金に多額の償却・引当不足が存在し，真実の当期未処理損失額が右有価証券報告書に記載された当期未処理損失額をはるかに超える額に上るため，右有価証券報告書に記載された当期未処理損失額が，同罪にいう『虚偽』に当たるほど過少であることさえ認識していれば足りるものと解される」として罪の成立を認め，原判決（東京高判平成19・3・14刑集63巻11号2547

頁）も「決算経理基準の改正によって，税法基準に基づく会計処理は明示的に否定されたとみるのが相当である」，「平成10年3月の決算期において，資産査定通達等が唯一の『公正なる会計慣行』になっていたと認定した原判決に事実の誤認はな」い，Yらは，「決算の承認に当たり，償却・引当が必要な貸出金が実際のそれよりはるかに多額であることを互いに認識し，財源不足からその残額を先送りしていることを互いに認識していた」として，控訴を棄却した。

→ 判旨

破棄差戻し

「改正後の決算経理基準は，償却・引当については，有税・無税にかかわらず，同基準の定める額を引き当てることを求めるものであるが，その前提となる貸出金の評価については，……大枠の指針を示す定性的なもので，その具体的適用は必ずしも明確となっておらず，また，……合理的な再建計画や追加的な支援の予定があるような支援先等に対する貸出金についてまでも同基準に従った資産査定を厳格に求めるものであるか否か自体も明確ではなかったことが認められる。……改正後の決算経理基準は，特に支援先等に対する貸出金の査定に関しては，幅のある解釈の余地があり，新たな基準として直ちに適用するには，明確性に乏しかったと認められる上，本件当時，従来の税法基準の考え方による処理を排除して厳格に前記改正後の決算経理基準に従うべきことも必ずしも明確であったとはいえず，過渡的な状況にあったといえ，そのような状況のもとでは，これまで『公正ナル会計慣行』として行われていた税法基準の考え方によって支援先等に対する貸出金についての資産査定を行うことも許容されるものといえる。」「ところで，税法基準による貸出金の評価は，……合理的な再建計画や追加的な支援の予定があるような支援先等については『事業好転の見通しがない』とすることは原則として適当でないとする処理を前提に，貸出先が上記のような支援先等に当たる場合には，原則としてこれらに対する貸出金等を回収不能と評価せず，償却・引当をしないという考え方に基づくものといえ，これからすれば，母体行主義の下において原則として支援が求められる関連ノンバンクなど，上記のような貸出先に当たる取引先については『事業好転の見通しがない』とはいえず，これに対する貸出金につき償却・引当をしなくても直ちに違法とまではいえないことになる。しかしながら，本件貸出先は上記のような関連ノンバンクではなく，原則として支援が求められる貸出先ということはできない。」本件貸出先は「不良資産の受皿会社であって，独立企業としての実態はなく，再建計画や支援の機関決定はあるにしても，償却回避のための形ばかりのもの

であったり，主たる目的が監査法人向けのものであるなど，支援意思や再建計画が真意かどうか疑念を抱かせるものであったというのである。……従来採られていた税法基準の考え方に従って適切に評価した場合に，これらの貸出先が『事業好転の見通しがない』とすることが適当でない取引先に当たるかどうか，これらに対する本件貸出金が回収不能又は無価値と評価すべきものかどうかについては必ずしも明らかとはいえず，その点について，その当時行われていた貸出金の評価や他の大手銀行における処理の状況をも踏まえて，更に審理，判断する必要がある」。

→ 解説

　本判決は，虚偽記載有価証券報告書提出罪の成否に関するものであるが，「一般に公正妥当と認められる企業会計の基準」（財務規1条1項）についての解釈ではなく，むしろ，「公正ナル会計慣行」（平成17年改正前商法32条2項）に該当するかについての解釈を示しており，最高裁判所は，有価証券報告書提出会社については，平成17年改正前商法にいう「公正ナル会計慣行」に従わないことは，証券取引法上の「一般に公正妥当と認められる企業会計の基準」に従っていないことを意味するという立場を黙示的に採っていたという評価の余地がないわけではない。いずれにせよ，本判決は，ある会計処理が「公正ナル会計慣行」に従ったものであると評価できるか否かについて，最高裁判所が判断を下した2つ目の公表裁判例としての意義を有する。すなわち，本判決は，一般論としては，同種の事案に関する最判平成20・7・18（本書33事件。以下「平成20年判決」）の立場を踏襲しつつ，平成20年判決で示された最高裁判所第二小法廷（裁判官は4人中3人が共通）の立場をより明確化した面を有すると位置付けることができる。

　まず，本判決は，平成20年判決と同様，①改正後の決算経理基準は，特に支援先等に対する貸出金の査定に関しては，幅のある解釈の余地があり，新たな基準として直ちに適用するには，明確性に乏しかったこと，及び，②本件当時，従来の税法基準の考え方による処理を排除して厳格に改正後の決算経理基準に従うべきことも必ずしも明確であったとはいえず，過渡的な状況にあったといえることを根拠として，本件当時，資産査定通達等によって補充される改正後の決算経理基準に従うことが「唯一の公正なる会計慣行」であったとはいえないという判断を示している。なお，法廷意見では，「改正後の決算経理基準」が「公正ナル会計慣行」であるか否かについては正面からは判断を示していないが，古田佑紀裁判官の補足意見において「銀行業の決算経理基準に基づく償却・引当基準に従った旨が記載されている。

そこにいう決算経理基準は改正後の決算経理基準であることは明らかである」と指摘されており，改正後の決算経理基準に従うことが「唯一の公正なる会計慣行」であったとはいえないと判断された主たる根拠は，②の点にあると理解するのが穏当であろう。しかも，本判決は，平成20年判決と異なり，②のような解釈を支える事実として，「本件当時を含め長年金融機関の償却・引当の実務に携わりこれに関する著作もある証人」による「消極ないし撤退方針にしていない支援先については破綻懸念先にしなくてもよいとの解釈がかなり強」かったという旨の証言を摘示しており，他の大手行も改正後の決算経理基準に厳格には従っていなかったという事実のみを強調していない点では，説得力が増しているという評価が可能であろう。

また，過渡的な状況の下では，これまで「公正ナル会計慣行」として行われていた税法基準の考え方によって支援先等に対する貸出金についての資産査定を行うことも許容されるとしている点については，平成20年判決と同様，なぜ，税法基準が「公正ナル会計慣行」であると評価できるのかを（「公正ナル」といえるための）明示的な判断基準に照らして判断していないという弱点（今後に備えてオープンにしている？）はあるものの，本判決においては，破棄差戻しという結論を導く理由付けから，若干の推測が可能である。すなわち，本判決は，税法の考え方を許容され得る1つの考え方であると考えているようである。これは，経営者が追加的な支援を予定することが合理的な経営判断として許容される場合は事業好転の見通しがあるはずだという考え方を前提とすれば，それなりの説得力があり得る（もっとも，母体行主義の下において原則として支援が求められる関連ノンバンクについて，現実に事業好転の見通しがないにもかかわらず，償却・引当を要しないという趣旨のようにも読め，そうであれば，その限りにおいては，必ずしも説得的ではない）。同時に，平成20年判決については，ある税法基準を「公正ナル会計慣行」と位置付けたものではないという評価もあったが，本判決は，この理由付けに照らせば，税法基準の少なくとも一部が「公正ナル会計慣行」に当たる場合があることを認めていると評価すべきであろう。

なお，差戻し審においては「その当時行われていた貸出金の評価や他の大手銀行における処理の状況をも踏まえて，更に審理，判断する必要がある」と判示していることに照らすと，「公正ナル」会計慣行と評価できるかに当たって，なされていた実務が重要な判断材料となると考えていると思われる点は注目に値する。すなわち，本判決は，「慣行」性を重視するという立場を採っているようである。

任介辰哉・ジュリ1416号88頁，須藤純正・刑事法ジャーナル23号109頁，品田智史「経済活動における刑事規制」法時82巻9号26頁，渡部晃・商事法務1894号4頁・1895号13頁・1896号48頁，岸田雅雄・金判1362号16頁。

会計帳簿閲覧等の不許可事由と請求者の主観的意図

平成 17 年改正前商法 293 条ノ 7（→会社法 433 条）

最決平成 21・1・15
平成 20 年（許）第 44 号，X 対株式会社ダイナス，親会社の株主の子会社の会計帳簿等閲覧許可決定等に対する抗告審の変更決定等に対する許可抗告事件，民集 63 巻 1 号 1 頁

→ **事実**

　Y（被申請人・抗告人兼附帯相手方・抗告人）は，青果仲卸業務の受託等を目的とする株式会社であり，その発行済株式 5000 株はすべて，青果の仲買業等を目的とする株式会社であり，現在は専ら野菜類を取り扱っている A 社が有していた（A 社及び Y が近い将来において果実類を取り扱う予定はない）。X（申請人・相手方兼附帯抗告人・相手方）は，A 社の株式を 5840 株（総株主の議決権の約 3.6％）有しており，X の子である C は，A 社の株式を 3 万 4320 株（同約 21.5％）有していたが，X は，C とともに，平成 17 年改正前商法 293 条ノ 8 第 1 項に基づき，原々審に対し，Y の会計帳簿等（本件会計帳簿等）の閲覧謄写の許可を申請した（本件許可申請）。

　ところが，C は，B 社（青果物の仲卸業等を目的とする株式会社であり，専ら果実類を取り扱い，近い将来において野菜類を取り扱う予定はない）の株式の 30％以上を有し，同社の監査役に就任していたが，X は B 社の株式を有していなかった。

　原々決定（名古屋地決平成 19・1・18 民集 63 巻 1 号 12 頁）は許可申請を却下し，C についてはこれが確定した。他方，原決定（名古屋高決平成 20・8・8 民集 63 巻 1 号 31 頁）は，X は，C の母親で同人と同居し，同人と同一の手続で本件許可申請をしたもので，代理人弁護士も共通であるから，両名の請求はその実質において一体のものと認められ，C につき平成 17 年改正前商法 293 条ノ 7 第 2 号に規定する拒絶事由がある場合は，X についても同一の拒絶事由があると認めるのが相当であり，会計帳簿等の閲覧謄写を求める株主が平成 17 年改正前商法 293 条ノ 7 第 2 号に規定する競業会社の株主等であるという客観的事実があれば，原則として同号の拒絶

事由に当たるが、当該株主が、会計帳簿等の閲覧謄写によって知り得る事実を自己の競業に利用し、又は他の競業者に利用させようとする主観的意図がないことを立証した場合は、同号の拒絶事由に当たらず、裁判所は閲覧謄写を許可できると解するのが相当であるとして、Xが本件会計帳簿等のうち一部の会計帳簿等を閲覧謄写することを許可した。

→ 決定要旨　　　　　　　　　　　　　　　　　　　　　　　抗告棄却

　（平成17年改正前）「商法293条ノ7第2号は、会計帳簿等の閲覧謄写を請求する株主が会社と競業をなす者であること、会社と競業をなす会社の社員、株主、取締役又は執行役であることなどを閲覧謄写請求に対する会社の拒絶事由として規定するところ、同号は、『会社ノ業務ノ運営若ハ株主共同ノ利益ヲ害スル為』などの主観的意図を要件とする同条1号と異なり、文言上、会計帳簿等の閲覧謄写によって知り得る事実を自己の競業に利用するためというような主観的意図の存在を要件としていない。そして、一般に、上記のような主観的意図の立証は困難であること、株主が閲覧謄写請求をした時点において上記のような意図を有していなかったとしても、同条2号の規定が前提とする競業関係が存在する以上、閲覧謄写によって得られた情報が将来において競業に利用される危険性は否定できないことなども勘案すれば、同号は、会社の会計帳簿等の閲覧謄写を請求する株主が当該会社と競業をなす者であるなどの客観的事実が認められれば、会社は当該株主の具体的な意図を問わず一律にその閲覧謄写請求を拒絶できるとすることにより、会社に損害が及ぶ抽象的な危険を未然に防止しようとする趣旨の規定と解される。
　したがって、会社の会計帳簿等の閲覧謄写請求をした株主につき同号に規定する拒絶事由があるというためには、当該株主が当該会社と競業をなす者であるなどの客観的事実が認められれば足り、当該株主に会計帳簿等の閲覧謄写によって知り得る情報を自己の競業に利用するなどの主観的意図があることを要しないと解するのが相当であり、同号に掲げる事由を不許可事由として規定する同法293条の8第2項についても、上記と同様に解すべきである。」「XとCは、いずれもYの親会社であるA社の総株主の議決権の100分の3以上を有する株主として、それぞれ各別にYの会計帳簿等の閲覧謄写請求をする資格を有するものである。したがって、同号に掲げる客観的事実の有無に関しては、X及びCの各許可申請につき各別にこれを判断すべきであって、XとCが親子であり同一の手続で本件会計帳簿等の閲覧謄写許可申請をしたということのみをもって、一方につき同号に掲げる不許可

事由があれば当然に他方についても同一の不許可事由があるということはできない。そして、……XはB社の株主ではなく、B社の役員であるなどの事情もうかがわれないから、B社がYと競業をなす会社に当たるか否かを判断するまでもなく、Xについては同号に掲げる事由がないというべきである。」

→ 解説

　本決定は、親会社社員による会計帳簿等の閲覧等の許可申請に係る初めての最高裁判所の公表裁判例であると同時に、本決定の立場は、株主による会計帳簿の閲覧等の拒絶事由（請求者が当該株式会社の業務と実質的に競争関係にある事業を営み、又はこれに従事するものであるとき。会社433条2項3号）の存否の判断についても妥当するものと考えられる。

　本決定は、第1に、請求者が会社と競業をなす者であること、会社と競業をなす会社の社員、株主、取締役又は執行役であることなどを閲覧謄写請求に対する会社の拒絶事由として規定していた平成17年改正前商法293条ノ7第2号及び同293条ノ8第2項の解釈として、申請者が「当該会社と競業をなす者であるなどの客観的事実が認められれば足り」、その者に「会計帳簿等の閲覧謄写によって知り得る情報を自己の競業に利用するなどの主観的意図があることを要しない」とした点で意義を有する。

　まず、平成17年改正前商法293条ノ7第2号は「株主ガ会社ト競業ヲ為ス者ナルトキ」を拒絶事由の1つとして掲げていたが、これは、競業者が会社の秘密を競業に利用することにつながるような請求を拒むことができるとするものであると解されていた（黒沼悦郎「帳簿閲覧権」民商108巻4・5号523頁。東京地決平成6・3・4判時1495号139頁も同趣旨。なお、東京地決平成19・6・15金判1270号40頁、東京高決平成19・6・27金判1270号52頁及び東京地判平成19・9・20判時1985号140頁は、平成17年改正前商法293条ノ7第2号の趣旨についてのこのような理解は会社法433条2項3号の趣旨の理解としても妥当するものとしている）。

　その上で、本決定は請求者の主観的意図にかかわらず、本条項が適用されると解しているが、既に、前掲東京高決平成19・6・27が、「会計帳簿の謄写等によって入手した情報を濫用するおそれ……を要件とすることは、請求者の主観的な意図を要件とすることに帰着するが、それでは、同号〔会社433条2項2号：筆者〕が1号及び2号とは別に『目的』を詮索しない規定振りとなっていることに反するのである。換言すれば、3号の規定は、請求者の主観的要件を何ら問題とせずに、もっぱ

ら請求者が相手方会社の業務と実質的に競争関係にある事業を営み又はこれに従事するものであるという客観的事実の存否によって決せられるものである」と判示していた。また、学説としても、株主の閲覧等の具体的意図を問わず、平成17年改正前商法293条ノ7第2号に該当する者の閲覧等を拒絶できるとするのが多数説であった（大隅健一郎＝今井宏『会社法論(中)〔第3版〕』〔有斐閣、1992年〕510頁、田中誠二『三全訂会社法詳論(下)』〔勁草書房、1994年〕918頁、小橋一郎「帳簿閲覧権」田中耕太郎編『株式会社法講座(4)』〔有斐閣、1957年〕1469頁。また、新注会(9)223頁〔和座一清〕）。そして、平成17年改正前商法293条ノ7第「2号では拒否事由を形式的に定めて、会社に損害が及ぶことを未然に防止しようとしている」（黒沼・前掲523頁）と解されていた。会計帳簿資料閲覧等請求権が少数株主権とされていることに照らしても、この権利は株主に当然に認められるべき権利という位置付けは与えられておらず、情報の流出により会社の利益が害されることを予防することが優先するという価値判断に会社法はよっていると解するほうが無理がない。競争上有利な情報の利用を事後的かつ実効的に規制するのは一般的に困難であることを考慮すると、このような規制にも合理性を認める余地があると指摘されていた（神作裕之・平成6年度重判解〔ジュリ1068号〕105頁）。

第2に、本決定は、X及びCが各別に会計帳簿等の閲覧謄写請求をする資格を有する場合には、申請を不許可とすべき「客観的事実の有無に関しては、X及びCの各許可申請につき各別にこれを判断すべきであって、XとCが親子であり同一の手続で本件会計帳簿等の閲覧謄写許可申請をしたということのみをもって、一方につき同号に掲げる不許可事由があれば当然に他方についても同一の不許可事由があるということはできない」とした。もっとも、請求者の親会社の事業が相手方会社の業務と競業関係にある場合には拒絶事由に当たるとする前掲東京地決平成19・6・15、前掲東京高決平成19・6・27及び前掲東京地判平成19・9・20などとの整合性を検討する必要があるかもしれない。また、競業関係にない者が未成年者であって、競業関係にある者が親である場合や、競業関係にない者が保有している株式が競業関係にある者の経済的出捐によるものであるような場合には別異に考えられるのであろう。

増森珠美・ジュリ1410号105頁、木俣由美・平成21年度重判解（ジュリ1398号）124頁、松井智予・リマークス40号102頁、高橋英治・セレクト2009〔Ⅱ〕22頁、山下典孝・速判解6号119頁、後藤元「平成20年度会社法関係重要判例の分析(上)」商事法務1872号4頁、片木晴彦・民商141巻3号349頁、福島洋尚・金判1323号8頁、受川環大・判評609号（判時2051号）28頁、難波孝一・平成21年度主判解192頁。

Number 36

計算書類等の提供義務違反等と株主総会決議取消し

会社法 437 条・438 条・442 条・831 条

東京地判平成 22・3・24
平成 20 年(ワ)第 32540 号, 株式会社ハートクロス対株式会社癒しの森, 株主総会決議無効確認等請求事件, 判例集未登載

→ 事実

　取締役会設置会社であり, かつ, 監査役設置会社であるY(被告)は, 平成 20 年 8 月 28 日に第 7 期定時株主総会(本件株主総会)を開催したが, 計算書類等(本件計算書類等)及び監査報告書は本件株主総会の招集通知の際に株主に提供されず, Yは本件株主総会の会日の 2 週間前より本件計算書類等及び監査報告書をその本店に備置しなかった。また, 平成 20 年 8 月 11 日付けの本件株主総会の招集通知においては, 監査役の報酬額改定の決議(本件第 5 決議)に係る議案が本件株主総会の目的事項として記載されておらず, Yの株主であるX(原告)の代表者は, 同議案について, 本件株主総会当日に行われた取締役会で代表取締役Bから提示されるまで, 本件株主総会の目的となることを知らなかった。そこで, 本件株主総会における, 第 7 期利益処分案を原案どおり承認する旨の決議(本件第 1 決議), 取締役 3 名を選任する旨の決議(本件第 2 決議), 監査役 1 名を選任する旨の決議(本件第 3 決議), 取締役の報酬額改定の決議(本件第 4 決議), 本件第 5 決議(本件第 1 決議から本件第 5 決議の 5 つの決議を併せて, 本件株主総会決議)のうち, 本件第 2 決議から本件第 5 決議までは取消しを求め, 本件第 1 決議については主位的に無効確認, 予備的に取消しを求めるとともに, 本件第 2 決議によって選任された取締役で組織された取締役会が平成 20 年 8 月 28 日付けで行ったBを代表取締役に選任する旨の決議(本件取締役会決議)の無効確認を求めて, Xが訴えを提起したのが本件である。

→ 判旨
請求一部認容

I 「取締役の承認を受けた本件計算書類等及び監査報告書が本件株主総会の招集の通知の際に提供されていないこと，Yが本件株主総会の会日の2週間前より本件計算書類等及び監査報告書をYの本店に備置しなかったことが認められる。したがって，本件株主総会の招集の手続は，法437条及び442条1項1号に違反したものということになる。……Xは，……3回にわたって，Yに対し，その居宅介護支援事業に関する帳簿等の閲覧及び謄写を求め，Yがいずれも拒んだことが認められ，……X代表者がYの事業・財務内容を十分に知悉していたと認めることは困難であるし，仮に，X代表者が十分に知悉していたとしても，そのような事実によって，本件株主総会の招集の手続に係る前記瑕疵が治癒されることにはならない。」

II 「本件株主総会は，Yの定款上，その開催時期が第8期の定時株主総会が開催されることが予定される期間内に行われたものであり，本件計算書類等が取締役会の承認を受けるため，及び監査役の監査報告を受けるために，定款に規定された定時株主総会の開催期限が遵守されず，本来到来すべき取締役及び監査役の任期が伸張されるということは是認し難いから，本件株主総会について，取締役の任期終了をもたらす定時株主総会とはいえないとすることはできない」。

III 「本件第5決議は，本件株主総会の目的事項として株主に通知されていない事項について決議されたものとして，法309条5項，298条1項2号に違反することとなる。……X代表者が本件株主総会に同議案が提案されることを知っていたとのYの前記主張に係る事実をもって瑕疵がないということはできない（なお，本件株主総会において，前記議案を決議するに当たり，同議案が本件株主総会の目的事項として通知されていないことを許容することをYの全株主が認めたことを認めるに足りる証拠もない。)。」

IV 「本件計算書類等及び監査報告に係る瑕疵は，計算書類の承認を行うべき定時株主総会の実質にかかわるものであって，重大でないといえず，招集の通知に記載のない事項を決議したとの前記瑕疵は，取締役会設置会社における株主総会の決議事項の在り方を定めた法の規定に抵触するものとして，これも重大でないとはいえない。」

V 「Yの取締役選任に係る本件第2決議が取り消されるべきことはこれまでに検討してきたとおりであり，この判断が確定すれば，当初より同決議〔本件取締役会決議〕は無効であったことになるが，現時点においては，この判断はなお未確定

の状態にあるから，同決議は有効とせざるを得ない。」

→ 解説

　判旨Ⅰ及びⅣは，計算書類等の株主への提供義務違反又は備置義務違反は，株主総会決議の取消原因に当たり（新注会(5)319頁〔岩原紳作〕，大森忠夫＝矢沢惇編集代表『注釈会社法(4)』〔有斐閣，1968年〕192頁〔谷川久〕，江頭憲治郎『株式会社法〔第3版〕』〔有斐閣，2009年〕565頁参照），また，そのような瑕疵がある場合には，原則として裁量棄却は認められない（竹内昭夫『判例商法Ⅰ』〔弘文堂，1976年〕205頁参照。ただし，新注会(8)71頁〔倉沢康一郎〕）とする従来の通説・裁判例の立場を踏襲するものであるということができる。すなわち，福岡高宮崎支判平成13・3・2判タ1093号197頁（上告受理申立後上告不受理）は，平成17年改正前「商法281条1項に定められた計算書類等を本店に備え置くことは，定時株主総会招集手続の一環として定められた法令上の義務……であって，その趣旨（計算書類は株主総会招集通知に添付して送付する必要がある……から，備置義務は附属明細書等を備え置くことに実質的意義があるのであって，両者が相俟って株主に対する情報開示の機能を果たすことになる。）は，株主に計算書類等をあらかじめ閲覧させることによって，これを承認するか否かを検討した上で総会に出席することを可能にさせ，株主の総会出席権及び議決権を実質的なものにすることにあると解される」，「よって，本件総会の招集手続には法令に定められた手続に反した違法があるところ，前記のとおり，計算書類等の備え置きが法令上の義務として定められた趣旨に照らせば，このような招集手続の瑕疵は軽微なものとはいえず，本件総会の招集手続には看過できない違法があるといわざるをえない」，「備置義務の懈怠は違法の程度が重大ではないとはいえず，かつ，……備置義務違反が実質的にXの準備を妨げることがなく，決議に影響を及ぼさなかったとも認められないから，本件決議の取消の訴えを〔平成17年改正前〕商法251条によって棄却することは相当ではない」としていた（また，宮崎地判平成13・8・30判タ1093号192頁）。東京地判平成19・12・17（平成19年(ワ)第8513号）も，附属明細書の備置義務違反は，計算書類承認決議における株主の議決権の実質的な行使の機会を奪うものであって，少なくとも計算書類承認決議や剰余金処分決議の取消事由に当たり，会社法が附属明細書を含めて株主に閲覧させるべく計算書類等の備置義務を規定した趣旨に照らすと，備置義務違反は，違法の程度が重大でないとはいえず，計算書類承認決議及び剰余金処分決議の取消請求を裁量棄却することはできないと判示していた。

また，株主総会の目的事項として株主に通知されていない事項についてされた決議については，招集手続又は決議方法が法令に違反するものとして取消しの対象となるとするのがこれまでの裁判例（大判明治37・5・2民録10輯589頁，最判昭和31・11・15民集10巻11号1423頁。ただし，東京地判大正10・7・22法律学説判例評論10巻商法289頁）の採る立場であり，かつ通説（前掲新注会(5)318頁［岩原］参照）といってよいであろう（判旨Ⅲ）。

　他方，判旨Ⅱは，委員会設置会社以外の会社の取締役の任期は，原則として，選任後2年以内に終了する事業年度のうち最終のものに関する定時株主総会の終結の時までとされているが（会社332条1項），定款所定の時期に計算書類の承認・報告を会議の目的とする総会が開催されないとき，あるいは終了しないときは，定款所定の時期の経過により，取締役の任期は当然に終了するとする通説的見解（横浜地決昭和31・8・8下民集7巻8号2133頁，広島高岡山支決昭和35・10・31下民集11巻10号2329頁，東京高決昭和60・1・25判時1147号145頁，大隅健一郎＝今井宏『会社法論(中)〔第3版〕』〔有斐閣，1992年〕163頁，前掲新注会(5)98頁［前田重行］，大森＝矢沢編集代表・前掲276頁［星川長七］など参照。ただし，龍田節「株主の総会招集権と提案権(1)」法学論叢71巻1号52頁，鈴木竹雄『商法研究Ⅲ』〔有斐閣，1971年〕77頁）と親和的である。

　なお，本件第2決議について取消しを認容しつつ，本件取締役会決議の無効確認を認めない判旨Ⅴに対しては，やや形式論にすぎるのではないかという評価もあり得る。

Number 37

株式買取請求における価格決定

平成17年改正前商法245条ノ5・245条ノ3（→会社法470条）

東京高決平成22・5・24
平成20年（ラ）第637号, X_1ら対トリニティ・インベストメント株式会社, 各株式買取価格決定に対する抗告事件, 金判1345号12頁〔最決平成22・12・1〔平成22年（ク）第867号〕により, 特別抗告棄却〕

→ 事実

A（1審相手方）は, 取締役会において, その主要事業を譲渡する旨の決議をした。そこで, これに反対するAの普通株式を所有するX_1ら（1審申立人・抗告人・被抗告人）が, その所有する株式の買取りを請求した（本件株式買取請求）が, 買取価格について, Aとの間で協議が整わなかったために, X_1らが, 価格の決定を裁判所に求めた。これに対して, 原決定（東京地決平成20・3・14判時2001号11頁）は, X_1らの一部についてのみ, 買取請求を認めるとともに, 1株の価格を360円と決定し, かつ, 主張額と裁判所が決定する額との乖離率に応じて各当事者が鑑定費用を負担すべきであるとした。そこで, X_1ら及びAが抗告したのが本件である。なお, Aは, 平成20年11月11日, 吸収合併（本件合併）により, Y（当審相手方）に吸収されて消滅し, Yが存続会社となった。

→ 決定要旨

抗告棄却

「営業譲渡に反対する少数株主の株式買取請求権は, 会社に対し『公正ナル価格』で株式を買い取ることを請求する権利であり, その権利行使により, 会社の承諾を要することなく, 法律上当然に会社と株主との間の売買契約が成立したのと同様の法律関係が生ずるものである（最高裁昭和48年3月1日判決〔決定：編集部注〕・民集27巻2号161頁）。したがって, X_1らは, 本件株式買取請求により, Aとの間で, 株式売買契約が成立したのと同様の法律関係が形成された結果, Aに

対し，買取代金請求権を取得しているのである。」「本件合併により，上記の株式売買契約上の買主の地位は，Ｙが当然承継し，したがって，本件株式買取価格決定手続上の地位もＹが受け継いだものである。」

　反対株主の株式買取請求における「『公正ナル価格』」とは，営業譲渡が行われず会社がそのまま存続すると仮定した場合に形成されたと想定される株式の客観的交換価値（営業譲渡がされたことにより生ずるシナジー部分（営業譲渡から生ずる相乗効果）は含まない。）をいうものと解される。このように，営業譲渡が行われず会社がそのまま存続すると仮定した場合における株式の価値を評価するのであるから，基本的にＡの継続企業としての価値を基に評価すべきことになる。」

　「DCF法とは，評価対象会社から将来期待することができる経済的利益を当該利益の変動リスク等を反映した割引率により現在価値に割り引き，株式価値を算定する収益方式（インカム・アプローチ）の代表的手法……であるところ，本件では，……このDCF法により評価することが一番妥当であるというべきである。……すなわち，本件のような営業譲渡や合併，会社分割などの場合において，株式買取請求権が認められるのは，特別決議という多数決等によってそれらが決められ，少数派の反対株主としては株式を手放したくないにもかかわらずそれ以上不利益を被らないため株式を手放さざるを得ない事態に追い込まれるということに対する補償措置として位置付けられるものである。そして，本件のような営業譲渡や合併，会社分割は，会社の財産処分としてこれを捉えることができるから，少数派の反対株主は，会社が清算される場合と同様，会社の全財産に対する残余財産分配請求権を有すると観念的には捉えることができるところ，その価値は，清算に際し事業が一体として譲渡される場合を想定した譲渡価値，すなわち，その事業から生ずると予想される将来のキャッシュフローの割引現在価格に一致すると考えるのが合理的である。これに対し，配当還元方式は，将来予想される配当の割引現在価値にだけ着目していくもので，残余の部分は支配株主に帰属することになるから，相当性を欠く。……しかも，本件においては，……配当還元方式を適切に適用していく前提が欠けている」。「本件の株式買取請求権は，少数派の反対株主としては株式を手放したくないにもかかわらずそれ以上不利益を被らないため株式を手放さざるを得ない事態に追い込まれることに対する補償措置として位置付けられるものであるから，マイノリティ・ディスカウント（非支配株式であることを理由とした減価）や非流動性ディスカウント（市場価格のないことを理由とした減価）を本件株式価値の評価に当たって行うことは相当でない」。

　「鑑定は，裁判所の判断の補助として，特別の学識経験を有する者から専門的知

識や経験則を報告させるものであり，裁判所は，必ずしも鑑定の結果に拘束されるものではないが，本件鑑定で採用されたDCF法は，……極めて高度な専門的知識と経験を必要とする判断である上，純然たる将来の予測に関わるものである（過去に生起した事実の認定判断に関わるものではない。）から，裁判所が鑑定の結果を採用するか否かを判断するに当たっては，基本的には，鑑定が前提とした事実に誤りがないか，前提とした資料の選択や専門的知識に基づく判断の過程に著しく合理性を欠く点がないかといった観点から検討していくのが相当であり，この観点に立って特に問題がなければ，鑑定の結果を尊重するのが相当である。」

「費用の負担の裁判に対しては，独立して不服を申し立てることができない（非訟事件手続法30条）ところ，本案の裁判に対する抗告と共に費用の裁判に対し不服が申し立てられた場合においても，本案の裁判に対する抗告が理由のないときは，費用の裁判に対する不服の申立ては許されないものである」。

→ 解説

本決定は，結論としては，原決定を是認したものとなっているが，いくつかの点で，注目に値する。

第1に，株式買取請求の後，会社が吸収合併により消滅した場合であっても，裁判所に対する価格決定の申立ては失効せず，存続会社が株式買取価格決定手続上の地位を受継するとしている。これは，買取請求権は形成権だからである。

第2に，原決定同様，旧商法の下での「公正ナル価格」は，基本的にAの継続企業としての価値を基に評価すべきであるとの一般論を採用しつつ，営業譲渡や合併，会社分割は，会社の財産処分としてこれをとらえることができるから，少数派の反対株主は，会社が清算される場合と同様，会社の全財産に対する残余財産請求権を有すると観念的にはとらえることができ，DCF法が理論的に適切であると，より強く認めている。また，反対株主の株式買取請求権との関連では，マイノリティ・ディスカウントや非流動性ディスカウントを行うことは相当でないとしている点も注目に値する。

第3に，極めて高度な専門的知識と経験を必要とする判断である上，純然たる将来の予測にかかわるものであることを理由として，鑑定結果の採用の是非の判断に当たって，裁判所は，いわゆる経営判断原則により経営者の判断を尊重するのと同様の枠組み（東京地判平成5・9・16判時1469号25頁，東京地判平成8・2・8資料版商事法務144号115頁，東京地判平成16・9・28判時1886号111頁など）で，鑑定人の鑑定結

果を尊重するという姿勢を示した点は興味深い。

　第4に，原決定が，鑑定費用につき，申立てが適法と判断されたX_1らとAとの間においては，X_1らの持株数と本件株式の価格についてのX_1らとAそれぞれの主張額と当裁判所が決定する額との乖離率に応じて各当事者が負担すべきとしたことについては，批判的見解も強かったが，本決定は，最判昭和29・1・28民集8巻1号308頁を引用して，判断を示さないこととしている。すなわち，費用の負担の裁判に対しては，独立して不服を申し立てることができないとされているのは，費用の負担の裁判が本案の裁判に附随してなされるものであることにかんがみ，この裁判と離れて費用の裁判のみの当否を抗告審で判断させることを回避したものであるところ，故意に本案につき理由なき抗告を行って，費用の負担の裁判のみに対する抗告を行おうとする脱法行為を阻止するためには（大判昭和5・3・15民集9巻371頁，大判昭和7・2・19民集11巻252頁参照），本案の裁判に対する抗告に理由がないときは，費用の裁判に対する不服の申立ては許されないと解するのが適当であるとの考えによっているようである。

石綿学「非上場株式の買取価格決定の課題」金判1345号1頁。

Number 38

同時破産廃止と
株式会社の法人格の消滅時期

平成 17 年改正前商法 404 条・414 条（→会社法 475 条）

名古屋高判平成 21・6・30
平成 21 年（ネ）第 27 号，貸金請求控訴事件，裁判所 HP

→ 事実

X（原告・控訴人）は，Y（被告・被控訴人）に対して，貸金債権を有していたが，Y は，破産宣告を受け，その破産手続は同時破産廃止により終了した。そこで，X が，Y の上記債務の連帯保証人との間で上記債務（主債務）が時効により消滅するのを防ぐため，Y を被告として，貸金債権が存在することの確認を求めて訴えを提起したのが本件である。原審判決（名古屋地判平成 20・12・4〔平成 20 年（ワ）第 1390 号〕）は，同時破産廃止の時点において Y に残余財産がなかったと認められるので，同時破産廃止決定が確定した日に Y の法人格は消滅したとの理由により，本件訴えを不適法として却下したため，X が控訴した。

→ 判旨

破棄自判。請求認容

「株式会社は，破産により解散するが（旧商法 404 条 1 号，94 条 6 号），破産により解散した場合には，取締役は，清算人とはならず（旧商法 417 条 1 項），破産管財人が選任されて，破産手続において清算手続を進めることになる（旧破産法 142 条）。そして，破産した株式会社は，破産の目的の範囲内においてはなお存続するものとみなされる（旧破産法 4 条）。

以上のように，旧商法 404 条が破産を解散事由としながら，同法 417 条が破産による解散の場合には従前の取締役が当然に清算人となるとしていないのは，破産の場合には破産管財人が選任され，破産管財人が破産手続において残余財産の管理，

換価，配当等の清算手続を進めるからであるが，旧破産法145条により株式会社が破産宣告と同時に破産廃止の決定を受けた場合には，破産管財人による清算手続が行われずに破産手続が終了するから，当該株式会社は，破産により解散したにもかかわらず，清算未了の状態のまま残ることとなる（そして，この場合，同時廃止決定においては，残余財産が破産手続の費用を償うに足りないと判断されたにすぎず，その手続において残余財産が全くないことが確定されたわけではない。）。

ところで，旧商法は，株式会社が解散した場合において，財産が全くなければ当然に法人格が消滅するとしているわけではなく，清算を結了して初めて法人格が消滅するとしている（旧商法430号〔ママ〕，116条）。

そうすると，旧商法404条，417条は，同時破産廃止の場合には，残余財産の多寡，存否にかかわらず，引き続き同法の規定による清算が行われることを予定していると解するのが相当であり，旧商法による清算が結了して初めて，その法人格が消滅するというべきである（ただし，この場合の清算は，旧商法431条2項が適用されないなど，すでに破産手続を経由していることからくる例外があり得る。）。

すなわち，株式会社が破産宣告を受け，同時に破産廃止決定を受けた場合には，破産廃止によっては法人格は当然には消滅せず，清算事務の終了後，決算報告書の作成と株主総会におけるその承認により清算は結了し，当該株式会社の法人格が消滅すると解するのが相当である（旧商法427条，430号〔ママ〕，116条）。」

→ 解説

本判決は，平成17年改正前商法（旧商法）及び旧破産法（平成16年法律第75号による廃止前の破産法。大正11年法律第71号）の下で，株式会社について破産宣告がなされ，かつ，同時破産廃止決定がなされた場合にも，同時破産廃止決定によっては，法人格は当然には消滅せず，清算事務の終了後，決算報告書の作成と株主総会におけるその承認により清算は結了し，当該株式会社の法人格が消滅するとした公表裁判例として意義を有する。

もっとも，この問題について，正面から判断を下した裁判例としては，既に大阪地判昭和30・4・22下民集6巻4号807頁が存在し，「清算中の会社が破産宣告を受け同時廃止の決定があつたときに，その法人格が消滅するかどうかについては議論のあるところであるが，破産廃止があれば破産者は破産財団に属する財産の管理及び処分の能力を回復するものであるから，残余財産があるかぎり，清算会社は再び清算に戻るべきであり，その清算の目的の範囲内に於て会社はなお存続するもの

とみなされるから，破産廃止によつて当然に会社の法人格が消滅するものと解すべきではない。……訴外会社は少くとも右財産を有することが明かであるから，右破産廃止により再び清算手続に戻るべく，その清算の目的の範囲内に於て訴外会社はなお存続するものとみなさるべきである」と判示していた。また，大阪地判昭和47・2・16判時673号84頁は，「会社につき，所謂財団不足による同時破産廃止が確定し，その旨の登記がなされた場合において，仮に後日会社に，実質上或は名義上を問わず，何れかの積極的な残余財産が存することが判明したときは，会社は依然，清算の目的の範囲内で存続するものと看做されるので，同時破産廃止の確定によっては，当然に法人格（権利能力）が消滅することはないけれども，然し，会社に斯ような残余財産は何ら存せず，単に金銭上の債務のみが存するに過ぎないときは，会社は同時破産廃止の確定に因り，直ちに法人格を喪失し，消滅するに至ると解する」としていた。

さらに，最判平成7・9・8金法1441号29頁が正当として是認した東京高判平成7・2・14判時1526号102頁は，会社の破産手続が終了すれば会社の法人格は消滅するという立場を前提とするものと解する余地があるが，最判昭和43・3・15民集22巻3号625頁は，「同時破産廃止の決定がされた場合には，破産手続は行われないのであるから，なお残余財産が存するときには清算手続をする必要があり，そのためには清算人を欠くことができないわけである」（圏点：筆者）と判示していたのであって，同時破産廃止決定があった場合には，その決定後に清算手続が行われるとしていた。すなわち，少なくとも，残余財産が存するときには，同時破産廃止決定と同時に，株式会社の法人格が消滅することはないとしていた（松並重雄・ジュリ1254号223頁も参照）。

したがって，本判決は，従来の公表裁判例の立場を踏襲しているものと評価することができる。

もっとも，学説においては，見解が分かれていた（前掲大阪地判昭和30・4・22参照）。すなわち，破産法の研究者の間では，費用不足による破産廃止の場合において，法人は解散により消滅するという見解がかつては有力であった（加藤正治『破産法要論〔新訂増補〕』〔有斐閣，1934年〕470頁，兼子一編『破産法』〔青林書院，1959年〕267頁など）。これに対して，商法の研究者の間では，破産の廃止がある場合であっても清算事務が続行されるべきであるという見解が採られてきたようであり（大隅健一郎『会社法の諸問題〔新版〕』〔有信堂高文社，1983年〕352頁〔ただし，傍論〕，大原栄一・ジュリ159号64頁など），現行破産法制定の直前の段階では，破産法の有力な研究者も，「廃止時に残余財産がなければ，特別の手続を経ることなく，商法……404

条 1 号にもとづいて法人が解散することになるが, 廃止後に残余財産が発見されたときには, 通常の清算手続を行う必要がある」と明確に指摘していた (伊藤眞『破産法〔新版〕』〔有斐閣, 1991 年〕376 頁。また, 谷口安平『倒産処理法〔第 2 版〕』〔筑摩書房, 1990 年〕122 頁も参照)。異時廃止その他破産手続の終結の後に残余財産が発見された場合には, 清算が行われるべきであると解されていることとのバランスからは, 旧商法の下でも, 同時破産廃止決定があっても, 残余財産が存在する場合には, 清算手続が必要であったのであり, したがって, 株式会社の法人格は消滅していないと解することが適当であるから, 本判決の結論は支持される可能性が高いのではないかと推測される。

なお, 名古屋高等裁判所は, 旧有限会社法 (平成 17 年法律第 87 号による廃止前の有限会社法) 及び旧破産法の下で, 有限会社について破産宣告がなされ, かつ, 同時破産廃止決定がなされた場合にも, 同時破産廃止決定によっては, 法人格は当然には消滅しないとする, 本判決と同趣旨の判断を示している (名古屋高判平成 21・7・16〔平成 21 年 (ネ) 第 265 号, 裁判所 HP〕)。

また, 会社法の下では, 会社法 475 条が, 「解散した場合 (第 471 条第 4 号に掲げる事由によって解散した場合及び破産手続開始の決定により解散した場合であって当該破産手続が終了していない場合を除く。)」(同条 1 号) には, 「株式会社は, ……この章の定めるところにより, 清算をしなければならない」と規定しており, 同時破産廃止決定 (破 216 条) がなされた場合にも, 会社は清算手続をしなければならないと解するのが文理上適切であるということになる。もっとも, この場合には, 従前の取締役が当然に清算人となるものではなく, 清算人を定款で定めた場合又は株主総会の決議によって選任した場合を除き, 利害関係人の請求によって, 裁判所が清算人を選任すべきものと解される (前掲最判昭和 43・3・15)。

Number **39**

株式買取請求と剰余金配当請求権

会社法 798 条

東京地判平成 **22・2・12**
平成 21 年 (ワ) 第 26903 号, ロイヤル・バンク・オブ・カナダ・トラスト・カンパニー (ケイマン) リミテッド対三共生興株式会社, 剰余金配当請求事件, 判例集未登載 (Westlaw Japan 2010WLJPCA02128001) (確定)

→ 事実

　Y (被申立人) は, 平成 20 年 4 月 1 日を効力発生日として, Y の子会社である A 株式会社を吸収合併することを決議し, その旨を公表した。X (申立人) は, 平成 20 年 3 月 31 日の時点で, Y の株式 (本件株式) を所有していた株主であるが, Y に対し, 同年 3 月 31 日, 上記吸収合併に反対し, 本件株式の買取請求をした。そして, 本件株式の買取請求について, X から神戸地方裁判所に株式買取価格決定の申立てがなされ, 同裁判所において, 平成 21 年 3 月 16 日, 買取価格を 1 株 287 円と定める旨の決定がなされ, 同決定は同月 25 日に確定した。これを受けて, 同年 4 月 10 日に, Y は, X に対し, 株式買取代金及び利息を支払い, 本件株式を取得した。他方, Y の定款の 47 条 1 項によると, 剰余金の配当の基準日は 3 月 31 日とされていたが, 同年 6 月 26 日に開催された Y の定時株主総会において, 普通株式 1 株につき 12 円 50 銭の剰余金の配当をする旨の議案が可決された (本件剰余金配当決議)。そこで, X が, Y に対し, 同総会における本件剰余金配当決議に基づき, 剰余金の配当として 3536 万 6250 円及びこれに対する本件剰余金配当決議の効力発生日の翌日から支払済みまで民法所定の年 5 分の割合による遅延損害金の支払を求めて訴えを提起したのが本件である。

→ 判旨

請求認容

「X が Y に対して行使した本件株式の株式買取請求について, Y により本件株式

の買取代金が支払われたのは平成21年4月10日であるから、本件株式の買取りの効力は同日に発生し（会社法798条5項）、同日までは、XはYの株主の地位を有しており、本件剰余金配当決議の基準日とされた同年3月31日の時点においても、Yの株主であったものと認められる。」「したがって、Xは、Yに対し、本件剰余金配当決議に基づき、……剰余金配当請求権を有するものと認められる。」「吸収合併等に反対する株主による存続株式会社等に対する株式買取請求権に係る利息支払請求権は、吸収合併等の効力発生日から60日の期間満了後に、買取代金の支払時までの年6分の利率により算定した利息を内容として発生するものとされている（会社法798条4項、1項）。これに対し、剰余金配当請求権は、分配可能額（会社法461条）の範囲内において、株主総会の決議により、配当財産の種類及び帳簿価額の総額、株主に対する配当財産の割当てに関する事項、当該剰余金の配当がその効力を生ずる日を定めて（同法454条1項）、具体的な権利として発生するものとされている。このように、株式買取請求権に係る利息請求権と剰余金配当請求権とでは、その発生根拠、要件、権利の内容等が異なり、仮にY主張のように、両権利とも会社が株主の出資を利用したことに対して支払う対価という側面があると考えたとしても、両権利を取得することを否定するような定めや取得金額を調整するような定めは存せず、両権利を取得・行使するにあたっての調整等を行う必要があるものと認めることはできない。」

→ 解説

本判決は、剰余金の配当を考慮に入れないで反対株主からの株式買取請求に係る買取価格が決定された場合において、買取代金に係る利息が付される期間内に剰余金の配当の基準日が含まれるときであっても、買取請求をした株主は剰余金の配当請求権を有するとした裁判例として意義を有する。

裁判所による価格決定に相当の長期間を要し得ること等を考慮し、株主保護の観点から、買取請求を行った株主に、効力発生日から60日の期間満了時に、買取代金の支払を受けた、すなわち投下資本を回収したのと同様の経済的地位を保障するため、会社法798条4項は、裁判所が買取価格を決定した場合につき、「存続株式会社等は、裁判所の決定した価格に対する第1項の期間〔効力発生日から60日〕の満了の日後の年6分の利率により算定した利息をも支払わなければならない」と定めており、東京高決平成22・5・24（本書37事件）は、最決昭和48・3・1民集27巻2号161頁に依拠しつつ、「少数株主の株式買取請求権は、会社に対し『公正ナ

ル価格』で株式を買い取ることを請求する権利であり，その権利行使により，会社の承諾を要することなく，法律上当然に会社と株主との間の売買契約が成立したのと同様の法律関係が生ずるものである……。したがって，X₁らは，本件株式買取請求により，Aとの間で，株式売買契約が成立したのと同様の法律関係が形成された結果，Aに対し，買取代金請求権を取得しているのである。ただ，買取価格については，当事者間に協議が整わなかったため，裁判所に対し株式買取価格を定めるよう求めていて，この手続により代金額が決定されることになっているに過ぎない」と判示している。他方，会社法798条5項は，株式の移転と代金支払が同時履行の関係にあるべきことを明確にし，株主が支払を確実に得られるようにするため，「株式買取請求に係る株式の買取りは，当該株式の代金の支払の時に，その効力を生ずる」と規定している。

　かつての有力説は，(昭和25年改正後) 商法の文言に注目して，買取代金が支払われるまでは，買取請求をした株主は，利息が発生している期間中であっても，利益配当請求権を含む株主としての権利を有すると解していた (鈴木竹雄 = 石井照久『改正株式会社法解説』〔日本評論社，1950年〕226頁，大隅健一郎 = 大森忠夫『逐条改正会社法解説』〔有斐閣，1951年〕136頁)。

　しかし，株主総会の基準日において，ある株主が投下資本を回収したのと同様の経済的地位に既に置かれている場合には，その後に買取代金及び法定利息の支払が現実になされる限りにおいて，基準日に係る剰余金の配当を受け取れないとしても，その株主に何らの不利益を与えるものではない。むしろ，その株主が，基準日における株主名簿上の株主であること及び株主の地位を有することをとらえて，剰余金の配当を受領できるとするならば，その株主に法定利息と配当金との二重取りを認めることになるものであり，不合理であると考えられるようになり，効力発生日から60日を経過した後は，株式買取請求を行った株主は，剰余金配当請求権を有しないと解する見解 (西島彌太郎「株式買取請求権」田中耕太郎編『株式会社法講座(3)』〔有斐閣，1956年〕995頁以下，大森忠夫 = 矢沢惇編集代表『注釈会社法(4)』〔有斐閣，1968年〕167頁〔長谷川雄一〕参照) や剰余金配当請求権は有すると解するのが条文の文言上自然であるが，法定利息を支払う際に，配当した剰余金相当額を控除すべきであると解する見解 (新注会(5) 300頁〔宍戸善一〕，鈴木忠一「株式買取請求手続の諸問題」松田判事在職40年記念『会社と訴訟(上)』〔有斐閣，1968年〕160頁以下) が近時では多数となっているのではないかと思われる。

　また，会社法798条5項は，実質的にみると，担保として所有権留保を定めていると評価できるところ，付利も配当金受領も認めることは，不動産質の取扱い (民

356条・358条）など担保権者に認められる権利とのバランスを欠く（全部取得条項付種類株式の取得の場合〔会社173条1項〕との均衡も欠いている）。

　さらに，剰余金配当を行うと，会社財産が減少することから，株式の価値も下落し，一般的には，上場株式については，基準日の4営業日前以降，市場において，この剰余金配当による株式価値の低下分が織り込まれた価格（配当落ち）により，その株式の売買がなされるという経済的実態に注目するならば，結論的には，近時の多数説の価値判断が支持されるのではないかと思われるが，会社法の文言に照らすと本判決の立場が最も自然であることは否定できない（相澤哲ほか編著『論点解説　新・会社法』〔商事法務，2006年〕96頁〜97頁，落合誠一編『会社法コンメンタール⑿』〔商事法務，2009年〕146頁〔柳明昌〕）。

　そうであるとすれば，裁判所としては，買取価格を定めるに当たって，買取請求権を行使した株主が，買取代金に加えて，剰余金の配当を受領することが想定されるときは，このような剰余金配当の低下分が織り込まれた配当落ち価格を基礎に買取価格を決定し，または，剰余金の配当を受け取る場合にはいくら，受け取らない場合にはいくらというような場合分けをして，買取価格を決定するのが適当であるということになろう（この解釈は条文の文言とも抵触しない）。

Number 40

全部取得条項付種類株式取得決議の瑕疵を争う訴えの原告適格と訴えの利益

会社法 828 条

東京高判平成 22・7・7
平成 21 年 (ネ) 第 5903 号, X ら対日本郵便輸送株式会社, 株主総会決議取消請求控訴事件, 判時 2095 号 128 頁 (確定)

→ **事実**

　普通株式 (以下「旧普通株式」) のみを発行していた A 株式会社は, 平成 20 年 9 月 26 日に臨時株主総会を開催して, A 種類株式を発行できる旨などを定める定款変更決議 (決議 1), 決議 1 を前提として, 旧普通株式を全部取得条項付種類株式とすること, 普通株式を発行できる旨などを定める定款変更 (決議 2), 及び, 決議 1 及び決議 2 を前提として, 旧普通株式 1 株につき, 1850 分の 1 株の割合で新たな普通株式 (以下「新株」) を対価として, A が旧普通株式を取得することを内容とする決議 (決議 3) を可決し, 同日, 普通株主による種類株主総会を開催して決議 2 と同一内容の定款変更決議 (決議 4) を可決した (以下, 決議 1 から決議 4 を「本件決議」)。その後, 平成 21 年 1 月 1 日に, A は B に吸収合併された。そこで, A の株主であった X_1 (原告・控訴人), X_2 (原告・控訴人), X_3 (原告・控訴人) 及び X_4 (原告) が, 本件決議の取消判決を求めて, B を被告として, 訴えを提起したが (平成 21 年 2 月 1 日に, B は Y〔被告訴訟承継人・被控訴人〕に吸収合併され, Y が B の訴訟上の地位を承継した), 原審 (東京地判平成 21・10・23〔平成 20 年 (ワ) 第 37966 号〕) が, X らの請求を棄却したので, X_1, X_2 及び X_3 が控訴した。

　なお, A と B との吸収合併及び B と Y との吸収合併において, A 及び B における合併契約の承認をするいずれの株主総会においても, X らは株主として扱われず, X らに対する招集通知はなかったが, いずれの吸収合併についても, 法定の期間内には, 合併無効の訴えが提起されなかった。A の B への吸収合併の合併契約では, A の新株 1 株につき B の普通株式 6355.66127 株を割当交付することとさ

れ，BのYへの吸収合併の合併契約では，Bの株主に対し，Bの普通株式1株につき3万2000円の割合による金銭を交付することとされた。

→ 判旨 　　　　　　　　　　　　　　　　　　　　　　　　　　控訴棄却

「株主総会決議により株主の地位を奪われた株主は，当該決議の取消訴訟の原告適格を有する。当該決議が取り消されない限り，その者は株主としての地位を有しないことになるが，これは決議の効力を否定する取消訴訟を形成訴訟として構成したという法技術の結果にすぎないのであって，決議が取り消されれば株主の地位を回復する可能性を有している以上，会社法831条1項の関係では，株主として扱ってよいと考えられるからである。」「株主総会決議により株主が強制的に株主の地位を奪われるという現象は，全部取得条項付種類株式の制度が会社法制定時に新設されたことにより，同法施行後に著しく増加したものであることは，公知の事実である。そうすると，明文化されなかったものについては，その原告適格を否定するという立法者意思があったものとみることはできず，会社法831条1項後段を限定列挙の趣旨の規定と解することには無理がある。……総会決議後に会社に組織再編があって，これを原因として会社が消滅したり，株主が組織再編前後の会社の株主資格を失ったりする場合には，当該株主の決議取消訴訟に関する利害関係は，組織再編の効力を適法に争っているかどうかを始めとして，種々の事情により千差万別であるから，一律に原告適格を失うものと扱うのは適当でなく，当該株主は原告適格を有するものと扱った上で，個別の事案に即して当該株主にとっての訴えの利益の有無を検討するのが適当である。」

「反対株主の株式買取請求権や価格決定の申立てをしない場合に決議取消訴訟が不適法になるという明文の規定は見当たらない。……新たに全部取得条項付種類株式を設けたり，会社がこれを全部取得したりする旨の決議に決議取消事由がある場合には，決議そのものを取り消すべきであって，決議が有効なことを前提として反対株主の株式買取請求権や価格決定の申立ての手段を取るべきことを株主に強要することには無理がある。普通株式を全部取得条項付種類株式に転換する定款変更や全部取得条項付種類株式の会社による強制取得を議案とする株主総会について会社が株主に対する招集の手続を怠った場合などは，その株主は反対する旨を総会に先立って会社に通知することが不可能であり，その結果株式買取請求権を失うこととなり，決議取消訴訟を提起しなければその株主の不利益は救済されない。このような観点からも，反対株主の株式買取請求権を行使しなければ決議取消訴訟を提起す

ることはできないというYの主張は，採用することができない。」

「全部取得条項付種類株式の会社による強制取得を無効にするのに，新株発行無効の訴えが必要であることの論拠が明らかでない。決議に瑕疵がある場合には取り消すのが原則であり，表裏一体というだけでは，論拠として十分であるとはいえない。発行された新株の取引の安全を考慮する必要のある新株発行の効力の問題と異なり，会社が強制的に取得した全部取得条項付種類株式を，定款変更決議の取消判決確定を理由に旧普通株式に戻した上で，取得決議の取消判決確定を理由に会社から株主に返還するという作業をするのに，取引の安全を考慮する必要性は乏しい。旧普通株式を全部取得条項付種類株式に転換する旨の定款変更が無効とされ，旧普通株式が株主に復帰し，他方において新株も有効と扱われると，新株は，会社への出資の裏付けがなく，かつ，定款に定めのない種類の株式となる。しかしながら，このような事態は，発行手続に瑕疵があるにもかかわらず，代表取締役により発行されてしまった新株が，有効と扱われる場合にも生じ得ることであり，取消事由のある決議は取り消すという原則を覆すほどの事情であるとはいえない。」

「本件決議に決議取消事由がある場合には，その決議取消訴訟を提起したX_1らは，AのBへの吸収合併について，合併無効の訴えの原告適格を有する。すなわち，X_1らは，Aの株主として，会社法828条2項7号所定の合併の効力発生日に『吸収合併をする会社の株主であった者』に該当する（ただし，決議取消訴訟（本件訴訟）の敗訴判決確定を，原告適格を有することの解除条件とする。）。決議取消判決の確定により本件決議が取り消されない限り，X_1らはAの株主としての地位を有しないことになるが，これは決議の効力を否定する取消訴訟を形成訴訟として構成したという法技術の結果にすぎないのであって，決議が取り消されればAの株主の地位を回復する可能性を有している以上，会社法828条2項7号の関係では，Aの株主として扱ってよいと考えられるからである。このように，X_1らは，決議取消判決の確定に加えて，合併無効判決も確定させることによって，Aの株主（旧普通株式）の地位を回復することができる。そうすると，合併無効の訴えを適法に提起していた場合には，X_1らには回復可能なAの株主の地位があるから，本件訴訟に訴えの利益があることは明らかである。」

「AのBへの吸収合併について合併無効の訴えが法定の期間内に提起されていないから，この吸収合併は，たとえAの株主であるX_1らへの招集手続を欠くAの株主総会において合併契約の承認決議がされたという瑕疵があるとしても，もはやその効力を争うことはできず，有効な合併として扱われるべきことが，対世的に確定している。……Aは，X_1らがその株主ではないことを前提とする合併契約によ

りBに吸収合併されて消滅……したものであり，X_1らは，もはや，この吸収合併の効力を争うことができない。そして，有効として扱われる合併契約においては，X_1らは，何らの合併対価の交付も受けないことになっている。そうすると，本件決議を取り消したとしても，X_1らには，A又はBの株主の地位等，対世的に確認すべき権利，地位がないことに帰する。したがって，……特段の事由があり，本件決議取消訴訟は，訴えの利益を欠くものとして不適法である。」

→ 解説

本判決は，会社法に明文の規定はなくとも，株主総会決議により株主の地位を奪われた株主は，当該決議の取消訴訟の原告適格を有するとすると同時に，決議取消しの訴えと新株発行無効の訴えとの関係について検討を加えている点，及び，合併無効の訴えが適法に提起されていない場合には，決議取消しの訴えにつき，訴えの利益が認められなくなる場合があると判示している点で意義を有する。

株主総会決議取消しの訴えの原告適格は，「株主等」（会社831条1項前段）に限定されており，株主については，「当該決議の取消しにより取締役，監査役又は清算人……となる者も，同様とする」と定める同項後段に相当する規定が設けられていないこと，決議取消原因があっても，取消認容判決があるまでは，その決議は有効であるとされていることから，文言上は，株主総会決議により株主の地位を失った者は，決議取消しの訴えの原告適格が認められないようであるが，本判決は，同項後段を限定列挙と解すべきではないとし，減資決議によって株主の地位を失った者も原告適格を有すると解していた平成17年改正前商法の下での有力説（新注会(5)328頁〔岩原紳作〕）と同様，831条1項後段の解釈として，全部取得条項付種類株式取得の決議につき，その決議により株主の地位を失った者も決議取消しの訴えの原告適格を有するとした（東京地判平成22・9・6〔本書44事件〕も同趣旨）。すなわち，851条を類推適用するという法律構成（江頭憲治郎『株式会社法〔第3版〕』〔有斐閣，2009年〕458頁参照）は採らなかった。

ただ，後続する合併につき，合併無効の訴えを提訴期間中に提起しなかった以上，X_1らに合併対価の交付をしないという合併契約が有効であると扱われるとした点については，合併契約承認決議が著しい手続の瑕疵を理由として不存在であり，その結果，合併不存在という理論構成はあり得ないのかという疑問は残る。

松井智予・平成22年度重判解（ジュリ1420号）132頁，松井秀征・セレクト2010〔Ⅱ〕17頁，藤原俊雄・商事法務1921号14頁，山本爲三郎・金判1357号2頁。

Number 41

株式会社の新設分割と詐害行為取消し

会社法 828 条，民法 424 条

東京高判平成 22・10・27
平成 22 年（ネ）第 4126 号，昭和リース株式会社対株式会社ユニ・ピーアール及び株式会社クレープハウス・ユニ，リース料請求控訴事件，金判 1355 号 42 頁

→ 事実

　X（原告・被控訴人）は，①クレープ飲食事業等を営んでいた Y_1（被告・控訴人）に対して，契約に基づく損害賠償金及びこれに対する遅延損害金の支払を求めるとともに，②債務超過であった Y_1 から新設分割（本件会社分割）によってクレープ飲食事業に関する権利義務を承継した Y_2 に対し，本件会社分割が詐害行為に当たるとして，詐害行為取消権に基づき，本件会社分割の取消しを請求するとともに，価格賠償として上記①の損害賠償債権の元本合計額に相当する額及びこれに対する遅延損害金の支払を求めて訴えを提起した。原審判決（東京地判平成 22・5・27 判時 2083 号 148 頁）が X の請求を認容したので，Y_1 及び Y_2 が控訴したのが本件である。

→ 判旨　　　　　　　　　　　　　　　　　　　　　　　　　控訴棄却

　「新設分割が会社法に基づく組織法上の法律行為であるとしても，新設分割は，新設分割会社がその事業に関して有する権利義務の全部又は一部を新設分割設立会社に承継させる法律行為であって財産権を目的とする法律行為というべきであり，また，法人格の取得という点に着目して新設分割による会社設立をいわば身分上の行為であるということができるとしても，そのことによって新設分割が財産権を目的とする法律行為でなくなるものではない。」
　「民法は私人及びその取引行為等に適用される一般法であり，会社であっても，会社法等の特別法に規定がない事項については民法の適用を受けることは当然であ

る。……新設分割無効の訴えと詐害行為取消権は要件及び効果を異にする別個の制度であり，新設分割無効の訴えの制度があること，あるいは新設分割による新設分割設立会社に新たな法律関係が生じていることなどによって，新設分割により害される債権者の詐害行為取消権の行使が妨げられると解すべき根拠はない。」

「新設分割が企業再編のために用いられるものであるとしても，そのことによって詐害性がないとすることはできない。また，新設分割は，債権者がこれに主体的に関与することがないまま行われ得るものであって，経済的に窮境にある債務者について，その債権者の多数の同意を得，かつ，裁判所の認可を受けた再生計画を定めること等により，当該債務者とその債権者との間の民事上の権利関係を適切に調整……する民事再生法に基づく再生手続によるものではないから，再生手続による場合と同列に論じることはできない」とした上で，詐害性及び詐害の意思が認められることについては原判決中の「第3　当裁判所の判断」の6（「詐害行為となるか否かについては，単に当該法律行為の前後において，計算上一般財産が減少したか否かという観点からだけではなく，たとえ計算上は一般財産が減少したとはいえないときでも，一般財産の共同担保としての価値を実質的に毀損して，債権者が自己の有する債権について弁済を受けることがより困難となったと認められる場合には，詐害行為に該当する」。「本件会社分割により，一方で，Y_1の保有する債権を中心とするほとんどの無担保の残存資産が逸出してY_1は会社としての実体がなくなり，他方で，Y_1が対価として取得したY_2の株式は，非上場株式会社の株式であり，……一般的には流動性が乏しく，……強制執行の手続においても，その財産評価や換価をすることには著しい困難を伴う……。そうすると，本件会社分割により，Y_1の一般財産の共同担保としての価値を実質的に毀損して，その債権者であるXが自己の有する本件被保全債権について弁済を受けることがより困難となったといえるから，本件会社分割には詐害性が認められる」）及び7（「Y_1の代表取締役Bは，本件会社分割により，Xを含むY_1の債権者が有する債権について，債務超過にあったY_1の一般財産から弁済を受けることがより困難となり，債権者が害されるとの認識を有していたこと，すなわち，詐害の意思を有していたものと認めることができる（なお，Y_2が本件会社分割によりXら債権者が害されることに悪意でなかった，すなわち，善意であったとの主張・立証はない。）」）を引用した。

→ 解説

本判決は，会社分割も詐害行為取消しの対象となるとした，初めての高裁レベルの公表裁判例として意義を有するとともに，目的物が可分であるとして，詐害行為取消しの効果として価格賠償を認めた原審判決を維持した点で意義を有する。

会社分割は詐害行為取消しの対象とならないとする見解も実務家の間では有力であったが（岡伸浩「濫用的会社分割と民事再生手続」NBL922号8頁～9頁，後藤孝典「民事再生と会社分割（上）」ビジネス法務10巻3号58頁など），会社分割も詐害行為取消しの対象となるとする見解が多数を占めていた（相澤哲ほか編著『論点解説新・会社法』〔商事法務，2006年〕674頁・690頁・723頁，弥永真生「債権者保護」浜田道代先生還暦記念『検証会社法』〔信山社，2007年〕504頁～506頁，藤田友敬「組織再編」商事法務1775号60頁，田中亘・ジュリ1327号143頁，伊藤靖史ほか『会社法〔第2版〕』〔有斐閣，2011年〕399頁～400頁，齊藤真紀「あなたの知らぬ間に」法教352号41頁以下，内田博久「倒産状態において行われる会社分割の問題点」金法1902号59頁）。

また，組織法上の行為も否認の対象となり得るとするのが，少なくとも多数説であり（谷口安平『倒産処理法〔第2版〕』〔筑摩書房，1980年〕256頁，斎藤秀夫ほか編『注解破産法（上）〔第3版〕』〔青林書院，1998年〕454頁〔宗田親彦〕，「〈シンポジウム〉会社法の制定と民事手続法上の問題点」民事訴訟雑誌55号171頁～173頁〔松下淳一発言〕，会社更生法との関連で，松田二郎『会社更生法〔新版〕』〔有斐閣，1976年〕167頁，三ケ月章ほか『条解会社更生法（中）』〔弘文堂，1973年〕24頁など），新設分割については，否認権を行使し得るとする裁判例も存在していた（福岡地決平成21・3・10〔平成20年（モ）第12016号〕及びその異議審判決である福岡地判平成21・11・27金法1902号14頁，福岡地判平成22・9・30金法1911号71頁など。ただし，東京地判平成17・12・20〔平成17年（ワ）第9394号〕は反対）。

そして，昭和13年改正前商法の下では，会社の設立行為が詐害行為取消しに服すると解され（新注会(1)571頁〔浜田道代〕参照），平成17年改正前商法の下で，東京地判平成15・10・10金判1178号2頁は，現物出資も詐害行為取消しの対象となることを認めており（ただし，宇都宮地判昭和33・7・25下民集9巻7号1433頁は反対），多数説は対象となるとする見解を支持している（江頭憲治郎『株式会社法〔第3版〕』〔有斐閣，2009年〕93頁注3，尾崎安央・平成15年度重判解〔ジュリ1269号〕107頁，加藤貴仁・ジュリ1305号139頁，芳賀良・金判1202号63頁など。ただし，大隅健一郎＝今井宏『会社法論（上）〔第3版〕』〔有斐閣，1991年〕228頁～229頁注1は反対）。このように考えてみると，組織法上の行為であるとの一事をもって，詐害行為取消しの対象とならないと解すべきではないとした本判決の判示は従来の裁判例や学説（齊藤・前掲41頁参照）とも整合的である。

他方，従前の学説は，会社分割につき詐害行為取消しがなされた場合の効果については必ずしも十分に検討しておらず（東京地方裁判所商事研究会編『類型別会社訴訟II〔第2版〕』〔判例タイムズ社，2008年〕779頁），否認との関係で，前掲福岡地判平成

21・11・27 が，破産管財人は破産財団に復すべき財産の返還に代えて，相手方に対し当該財産の価格から破産法 168 条 1 項から 3 項までの規定により財団債権となる額を控除した額の返還を請求することができるとしていたにとどまっていた。そして，前掲福岡地判平成 21・11・27 と同様の立場を採用し，本判決（及び原審判決）は価格賠償を認めたものである。

　ただ，分割会社の事業に関する権利義務が「全体として一括して移転・承継される」という一般承継の法的効果が会社分割には付与されている（森本滋編『会社法コンメンタール(17)』〔商事法務，2010 年〕237 頁〔神作裕之〕参照）ことと，会社分割の一部を取り消すことができる，取消しの目的物が可分であると本判決（及び原審判決）のように解することとは整合的であるとは考えにくい。また，権利義務の移転が全くないにもかかわらず，新設分割による法人格創設の効力が認められるといえるのかは問題である（このような場合に，設立が不存在であると評価されるとすると，実質的には，分割無効の訴えによらずに，新設分割を無効としたのと同様の効果が生ずる）。このように考えると，詐害行為取消しの効果が相対的なものにすぎないというだけでは，会社分割の組織法上の効力に影響を与えないとはいい切れないのではないかという疑問も生じよう。

　＊　株式会社の新設分割については，本文中に掲げたもののほか，大阪地判平成 21・8・26 金法 1916 号 113 頁及びその控訴審判決である大阪高判平成 21・12・22 金法 1916 号 108 頁などが，詐害行為取消しの対象となるとしている。また，福岡地判平成 23・2・17 金判 1364 号 31 頁や東京地判平成 22・7・22（要旨のみ：ジュリ 1418 号 52 頁）などは法人格否認の法理を適用して，設立会社は分割会社が負担する債務を承継しない旨の分割計画の定めにかかわらず，分割会社と同じ法的責任を負うものとしている。

神作裕之「濫用的会社分割と詐害行為取消権(上)(下)」商事法務 1924 号 4 頁，1925 号 40 頁，村上裕「濫用的会社分割」関俊彦先生古稀記念『変革期の企業法』（商事法務，2011 年）197 頁，弥永真生・金法 1910 号 30 頁，伊藤邦彦・金法 1918 号 101 頁，後藤元「いわゆる濫用的会社分割への詐害行為取消権の適用と今後の課題」金判 1355 号 1 頁，廣瀬主嘉・銀法 726 号 1 頁。

Number 42

名義書換未了の株主と株式交換無効の訴えの原告適格

会社法 828 条・130 条

名古屋地一宮支判平成 20・3・26
平成 19 年(ワ)第 339 号,アルタ・ジャパン・ロング・ショート・ファンド・リミテッド対 IGC 株式会社及び株式会社ベルテクノ,株式交換契約無効確認請求事件,金判 1297 号 75 頁

→ 事実

　Y_1(被告)は,その発行する株式を株式会社ジャスダック証券取引所に上場していたが(平成 19 年 2 月 23 日に上場廃止となった),A の完全子会社である Y_2(被告)は,Y_1 の株式を対象として公開買付けを行った(本件 TOB)。本件 TOB により,Y_2 は,Y_1 の総株主の議決権の 96.62%に当たる議決権を所有する株主となった。

　その後,Y_1 は,平成 19 年 1 月 23 日に,取締役会を開催し,会社法 784 条 1 項の規定に基づき,略式交換の手続により株主総会の承認を経ずに,(1) Y_2 を完全親会社,Y_1 を完全子会社とする株式交換(本件株式交換)を行うこと,(2)株式交換比率は,Y_1 株式 100 万株に対して,Y_2 株式 4.25 株の割合とすること,(3)効力発生日を平成 19 年 3 月 1 日とすること等を内容とする株式交換契約(本件株式交換契約)を締結する旨決議し,Y_1 と Y_2 は,平成 19 年 1 月 23 日に,本件株式交換契約を締結した。また,Y_2 株主総会は,平成 19 年 2 月 7 日に,本件株式交換契約を承認する旨の決議を行った。

　そこで,Y_1 の実質的株主であると主張する X(原告)が,略式株式交換を用いた本件株式交換は手続上の法令違背がある,本件において本件株式交換について承認を求める株主総会が開かれていれば,Y_2 は特別利害関係人に該当することになるし,株式交換比率が不当である上に,何ら企業価値の上昇をもたらさない株式交換であることからすると,著しく不当な決議になることは明らかであるから,その株主総会の承認決議は,取消事由のある瑕疵ある決議にほかならないなどと主張し,本件株式交換が無効であるとして,訴えを提起したのが本件である。

なお，Xは，本件株式交換の効力発生日前日である平成19年2月28日の時点において，Y_1の株主名簿（実質株主名簿も含む。以下同じ）に，株主として記載されていなかった。なお，XがY_1に対し，株主名簿の名簿書換請求をしたことはない。

→ 判旨

訴え却下

　「会社法828条2項11号は，株式交換無効の訴えの提訴権者を，『当該行為の効力が生じた日において株式交換契約をした会社の株主等若しくは社員等であった者又は株式交換契約をした会社の株主等，社員等，破産管財人若しくは株式交換について承認をしなかった債権者』に限定しているところ，株式の譲渡は，その株式を取得した者の氏名又は名称及び住所を株主名簿に記載し，又は記録しなければ，株式会社その他の第三者に対抗することができないのであるから（会社法130条1項），実質的な株主であっても株主名簿の書換えを行っていなければ，株主たることを会社に対抗することができず，株主としての原告適格を認めることもできないというべきである。したがって，XがY_1の実質的株主であっても，株主名簿の名義書換をしていない以上，本件株式交換無効の訴えの原告適格は認められない。」

　「株主総会決議無効確認の訴えの原告適格は無制限ではなく，原告適格が認められるためには法律上の利害関係を有する必要があるところ，株主であることを法律上の利害関係として主張する場合には，株主名簿の名義書換を行って株主たる地位を会社に対抗できることが必要となる」。

　「会社が従前，当該名義書換未了株主を株主として認め，権利行使を容認してきたなどの特段の事情が認められる場合には，訴訟において会社が名義書換の欠缺を指摘して株主たる地位を争うことが，信義則（禁反言）に反して許されないと判断されることがあり得る。」

→ 解説

　本判決は，名義書換未了の株主には株式交換無効の訴えの原告適格は認められないとした初めての公表裁判例であり（ただし，株主総会決議取消しの訴えの原告適格を認めなかったものとして，大阪地判昭和35・5・19下民集11巻5号1132頁，東京地判昭和63・1・28判時1269号144頁〔また，名古屋高判昭和35・7・15高民集13巻4号417頁〕，新株発行無効確認の訴えの原告適格は認められないとしたものとして東京地判平成2・2・27金判855号22頁），これまで，学説においても十分な検討が加えられてこなかった

問題点に関するものである。仮に，本判決の立場が正当であるとすれば，合併あるいは会社分割無効の訴えについても妥当することになろう。

しかし，本判決のような解釈は──十分に成り立ち得るが（江頭憲治郎＝門口正人編集代表『会社法大系(4)』〔青林書院，2008年〕309頁〔真鍋美穂子〕参照）──以下に述べるように，必ずしも自明であるとはいえず，今後の裁判例及び学説の動向を見守る必要があるのではないかと思われる。

まず，会社法130条は，絶えず変動する多数の株主による継続的・反復的な権利行使に対し，集団的・画一的な処理を可能にするための株主名簿制度を前提としており，会社の事務処理の便宜のためであると理解されている（新注会(3) 153頁〜154頁〔松岡誠之助〕）。しかし，株式交換無効の訴えの原告適格を名義書換未了の株主に認めるかどうかは，会社の事務処理の便宜とは全く関係がない。また，会社法130条は，会社が株主名簿上の株主の権利行使を認めれば，その者が既に株式を譲渡しており実質的無権利者であっても，会社は免責されるという効果をもたらすものであるが，株式交換無効の訴えにおいては，会社が免責されるか否かということは全く問題とならない。すなわち，名義書換未了の株主に株式交換無効の訴えの原告適格を認めることが，会社法130条の趣旨を没却するとは考えにくい（三木・後掲32頁）。

また，会社法828条2項11号が原告適格を株主等に限定している趣旨は，利害関係の薄い者による濫訴を防止する趣旨であると推測される（新注会(13) 349頁〔山口賢〕参照）。すなわち，民事訴訟の一般理論として，本案判決を求めるにつき法的利益を有する者が正当な当事者であり，「訴訟物である権利関係の存否の確定について，法律上の利害の対立する者」が当事者適格者であるのが原則であると説かれてきている（兼子一『民事訴訟法体系』〔酒井書店，1954年〕161頁）。そして，株式会社の設立無効の訴えについて，会社債権者・債務者等も重大な利害関係を有するが，平成17年改正前商法は原告適格を認めていなかったと解されていたこと（前掲新注会(13) 349頁〔山口〕参照）に照らすならば，会社の組織に関する訴えの原告適格の有無は定型的に重要な利害関係を有するか否かに注目して規定されていると理解することができる。そうであるとすれば，名義書換が未了であるか否かにかかわらず，株式交換の条件などによっては経済的不利益を受けることには変わりがない以上，名義書換未了の株主に原告適格を認めないとすべき実質的根拠がなく（土田・後掲96頁〜97頁も同旨），しかも，会社法828条2項は，株主名簿上の株主に限定する文言を含んでいないのであるから，本判決のように限定解釈することは適切とはいえないという立論の余地もある。

さらに，会社の組織に関する訴えの提起権が株式（株主としての権利）の内容を成す，すなわち，共益権であるということを強調すると，会社に対する権利行使であるから，会社法130条1項の適用があるということになりそうであるが，少なくとも，現行会社法においては，条文の構造上は，会社の組織に関する訴えの原告適格の問題（大阪地判昭和39・3・10判タ166号203頁参照）として整理されており，株主権としての訴えの提起権という整理にはなっていないと理解したほうが自然である（弥永真生『演習会社法〔第2版〕』〔有斐閣，2010年〕25頁～27頁参照。また，三木・後掲32頁）。

　何よりも，本判決が採る解釈の問題点は，会社がある実質的株主を株主として認めれば，その者には原告適格が認められ，会社が拒めば原告適格が認められないということである。本判決は，最判昭和30・10・20民集9巻11号1657頁を参照しているが，訴訟当事者の一方の意思によって，原告適格が認められたり，認められなかったりすると解することが民事訴訟の基本構造（最判昭和43・11・1民集22巻12号2402頁参照。また，鈴木忠一編『会社と訴訟(下)』〔有斐閣，1968年〕1114頁〔豊水道祐〕）あるいは会社法が原告適格を限定している趣旨と整合的であるといえるのかについては評価が分かれ得る。また，本判決は，「特段の事情が認められる場合には，訴訟において会社が名義書換の欠缺を指摘して株主たる地位を争うことが，信義則（禁反言）に反して許されないと判断されることがあり得る」（したがって，原告適格があると判断されることがある）と判示するが，会社の行動のいかんによって，訴訟法上の法律関係に影響が及ぶと解することも，会社法が定型的に原告適格を定めている趣旨に反するように思われる。

　なお，「株主であることを法律上の利害関係として主張する場合には，株主名簿の名義書換を行って株主たる地位を会社に対抗できることが必要となる」という判示（傍論）の妥当性も自明ではない（新注会(5)329頁〔岩原紳作〕，同390頁〔小島孝〕参照。ただし，江頭＝門口編集代表・前掲309頁〔真鍋〕）。

土田亮・ジュリ1416号94頁，周剣龍・金判1315号17頁。また，三木浩一「株主名簿に仮名で登録されている株主の総会決議取消訴訟における当事者適格」判タ696号25頁。

Number 43

委任状勧誘，議決権行使を条件とする利益供与

会社法 831 条・120 条

東京地判平成 19・12・6
平成 19 年(ワ)第 16363 号，IDEC 株式会社対株式会社モリテックス，株主総会決議取消請求事件，判タ 1258 号 69 頁(控訴審において和解)

事実

　Y 株式会社（被告）の株主である X（原告）及び A は，平成 19 年 4 月 19 日に，「取締役 8 名選任の件」及び「監査役 3 名選任の件」を同年 6 月開催の定時株主総会の目的とすることを Y に対して請求し，X は，同年 6 月 6 日から，Y の株主に対して委任状及び参考書類等を順次送付し，議決権の代理行使の勧誘を開始した。その委任状には，原案に対し修正案が提出された場合（Y から原案と同一の議題について議案が提出された場合等を含む）など一定の場合について白紙委任とする旨が記載されていた。

　他方，Y は，同月 11 日に，第 2 号議案「取締役 8 名選任の件」及び第 3 号議案「監査役 3 名選任の件」（併せて本件会社提案），X らの株主提案に係る第 4 号議案「取締役 8 名選任の件」及び第 5 号議案「監査役 3 名選任の件」（併せて本件株主提案）が記載された本件株主総会に係る招集通知等を発送した。Y が送付した議決権行使書面には，有効に議決権行使をした株主 1 名につき Quo カード 1 枚（500 円分）を「※各議案に賛成された方も反対された方も，また委任状により議決権を行使された株主様にも同様に贈呈いたします」との記載がなされていたが，Y の議決権を有する全株主に対し Y が送付した「『議決権行使書』ご返送のお願い」と題するはがきでは，同趣旨の記載の下部に，「【重要】」とした上で，「是非とも，会社提案にご賛同のうえ，議決権を行使して頂きたくお願い申し上げます。」との記載がされていた。なお，Y は，株主 7323 名に対して，1 人当たり 500 円分の Quo カードを送付した（支出費用は 452 万 1990 円）。

ところで，同月27日開催のY定時株主総会において，議長は，Xらが受任した委任状（本件委任状）に係る議決権数を，第2号議案及び第3号議案については「出席議決権数」に含めず算出し，第2号議案及び第3号議案が可決承認された旨を宣言した。

そこで，Xが，第2号議案及び第3号議案について，各決議の取消しを求めて訴えを提起したのが本件である。

→ 判旨　　　　　　　　　　　　　　　　　　　　　　　　　　　　　請求認容

I　「Yの定款上，本件株主総会において選任できる取締役の員数は最大で8名，監査役の員数は最大で3名となる」。「本件株主提案と本件会社提案とはそれぞれ別個の議題を構成するものではなく，『取締役8名選任の件』及び『監査役3名選任の件』というそれぞれ1つの議題について，双方から提案された候補者の数だけ議案が存在する」。

II　「本件委任状の交付をもって，本件会社提案についての株主からXに対する議決権行使の代理権の授与を認めたとしても，議決権代理行使勧誘規制の趣旨に必ずしも反するものではないということができ，本件委任状が本件会社提案について賛否を記載する欄を欠くことは，本件会社提案に係る候補者についてのXに対する議決権行使の代理権授与の有効性を左右しない」。

III　株主の権利の行使に関してする財産上の利益の供与は，「当該利益が，株主の権利行使に影響を及ぼすおそれのない正当な目的に基づき供与される場合であって，かつ，個々の株主に供与される額が社会通念上許容される範囲のものであり，株主全体に供与される総額も会社の財産的基礎に影響を及ぼすものでないときには，例外的に違法性を有しないものとして許容される場合がある」。

IV　「本件株主総会における本件各決議は，会社法120条1項の禁止する利益供与を受けた議決権行使により可決されたものであって，その方法が法令に違反したものといわざるを得ず，取消しを免れない。」

→ 解説

本判決は，下級審裁判例であるということには留意しなければならないが，株主の権利行使に関する利益供与に当たっても違法性を有しないものとして許容される場合があるとした点，利益供与を背景とする議決権行使があったことは決議取消原

因に当たるとした点，及び，取締役等の選任議題について，候補者ごとに1つの議案となるとした点で意義を有する。

ただ，判旨Ⅰからは，取締役又は監査役の候補者の人数が異なった場合にも会社提案と株主提案とが同一の議題に関するものであるといえるのかは明らかではない。また，Yが株主提案と会社提案とをそれぞれ一括して審議し，一括して採決するという方針を採ったことがそれぞれ1つの議題についてのものであるという根拠とされているようであるが，一括審議・一括採決が適法であるとすると，今度は提案された候補者の数だけ議案が存在するという結論と整合的でないようにも思われる。会社法施行規則66条1項1号イは複数の役員等の選任に関する議案が1つの議案であることを前提としていると解するのが自然である。なお，候補者ごとに1つの議案と解すると，本件の場合，判旨Ⅲに対応する事実が存在しなければ，第2号議案及び第3号議案に係る決議の一部のみを取り消すことで足りたということができるからかもしれない。

判旨Ⅱは，(1) Yからも取締役等の選任に関する議案が提出されるであろうことが，株主にとって顕著であったこと，また，Yの定款に定められた取締役及び監査役の員数の関係から，本件株主提案に賛成し，Xに議決権行使の代理権を授与した株主は，本件会社提案に係る候補者については賛成の議決権行使をする余地がないことから，本件株主提案に賛成する議決権行使の代理権を授与した株主は，Yから提案が予想される議案に反対する趣旨で代理権授与を行ったと解されること，(2)議決権行使の代理権を授与した株主が，その後に株主提案への賛成を翻意した場合には，株主に対する代理権授与の撤回をすることが可能であること，及び，(3)株主が，常に会社提案についても賛否を記載する欄を設けた委任状を作成しなければならないと解することは，株主に対する議決権代理行使の勧誘について会社と株主の公平を著しく害する結果となることを理由として，本件委任状の交付をもって，本件会社提案についてのXに対する議決権行使の代理権の授与を認めたとしても，議決権代理行使勧誘規制の趣旨に必ずしも反するものではなく，本件会社提案について賛否を記載する欄を欠くことは，本件会社提案に係る候補者についてのXに対する議決権行使の代理権授与の有効性を左右しないとした。もっとも，一般論としては，株主提案が定数未満の候補者のみを提案している場合には(1)は当てはまらないし，(2)(3)も代理権を授与した株主の保護という観点からは必ずしも説得力がなく，本判決は，本件特有の事情に基づくものとしてその射程距離は限定的に解することが適当かもしれない。

なお，東京地判平成17・7・7判時1915号150頁は，議決権の代理行使の勧誘は，

株主総会の決議の前段階の事実行為であって，株主総会の決議の方法ということはできず，代理行使勧誘内閣府令に違反しても，決議の方法が法令に違反する場合に該当しない（常に著しく不公正な方法によるものとされないという趣旨ではない）と判示していたが，代理権授与の効力に影響がないとはしておらず，仮に代理権授与が無効であれば，会社は議決権の代理行使を認めてはならない。

議決権を行使してもらうために行っている以上，「株主の権利の行使に関し」という要件を満たす。そして，判旨Ⅲは，有力な見解（河本一郎＝今井宏『会社法──鑑定と実務』〔有斐閣，1999年〕）が挙げている要件によりつつ，例外的に，「株主の権利の行使に関し」財産上の利益の供与が認められる場合があるとしつつ，本件は，「株主の権利行使に影響を及ぼすおそれのない正当な目的に基づき供与される場合」（前田庸『会社法入門〔第11版補訂版〕』〔有斐閣，2008年〕367頁参照）とはいえず，これに当たらないとする。正当な目的には会社の従業員を会員とする持株会への奨励金の支払が含まれると考えられるが（福井地判昭和60・3・29判タ559号275頁），その外延は明らかではない。本判決が正当な目的に基づくものであると判断しなかったのは，書面又は電磁的方法による議決権行使においては，白紙で返送されると，会社提案に賛成，株主提案に反対として扱う旨を会社が定めることができ（会社則66条1項2号・63条3号ニ），実質的に見れば，書面又は電磁的方法による議決権行使を増加させるための利益供与は会社提案に賛成する議決権行使の獲得をも目的としたものと解することが自然だからであろう（したがって，株主総会に出席した株主に対するものについては異なった解釈が可能かもしれない）。

判旨Ⅳは，会社法120条1項の禁止する利益供与を受けた議決権行使により可決された決議には，その方法が法令に違反したものとして，取消原因があるとしているが，これは公表裁判例としては初めてのものであると思われる。昭和56年改正により商法294条ノ2（当時）が創設された趣旨の1つは株主総会の形骸化の原因である総会屋の根絶にあったことに照らすならば，このような解釈には実質的な妥当性が認められよう。

後藤元・平成20年度重判解（ジュリ1376号）114頁，近藤光男・リマークス38号90頁，田中亘・ジュリ1365号134頁，奈良輝久・金判1288号2頁，新山雄三・金判1285号2頁，日下部真治「委任状勧誘規制とモリテックス事件判決」判タ1279号49頁，原弘明・九大法学97号235頁，牧真理子・法学（東北大学）72巻5号197頁，陳宇・法学研究（慶應義塾大学）83巻7号159頁，鳥山恭一・法セ639号114頁，大塚和成・銀法684号42頁。

Number 44

全部取得条項付種類株式を用いた スクイーズアウトと 株主総会決議取消しの訴え

会社法 831 条

東京地判平成 22・9・6
平成 21 年（ワ）第 26121 号, 有限会社オオエイ商事
ほか対インターネットナンバー株式会社, 株主総会
決議取消請求事件, 判タ 1334 号 117 頁

→ **事実**

　Bは，平成 15 年 10 月，Y（被告）の第三者割当増資による株式を引き受け，Yの発行済株式総数の 69.6%を保有する筆頭株主となったが，保有するY株式をCに移転し，平成 21 年 6 月 25 日当時，Cは，Y（発行済株式総数 6 万 1635 株）の株式を少なくとも 4 万 4090 株（持株比率 71.5%）を保有していた。ところで，全部取得条項付種類株式制度を用いて，Cを完全親会社とし，Yを完全子会社とすることを目的として，(1)平成 21 年 6 月 25 日開催のYの臨時株主総会において①Yを種類株式発行会社とする定款変更決議，②Yの普通株式に全部取得条項を付すること等を内容とする定款変更決議及び，③上記①，②の定款変更により全部取得条項付種類株式に変更される株式（旧普通株式）をYが同年 7 月 28 日付けで，旧普通株式 1 株につきA種種類株式 12 万 6380 分の 8 株を対価として取得する決議（本件取得決議）が，(2)同日開催のYの普通株主による種類株主総会において，上記②と同内容の定款変更決議が，それぞれ委任状による賛成をあわせ，出席議決権の 3 分の 2 以上の多数をもって承認可決された。そこで，これらの決議当時，Yの普通株式を有していた X₁ら（原告）が，上記各決議と特別の利害関係のあるCの議決権行使により著しく不当な決議がされたなどとして，上記各決議の取消しを求め，また，上記各決議の内容が全部取得条項付種類株式制度を規定した法の趣旨を逸脱し，または株主平等原則に違反するとして，上記各決議の無効確認を求めて，訴えを提起したのが本件である。なお，同年 7 月 28 日に，Yは，本件取得決議に基づき，旧普通株式を取得し，C以外の株主に対しては，1 株に満たないA種種類株式が交

付されることとなった。

→ 判旨

請求棄却

I 「株主総会決議取消の訴え……は，株主の共益権に基づくものであるから，訴え提起時に原告適格が認められても，訴訟係属中に株主たる地位を失えば，原告適格を喪失する場合があると解される（最高裁大法廷昭和45年7月15日判決・民集24巻7号804頁参照）。……X_1らが本件訴えを提起した平成21年7月27日当時，X_1らはYの株主であり，原告適格を有していたところ（会社法831条1項前段），本件各決議によって，取得日である同月28日に，C以外の株主（X_1らを含む）は，A種種類株式の1株に満たない端数を交付されるに過ぎず，Yの株主としての地位を喪失することとなる。しかし，XがYの株主としての地位を失う原因は，本件各決議の効力によるものであり，Xが本件各決議に取消事由があると主張しているにもかかわらず，当該決議の取消訴訟の原告適格を有しないという解釈は，当該株主の権利保障にあまりにも乏しく，条理上もあり得ないものである。思うに，本件各決議の効力により，取得日である平成21年7月28日にX_1らが，Yの株主としての地位を喪失するにしても，本件各決議の取消請求の認容判決が確定により，本件各決議の効力が遡及的に無効となる余地がある以上，X_1らが同請求の本案判決を求める訴訟上の地位，すなわち原告適格を喪失することはない。なお，かく解するときは，会社法831条1項後段は，旧商法247条1項に規定する『取締役』に『当該決議の取消により取締役となる者を含む』とする解釈を明文化したにすぎないと位置づけることとなり，会社法831条1項後段に株主が含まれていないことは，X_1らの原告適格を否定する根拠とはならない。」

II 「会社法831条1項3号による取消事由があるというためには，①『決議につき特別の利害関係を有する者が議決権を行使したことにより決議が成立した』という特別利害関係の要件及び②『決議が著しく不当である』という不当性の要件を必要とする。上記②の不当性の要件について検討するに，全部取得条項付種類株式制度を規定した会社法108条1項7号，2項7号，171条ないし173条が，多数決により公正な対価をもって株主資格を失わせることを予定していることに照らせば，単に会社側に少数株主を排除する目的があるというだけでは足りず，同要件を満たすためには，少なくとも，少数株主に交付される予定の金員が，対象会社の株式の公正な価格に比して著しく低廉であることを必要とすると解すべきである。なお，少数株主は，価格決定の申立てにおいて価格の公正さを争う機会を有しているもの

の，権利行使に必要な手続的要件の具備や，価格決定手続に要する費用・時間を考慮すると，当該決議の効力自体を争う途を閉ざすことは相当でない。」

Ⅲ 「全部取得条項付種類株式制度については，倒産状態にある株式会社が100％減資する場合などの『正当な理由』がある場合を念頭に導入が検討されたという立法段階の経緯があるにしても，現に成立した会社法の文言上，同制度の利用に何らの理由も必要とされていないこと，取得決議に反対した株主に公正な価格の決定の申立てが認められていること（会社法172条1項）に照らせば，多数決により公正な対価をもって株主資格を失わせること自体は会社法が予定しているというべきであるから，Yに少数株主を排除する目的があるというのみでは，同制度を規定した会社法108条1項7号，2項7号，171条ないし173条の趣旨に違反するとはいえない。」

Ⅳ 「全部取得条項付種類株式を用いてCがYを完全子会社化するスキームにおいては，最終的にCのみがYの株式を取得し，それ以外の少数株主には現金を交付する結果となるものの，本件各決議自体は，Yの筆頭株主であったCも含め，本件各決議の当時のYの普通株主らに対し，普通株式1株当たりA種種類株式12万6380分の8株を交付することを内容とするものであり，株主平等原則に違反するとはいえない。」

→ 解説

　全部取得条項付種類株式を用いたスクイーズアウトに係る株主総会決議の効力が争われた事件に関する裁判例である。X₁らの原告適格を認めた判旨Ⅰは，東京高判平成22・7・7（本書40事件）と同趣旨であり，全部取得条項付種類株式の取得により株主の地位を失った者も，仮に株主総会決議が取り消されれば株主の地位を回復することができる場合には，当該決議については原告適格が認められるという方向で裁判例は（下級審裁判例しか存在しない以上，時期尚早かもしれないが）固まりつつあるのではないかと思われる。

　他方，判旨Ⅳは，株主平等原則違反を形式的基準によって判断しようとするものであり，法令違反の問題はできる限り，明確な基準によって判断することが望ましいとすると，このような解釈にはメリットがある。しかし，最決平成19・8・7民集61巻5号2215頁（ブルドックソース事件）は，無償で割り当てられた新株予約権の内容にも注目しており，実質的な平等を想定していると見る余地もある（森本滋「株主平等原則と買収防衛策」曹時60巻1号1頁以下など参照）。また，仮に，判旨Ⅳの

ような立場によったとしても，判旨Ⅱのように，取消事由を狭く解することが適当であるかは今後の議論が待たれるところであろう。会社法の下では，株主平等原則違反は法令違反として決議無効原因（830条）となると考えられるので，それとは別に決議取消事由の存否は検討されるべきであり，実質的に株主間の平等が確保されない場合には「著しく不公正」とされる余地があり，対価が著しく低廉な場合に限るとする説得的な理由は自明ではないからである（松井秀征「株主の総入替え」法教353号45頁参照）。さらに，判旨Ⅲについても，「少数株主を排除する目的があるというのみでは」（圏点：筆者）法の趣旨に反しないとしても，そのような目的があることが決議取消原因につながらないと直ちにいえるかは熟考しなければならない（多数株主の売渡請求権が法定されなかったという立法経緯を無視するのは適当ではなかろう。また，法制審議会会社法（現代化関係）部会第31回会議〔平成16年11月17日開催〕議事録参照。さらに，笠原武朗「全部取得条項付種類株式制度の利用の限界」江頭憲治郎先生還暦記念『企業法の理論（上）』〔商事法務，2007年〕233頁参照）。なお，学説上，閉鎖会社における少数株主締出しの許容性はより慎重に判断されるべきであるという見解が有力であり（笠原武朗「少数株主の締出し」森淳二朗＝上村達男編『会社法における主要論点の評価』〔中央経済社，2006年〕134頁，伊藤靖史ほか『会社法〔第2版〕』〔有斐閣，2011年〕402頁など），Yは上場会社ではなく，しかも，Yの株式分布に照らせば，本件との関係でも検討を要しよう。

＊　なお，東京高判平成23・4・28（平成22年（ネ）第6429号）は，X_1らの控訴を棄却した（商事法務1932号52頁参照）。

福島洋尚・金判1359号16頁，鳥山恭一・法セ673号117頁，水野信次・銀法724号56頁。

株主代表訴訟の対象となる取締役の責任の範囲

平成 17 年改正前商法 267 条（→会社法 847 条）

最判平成 21・3・10
平成 19 年（受）第 799 号，X 対 Y，所有権移転登記手続請求事件，民集 63 巻 3 号 361 頁

→ 事実

　A 株式会社の株主である X（原告・控訴人・上告人）が，A が第三者から買い受けてその所有権を取得した土地について，A ではなく A の取締役である Y（被告・被控訴人・被上告人）への所有権移転登記がされていると主張し，Y に対し，①主位的には，A の取得した本件各土地の所有権に基づき，A への真正な登記名義の回復を原因とする所有権移転登記手続を求め，②予備的には，AY 間の Y 所有名義の借用契約の終了に基づき，A への真正な登記名義の回復を原因とする所有権移転登記手続を求めて，株主代表訴訟を提起したのが本件訴えである。第 1 審判決（大阪地判平成 18・5・25 金判 1315 号 51 頁）は，X の請求を棄却し，原審判決（大阪高判平成 19・2・8 金判 1315 号 50 頁）は，株主代表訴訟によって追及することのできる取締役の責任は，平成 17 年改正前商法（旧商法）266 条 1 項各号所定の責任など，旧商法が取締役の地位に基づいて取締役に負わせている厳格な責任を指すものと理解すべきであり，取締役がその地位に基づかないで会社に負っている責任を含まないと解することが相当であると判示して，X の本件訴えを却下した。

→ 判旨

予備的請求につき破棄差戻し，一部棄却

　「株主代表訴訟の制度は，取締役が会社に対して責任を負う場合，役員相互間の特殊な関係から会社による取締役の責任追及が行われないおそれがあるので，会社や株主の利益を保護するため，会社が取締役の責任追及の訴えを提起しないときは，

株主が同訴えを提起することができることとしたものと解される。そして，会社が取締役の責任追及をけ怠するおそれがあるのは，取締役の地位に基づく責任が追及される場合に限られないこと，同法〔旧商法〕266条1項3号は，取締役が会社を代表して他の取締役に金銭を貸し付け，その弁済がされないときは，会社を代表した取締役が会社に対し連帯して責任を負う旨定めているところ，株主代表訴訟の対象が取締役の地位に基づく責任に限られるとすると，会社を代表した取締役の責任は株主代表訴訟の対象となるが，同取締役の責任よりも重いというべき貸付けを受けた取締役の取引上の債務についての責任は株主代表訴訟の対象とならないことになり，均衡を欠くこと，取締役は，このような会社との取引によって負担することになった債務（以下『取締役の会社に対する取引債務』という。）についても，会社に対して忠実に履行すべき義務を負うと解されることなどにかんがみると，同法267条1項にいう『取締役ノ責任』には，取締役の地位に基づく責任のほか，取締役の会社に対する取引債務についての責任も含まれると解するのが相当である。」

→ 解説

本判決は，株主代表訴訟の対象となる取締役の責任の発生原因について判断を示した，最高裁判所としては初めての公表裁判例である。

従来，取締役が会社との取引に基づいて負う債務や取締役が第三者としての立場に基づいて負担する不法行為責任などを含む，取締役が会社に対して負担する一切の債務が代表訴訟の対象となるという見解（全債務説）が多数説であった（鈴木竹雄＝竹内昭夫『会社法〔第3版〕』〔有斐閣，1994年〕300頁，大隅健一郎＝今井宏『会社法論(中)〔第3版〕』〔有斐閣，1992年〕272頁，田中誠二『三全訂会社法詳論(上)』〔勁草書房，1993年〕702頁，龍田節『会社法〔第9版〕』〔有斐閣，2003年〕154頁，前田庸『会社法入門〔第10版〕』〔有斐閣，2005年〕409頁，岸田雅雄・会社百選〔第6版〕115頁，吉原和志「代表訴訟によって追及しうる取締役の責任の範囲」北沢正啓＝浜田道代編『商法の争点I』〔有斐閣，1993年〕156頁など）。また，大阪高判昭和54・10・30高民集32巻2号214頁は，代表訴訟により追及できる「取締役の責任」には，不動産所有権の真正な登記名義の回復義務も含まれるとしていた（大阪地判昭和38・8・20下民集14巻8号1585頁も，取締役に対する履行請求権を行使することはできないという一般論を採りつつ，代表訴訟の目的となる取締役の義務には特定物の返還義務，登記移転義務を含むものといってよいとしていた）。

もっとも，旧商法266条及び廃止前商法特例法21条の17以下の責任と免除不可

能な責任（旧商法192条・192条ノ2・280条ノ13・280条ノ13ノ2）のみについて代表訴訟は許されるという見解（限定債務説）も有力であった（北沢正啓「株主の代表訴訟と差止権」同『株式会社法研究』〔有斐閣，1976年〕293頁，同『会社法〔第6版〕』〔青林書院，2001年〕448頁，江頭憲治郎『株式会社・有限会社法〔第4版〕』〔有斐閣，2005年〕417頁～418頁，佐伯直秀「代表訴訟によって追及しうる取締役の責任の範囲」北沢正啓編『商法の争点〔第2版〕』〔有斐閣，1983年〕142頁など）。この見解は，会社が提訴しない場合には原則として代表訴訟の提起が可能であるというわが国の法制の下では，代表訴訟によって追及できる取締役等の責任の範囲を限定しないと代表訴訟が広く認められすぎること，及び，取引に基づく債務などについては会社の裁量を認めることが望ましい場合があることなどを根拠としていた。東京地判昭和31・10・19下民集7巻10号2931頁は，傍論であるが，代表訴訟で追及できる取締役の責任は法令・定款違反行為による損害賠償責任と資本充実責任を意味するとし，会社の債務者（取締役）に対する登記抹消請求権を会社に代位して行使することは代表訴訟の認められる範囲を超えるとしていたし，東京地判平成10・12・7判時1701号161頁は，本判決の原審判決と同様，株主代表訴訟の制度は取締役の責任の厳格化と株主の地位の強化の一環として，昭和25年商法改正により導入されたことを理由として，その際に明確化，厳格化された旧商法266条所定の責任と，当時，厳格化された責任として認識されていた同法280条ノ13所定の責任を意味すると解すべきであるとしていた。また，東京地判平成20・1・17判タ1269号260頁も，同様の根拠に基づき，株券引渡請求は対象とならないとしていた。

　このように下級審裁判例及び学説が分かれていた問題点について，本判決は，旧商法267条1項にいう「取締役ノ責任」には，取締役の地位に基づく責任のほか，取締役の会社に対する取引債務についての責任も含まれるとして，伝統的な限定債務説にはよらないことを明らかにした。しかし，Aの取得した本件各土地の所有権に基づき，Aへの真正な登記名義の回復を原因とする所有権移転登記手続を求めた主位的請求は代表訴訟によって追及することはできないとしており，前掲大阪高判昭和54・10・30（や従来の多数説）が採用していた全債務説にもよらないことを明らかにした。理由は示していないが，前掲東京地判昭和31・10・19の傍論が指摘するように，債権者代位権を行使するのと同じ効果を代表訴訟に認めることは適当ではないという考え方によるのであろう。債権者代位権の行使と同じような効果を認めない限り，所有権移転登記手続請求を代表訴訟において認容しても，取締役が手続を行わなければ，絵に描いた餅にすぎず，間接強制することも適当ではないと考えたのかもしれない（もっとも，予備的請求も主位的請求と同様，金銭債務の履行

を求めるものではないので，強制執行の可能性をめぐって同じ問題がある）。

なお，本判決では，不法行為責任，取引を解除した場合の原状回復義務及び取引が無効である場合の不当利得返還義務については言及されていないが，本判決が示す理由付けに照らせば，これらは代表訴訟によって追及できないという趣旨ではないと解することが自然であるようにも思われるが，旧商法266条1項3号に基づく責任と，金銭を借り入れた取締役の取引上の債務とを整合的に取り扱うという趣旨を強調すれば，伝統的な限定債務説が認めるもののほかは取引債務のみが対象となるという考え方なのかもしれない（たとえば，取締役に対する債権を会社が譲り受けた場合には，その債務の履行を代表訴訟によって求めることはできないことになるのか，それとも，その債権が取引上の債権であれば代表訴訟の対象となるのかは明らかではない）。本判決前においても，平成17年改正前商法266条の責任や免除が不可能な責任のほか，少なくとも，取引上の債務も代表訴訟によって追及することができるとする見解も存在していたが（鈴木竹雄＝石井照久『改正株式会社法解説』〔日本評論社，1950年〕179頁，大隅健一郎＝大森忠夫『逐条改正会社法解説』〔有斐閣，1951年〕297頁，片木晴彦・判評504号〔判時1731号〕37頁，岸田雅雄・会社法百選153頁，龍田節『会社法大要』〔有斐閣，2007年〕164頁），取引上の債務以外の債務がどこまで含まれるのかについては必ずしも明確には示されていなかったように思われる。取引上の債務は代表訴訟で追及できるとすることが適当であるとしても，そのように考えた場合に，他の債務（典型的には不法行為債務）を追及できないと解する（髙橋・後掲）合理性を説明するのは必ずしも容易ではないようにも思われる。

本判決は，会社法847条の解釈にも当てはまるものと考えられるが，取締役が在任中に行った行為についての事例に関するものであり，取締役がその就任前に負っていた会社に対する債務を代表訴訟によって追及することができるかどうかについては，今後の課題として残されている。なお，会社法上，会計監査人・会計参与の責任も代表訴訟によって追及することができるものとされているのは，会社法上の対会社責任を追及することを想定したものであるから，本判決のように，代表訴訟によっては，会社法上の責任のほかは取引債務のみを追及できると解するほうが自然なのかもしれない。

福島洋尚・平成21年度重判解（ジュリ1398号）122頁，近藤光男・セレクト2009［Ⅱ］21頁，藤原俊雄・判評611号（判時2057号）22頁，根本伸一・速判解5号127頁，北村雅史・民商142巻2号182頁，田中庸介・法と政治（関西学院大学）60巻3号605頁，山口和男・平成21年度主判解190頁，髙橋譲・ジュリ1421号96頁，森本滋「株主代表訴訟における『取締役の責任を追及する訴え』」商事法務1932号4頁。

Number 46

代表訴訟における弁護士報酬のうち「相当ナル額」

平成 17 年改正前商法 268 条ノ 2（→会社法 852 条）

大阪地判平成 22・7・14
平成 20 年(ワ)第 16888 号, X 対株式会社ダスキン,
報酬金請求事件, 判時 2093 号 138 頁

→ **事実**

　食品販売会社である Y（被告）の元取締役らが，商品に無認可添加物が混入していることを認識したにもかかわらずこれを秘して販売継続を決定し，通報者に対して口止め料を支払うなどした行為により，会社の社会的信用が失墜したことや加盟店に対する営業補償が必要になったこと等のため，Y は損害を被ったとして，Y の株主である X（原告）は，Y の合計 13 名の元取締役，監査役らを被告として，Y に対して損害を賠償することを求めて，株主代表訴訟を提起した（大阪地方裁判所平成 15 年(ワ)第 3262 号，第 4262 号損害賠償請求事件〔株主代表訴訟〕）。なお，上記第 3262 号事件と上記第 4262 号事件は併合されて審理が進められていたが，第 8 回弁論準備期日に C らについての弁論が分離され，以後，C 及び D を被告とする事件（2 名関係訴訟）とその余の 11 名を被告とする事件（11 名関係訴訟）が別々に審理されるようになった（以下，2 名関係訴訟と 11 名関係訴訟とを併せて，「別件株主代表訴訟」という）。2 名関係訴訟について，大阪地判平成 17・2・9 判時 1889 号 130 頁及び大阪高判平成 19・1・18 判時 1973 号 135 頁は，C 及び D に Y に対する損害賠償を命じた。他方，11 名関係訴訟については，大阪地判平成 16・12・22 判時 1892 号 108 頁は，I 以外の取締役及び監査役に対する請求を棄却したが，大阪高判平成 18・6・9 判時 1979 号 115 頁は，すべての被告に対する請求の少なくとも一部を認容したので，X 及び 11 名関係訴訟被告らが上告及び上告受理申立てをしたが，最決平成 20・2・12（平成 18 年(オ)第 1487 号〜1489 号，平成 18 年(受)第 1720 号〜1723 号）は，いずれについても上告棄却又は上告を受理しないものとした。この判決を受けて，

平成17年改正前商法（旧商法）268条ノ2第1項に基づき，XがYに対し，別件株主代表訴訟において訴訟委任をした弁護士らに支払うべき報酬額の範囲内において相当なる額として4億円及びこれに対する遅延損害金の支払を求めて訴えを提起したのが本件である。

→ 判旨　　　　　　　　　　　　　　　　　　　　　　　　　　　一部認容

　旧商法268条ノ2第1項「にいう『相当ナル額』とは，株主代表訴訟において株主から訴訟委任を受けた弁護士が当該訴訟のために行った活動の対価として必要かつ十分な程度として社会通念上適正妥当と認められる額をいい，その具体的な額は，当該訴訟における事案の難易，弁護士が要した労力の程度及び時間，認容された額，判決の結果当該会社が回収した額，株主代表訴訟の性格その他諸般の事情を総合的に勘案して定められるべきものと解するのが相当である」。「Yが提起したCらに対する別件の民事訴訟において和解が成立し，それが結果的に別件株主代表訴訟の判決に基づく債権の回収より先行していたとしても，それは個々の訴訟の進み具合や相手方の意向等の事情によると考えるのが自然であり，上記のとおり，Yが別件株主代表訴訟の第1審判決後から当該債権の回収のための執行手続を進めていたことなどからすれば，Yが別件株主代表訴訟に先んじて別件の民事訴訟事件の和解を成立させ，その回収を優先させたものとは認められず，他にYが別件株主代表訴訟の判決に基づく債権の回収を殊更怠ったような事情も証拠上うかがわれない。」「別件株主代表訴訟の事案自体はさほど複雑なものではなかったが，別件株主代表訴訟において別件受任弁護士らの要した労力の程度及び時間は相当なものがあり，事案の内容，性質，Xが入手し又は入手し得た証拠関係，11名関係訴訟及び2名関係訴訟の審理経過並びに確定した判決内容にかんがみても，別件受任弁護士らが費やした労力と時間はその提訴の目的を実現するためにある程度必要やむを得ないものであったということができる。そうであるところ，別件株主代表訴訟の判決認容額は，11名関係訴訟が総額で5億5805万円及びこれに対する遅延損害金，2名関係訴訟が総額で53億4350万円及びこれに対する遅延損害金であり，判決の結果Yは11名関係訴訟については遅延損害金部分を含めてその全額を回収し，2名関係訴訟については1億1855万8464円を回収しているのであって，Yは現実に上記回収額相当の経済的利益を受けている。これらの事情に加えて，2名関係訴訟の被告であるCらは実質的には事実関係をほとんど争っておらず，同訴訟に関して別件受任弁護士らの要した労力は少なかったということができること，2名関

係訴訟の判決認容額のうちの大部分は客観的にみて当初より回収し得ない金額であったと考えられ，Yがその回収を殊更怠ったような事情もうかがわれないこと，株主代表訴訟の性格等を併せ考えると，別件株主代表訴訟における旧商法268条ノ2第1項の原告が別件受任弁護士らに支払うべき報酬額の範囲内で『相当ナル額』は8000万円と認めるのが相当である。……『相当ナル額』を認定するに当たって弁護士会の定めていた弁護士報酬規程に従って算定される報酬額を考慮要素とすることまで否定されるものではないとしても，旧商法268条ノ2第1項の前記立法趣旨にもかんがみると，特段の事情のない限り当該報酬額をもって『相当ナル額』とすべきである旨のXの主張を採用することはできない。……取締役等が会社に対して責任を負う場合に会社や株主の利益を保護するため株主が取締役等の責任追及の訴えを提起することができることとすることにより会社の利益の回復ひいては株主の利益の回復を図るという株主代表訴訟の制度の趣旨，目的からすれば，『相当ナル額』を定めるに当たっては，判決認容額及び回収額は重要な考慮要素となるものであり，判決認容額それ自体も，訴訟委任を受けた弁護士が当該訴訟のために行った活動の対価としての報酬の性格からして，回収額とともに重要な考慮要素となるものというべきである。」

→ 解説

　旧商法268条ノ2第1項は，代表訴訟を提起した株主が勝訴した場合に，弁護士又は弁護士法人に報酬を支払うべきときは，株主は，その報酬の範囲内において「相当ナル額」を支払うべきことを会社に対して請求することができると定めていたが（会社法852条も同趣旨），本判決は，「相当ナル額」の決定に当たって考慮に入れるべき要素を明らかにした上で，本件の事実関係に当てはめて，「相当ナル額」を具体的に認定したものとして意義を有する。
　本判決が挙げる考慮要素は，地方自治法242条の2第1項4号（平成14年法律第4号による改正前のもの）の規定に基づく住民訴訟に係る同条7項に基づく弁護士に支払うべき報酬額の範囲内で相当と認められる額は「住民から訴訟委任を受けた弁護士が当該訴訟のために行った活動の対価として必要かつ十分な程度として社会通念上適正妥当と認められる額をいい，その具体的な額は，当該訴訟における事案の難易，弁護士が要した労力の程度及び時間，認容された額，判決の結果普通地方公共団体が回収した額，住民訴訟の性格その他諸般の事情を総合的に勘案して定められるべき」であるとした最判平成21・4・23民集63巻4号703頁とパラレルなも

のである。株主代表訴訟が株主個人の利益ではなく株主共通の利益のために行われることと、住民訴訟が住民個人の利益ではなく住民共通の利益のために行われることが類似していること、原告とその委任を受けた弁護士との関係において、勝訴した場合でも委任する原告自身には直接的な経済的利益がないことは株主代表訴訟も住民訴訟も共通していることから、このようにパラレルに考えることは、極めて自然なものと考えられる。

そして、株主代表訴訟における弁護士報酬のうち相当な額については、東京地判平成16・3・22判タ1158号244頁が、請求額、当事者の数、事案の内容（難易）、弁護士の手数の繁簡（口頭弁論期日の回数、提出した訴訟資料の内容及び分量、証拠調べの回数及び人数、和解交渉の経緯、事件の終了に至るまでの期間等）、訴訟の結果、会社が得た利益などの諸般の事情を考慮して、弁護士がする訴訟追行の対価として相当な額であるか否かという観点から決すべきであるとして（神戸地判平成10・10・1判時1674号156頁も同趣旨であろう）、具体的な報酬額を認定し、また、株主代表訴訟において和解が成立した場合に原告株主の弁護士報酬請求権を認めた東京高判平成12・4・27金判1095号21頁も、提訴前に採った措置を挙げたほかは、前掲東京地判平成16・3・22が挙げた事情を考慮すべきであるとしていた。

大塚和成・銀法727号56頁。本判決についての評釈等ではないが、青木哲・ジュリ1213号146頁、堀口勝・金判1078号51頁、同・金判1113号63頁、釜田薫子・商事法務1688号56頁、竹内昭夫「株主の代表訴訟」法学協会編『法学協会百周年記念論文集(3)』（有斐閣、1983年）153頁、同「取締役の責任と代表訴訟」法教99号6頁、金子宏直「株主代表訴訟における弁護士報酬の問題(1)(2・完)」民商113巻2号213頁、3号389頁。

Number 47

会社の役員としての権利義務を有する者の解任の訴えの可否

会社法854条・346条

最判平成 20・2・26
平成19年（受）第1443号，Xほか対株式会社協栄製作所ほか，取締役解任請求事件，民集62巻2号638頁

事実

本件は，同族会社である Y_1 の発行済株式560株のうち280株を所有する株主であるXら（原告・控訴人・上告人）が，同じく280株を所有し Y_1（被告・被控訴人・被上告人）の代表取締役である Y_2 は同社の経営を独断専行しているなどと主張して，Y_1 らに対し，Y_2（被告・被控訴人・被上告人）の取締役の解任を求めて訴えを提起したものである。なお，Y_1 においては，Xと Y_2 が発行済株式総数の2分の1ずつを保有して互いに対立し，株主総会を開催しても新たな取締役が選任される見込みはなく，新たに選任された取締役が就任するまで取締役としての権利義務を有する者（取締役権利義務者）としての Y_2 の地位は2年半以上に及んでいた。

第1審判決（名古屋地判平成19・2・28金判1295号48頁）は，本件解任の訴えは不適法であるとして，Xの訴えを却下し，原判決（名古屋高判平成19・6・14金判1295号47頁）も，「取締役権利義務者は会社法346条により暫定的に役員としての権利義務を有しているものにすぎず，役員としての地位を有するものではないところ，既に退任している取締役を更に解任することが背理である」，「取締役権利義務者は新たな役員が選任されるまでなお役員としての権利義務を有する点で暫定的な性格を有するのであって，それは期間の長短とは関係がないから，その期間が2年半以上に及んだとしても，取締役権利義務者が暫定的性格を有しなくなるものではない。そして，会社法854条の解任の訴え」は「暫定的な性格を有する取締役権利義務者を相手方とすることを予定していない……から，同条の役員に準ずる者として上記解任請求の対象となると解することはできない」として，Xの控訴を棄却した。

→ 判旨

上告棄却

「会社法346条1項に基づき退任後もなお会社の役員としての権利義務を有する者(以下「役員権利義務者」という。)の職務の執行に関し不正の行為又は法令若しくは定款に違反する重大な事実(以下「不正行為等」という。)があった場合において、同法854条を適用又は類推適用して株主が訴えをもって当該役員権利義務者の解任請求をすることは、許されないと解するのが相当である。」

「(1) 同条は、解任請求の対象につき、単に役員と規定しており、役員権利義務者を含む旨を規定していない。

(2) 同法346条2項は、裁判所は必要があると認めるときは利害関係人の申立てにより一時役員の職務を行うべき者(以下「仮役員」という。)を選任することができると定めているところ、役員権利義務者に不正行為等があり、役員を新たに選任することができない場合には、株主は、必要があると認めるときに該当するものとして、仮役員の選任を申し立てることができると解される。そして、同条1項は、役員権利義務者は新たに選任された役員が就任するまで役員としての権利義務を有すると定めているところ、新たに選任された役員には仮役員を含むものとしているから、役員権利義務者について解任請求の制度が設けられていなくても、株主は、仮役員の選任を申し立てることにより、役員権利義務者の地位を失わせることができる。

(3) 以上によれば、株主が訴えをもって役員権利義務者の解任請求をすることは、法の予定しないところというべきである。」

→ 解説

本判決は、会社役員解任の訴えによっては、会社法346条1項に基づき退任後もなお会社の役員としての権利義務を有する者の解任請求をすることができないとした最高裁判所として初めての公表裁判例である(下級審裁判例としては、東京高決昭和60・1・25判時1147号145頁、名古屋地判昭和61・12・24判タ634号216頁など。登記先例としては、昭和39・10・3民事甲第3197号民事局長回答)。

本判決は、①会社法854条は解任請求の対象につき、単に役員と規定しており、役員権利義務者を含む旨を規定していないこと、及び、②役員権利義務者について解任請求の制度が設けられていなくても、株主は、仮役員の選任を申し立てることにより、役員権利義務者の地位を失わせることができることを根拠としている。し

かし，①のみでは役員権利義務者の地位を解任の訴えによって失わせることができないとする根拠としては弱いと解する余地がある。すなわち，たとえば，会社法360条が定める株主による取締役の違法行為差止請求との関係では，取締役権利義務者の行為についても，その行為をやめることを請求できなければ不都合が生ずるが，同条1項は，単に取締役と規定しており，取締役権利義務者を含むとは規定していないからである（もっとも，会社法854条は訴えについて定めるものであるから，私法上の権利義務を定める会社法360条と比較すれば，文言により忠実に解するべきであると考える余地があるのかもしれない）。

他方，根拠の②との関係では，会社法346条1項は，「役員が欠けた場合又はこの法律若しくは定款で定めた役員の員数が欠けた場合には，任期の満了又は辞任により退任した役員は，新たに選任された役員（次項の一時役員の職務を行うべき者を含む。）が就任するまで，なお役員としての権利義務を有する」（圏点：筆者）と規定しており，一時取締役が就任すれば，任期の満了により退任した取締役は，取締役としての権利義務を有しないことになる。したがって，株主は，仮役員の選任を申し立てることにより，取締役権利義務者の地位を失わせることができるため，本判決の指摘は的を射ているということができよう。平成17年改正前商法の下でも，仮取締役が選任され，就任すると取締役権利義務者はその地位を失う旨を明文では定めていなかったが，会社法258条2項は「前項ノ場合ニ於テ」と定めており，仮取締役が就任したときには退任取締役は取締役としての権利義務をもはや有しなくなることを前提としていたと考えられる。

ただし，平成17年改正前商法258条2項の解釈としては，不在，病気等のほか，退任取締役が取締役としての権利義務を引き続き課せられることを欲しないときなど，退任取締役が取締役としての権利義務を有することが不適当な場合には仮取締役選任の必要があると認められる可能性があると指摘されていた（新注会(6)88頁〔浜田道代〕）。取締役権利義務者は任期の満了又は辞任により退任した取締役であり，その地位を失わせることは，取締役の地位を失わせるよりも緩やかな要件で認めてよいはずであり，少なくとも，取締役権利義務者の「職務の執行に関し不正の行為又は法令若しくは定款に違反する重大な事実」（会社854条1項柱書）があれば，裁判所は一時取締役の選任の「必要があると認める」はずである。

もっとも，本件において，Xがなぜ取締役解任の訴えという手続を用いようとしたのかが必ずしも明らかではない。すなわち，取締役権利義務者は，取締役としての権利義務を有することについて合理的な期待を有するものではないからこそ，株主総会の特別決議によらなくとも，一時取締役の選任により取締役権利義務者の

地位を失わせることができると会社法は定めているはずであり，X は Y_1 の株主である以上，会社法 346 条 2 項にいう「利害関係人」に当たることには疑いはない（前掲新注会(6) 88 頁〔浜田〕）。しかも，取締役解任の訴えは，「役員を解任する旨の議案が株主総会において否決されたとき又は当該役員を解任する旨の株主総会の決議が第 323 条の規定によりその効力を生じないとき」（会社 854 条 1 項柱書）でなければ，提起できないはずであり，本件において，この要件をそもそも満たせたのかという問題がある（すなわち，裁判所としては，会社法 854 条 1 項柱書が定めるこの要件を満たしていないことを理由に，訴えを却下することが可能であったのではないか，その方が洗練された理由付けなのではないかとすら思われる）。なぜならば，任期満了又は辞任により退任した取締役について，株主総会で解任決議をするということは考えられないからである。以上に加えて，Y_2 が取締役権利義務者であったという事実からは，取締役解任の訴えにより Y_2 の地位を失わせることができたとしても，X が主張したように，X と Y_2 が同数の議決権を有している以上，新たに取締役を選任することは事実上不可能なのだから，結局，一時取締役の選任を裁判所に請求せざるを得なかったのではないかと考えられる。

　なお，本判決前においても，本判決と同様の理由付けを示して，否定説が多数であったが（大隅健一郎＝今井宏『会社法論(中)〔第3版〕』〔有斐閣，1992年〕182頁，東京地方裁判所商事研究会編『類型別会社訴訟Ⅰ』〔判例タイムズ社，2006年〕10頁参照），解任の訴えを本案として職務執行停止の仮処分を求めることができる方が望ましいなどとして肯定する見解も有力であった（河内隆史・判タ975号86頁，田中誠二『三全訂会社法詳論(上)』〔勁草書房，1993年〕587頁，小林俊明・ジュリ952号144頁，吉本健一・判タ694号55頁など）。

絹川泰毅・ジュリ1370号235頁，絹川泰毅・曹時61巻10号3281頁，受川環大・平成20年度重判解（ジュリ1376号）117頁，川島いづみ・判評598号（判時2018号）22頁，遠藤曜子・金判1310号25頁，吉本健一・金判1298号12頁，近藤光男・民商139巻4・5号514頁，河内隆史・速判解3号131頁，山口和男・平成20年度主判解158頁。

Number 48

特別背任と経営判断原則

平成17年改正前商法486条（→会社法960条）

最決平成21・11・9
平成18年（あ）第2057号，商法違反被告事件，刑集63巻9号1117頁

→ **事実**

Y₁（被告人）及びY₂（被告人）は，いずれも，株式会社A銀行の代表取締役頭取であったものである。Bが建設したレジャー施設は当初見込みと違ってその売上げが減少し，また，ホテルは採算性が見込まれないものであり，売上高は当初見込みの半分程度にとどまっていた。さらに，Bは，C地区の総合開発を図るため，土地の取得を進めていたが，未買収部分が点在し，開発計画の内容が定まらず，採算性にも疑問がある等，深刻な問題を抱えていた。このような状況の下，Bを含む企業集団（Bグループ）の資産状態，経営状況は悪化し，同グループは，Aが赤字補てん等のための追加融資を打ち切れば直ちに倒産する実質倒産状態に陥っていた。ところが，Y₁及びY₂は，それぞれの頭取在任中に，Bグループがこのような資産状態，経営状況にあることを熟知しながら，赤字補てん資金等の融資（本件融資）を決定し，実質無担保でこれを実行した。

第1審判決（札幌地判平成15・2・27判タ1143号122頁）は，本件融資につき，Y₁及びY₂が自己の任務に違背したことはそれぞれ認められるものの，Y₁及びY₂に，自己又は第三者図利目的があったと認めるにはなお合理的な疑いが残るとして，特別背任罪は成立しないとしたが，原判決（札幌高判平成18・8・31判タ1229号116頁）は，Y₁及びY₂には任務違背が認められるのみならず，自己及び第三者図利目的があったと認められるとして，特別背任罪が成立するとした。

そこで，既存の貸付金の回収額をより多くしてAの損失を極小化し，A自体に対する信用不安の発生を防止し，さらに，融資打切りによる地域社会の混乱を回避

する等の様々な事情を考慮して総合的に判断することを求められていたこと，同判断が極めて高度な政策的，予測的，専門的な経営判断事項に属し，広い裁量を認めるべきものであること等を挙げて，それが著しく不当な判断でない限り尊重されるべきであるとして，任務違背がなかった旨主張して，Y_1及びY_2が上告した。

→ 決定要旨　　　　　　　　　　　　　　　　　　　　　　　　　　上告棄却

「銀行の取締役が負うべき注意義務については，一般の株式会社取締役と同様に，受任者の善管注意義務……及び忠実義務……を基本としつつも，いわゆる経営判断の原則が適用される余地がある。しかし，銀行業が広く預金者から資金を集め，これを原資として企業等に融資することを本質とする免許事業であること，銀行の取締役は金融取引の専門家であり，その知識経験を活用して融資業務を行うことが期待されていること，万一銀行経営が破たんし，あるいは危機にひんした場合には預金者及び融資先を始めとして社会一般に広範かつ深刻な混乱を生じさせること等を考慮すれば，融資業務に際して要求される銀行の取締役の注意義務の程度は一般の株式会社取締役の場合に比べ高い水準のものであると解され，所論がいう経営判断の原則が適用される余地はそれだけ限定的なものにとどまるといわざるを得ない。したがって，銀行の取締役は，融資業務の実施に当たっては，元利金の回収不能という事態が生じないよう，債権保全のため，融資先の経営状況，資産状態等を調査し，その安全性を確認して貸付を決定し，原則として確実な担保を徴求する等，相当の措置をとるべき義務を有する。例外的に，実質倒産状態にある企業に対する支援策として無担保又は不十分な担保で追加融資をして再建又は整理を目指すこと等があり得るにしても，これが適法とされるためには客観性を持った再建・整理計画とこれを確実に実行する銀行本体の強い経営体質を必要とするなど，その融資判断が合理性のあるものでなければならず，手続的には銀行内部での明確な計画の策定とその正式な承認を欠かせない。」「これを本件についてみると，Bグループは，本件各融資に先立つ平成6年3月期において実質倒産状態にあり，グループ各社の経営状況が改善する見込みはなく，既存の貸付金の回収のほとんど唯一の方途と考えられていたC地区の開発事業もその実現可能性に乏しく，仮に実現したとしてもその採算性にも多大の疑問があったことから，既存の貸付金の返済は期待できないばかりか，追加融資は新たな損害を発生させる危険性のある状況にあった。被告人Y_1及び同Y_2は，そのような状況を認識しつつ，抜本的な方策を講じないまま，実質無担保の本件各追加融資を決定，実行したのであって，上記のような客観性を

持った再建・整理計画があったものでもなく，所論の損失極小化目的が明確な形で存在したともいえず，総体としてその融資判断は著しく合理性を欠いたものであり，銀行の取締役として融資に際し求められる債権保全に係る義務に違反したことは明らかである。そして，両被告人には，同義務違反の認識もあったと認められるから，特別背任罪における取締役としての任務違背があったというべきである。」

→ 解説

　本決定は，「融資業務に際して要求される」銀行の取締役の注意義務の程度は一般の株式会社取締役の場合に比べ高い水準のものであると解され，経営判断の原則が適用される余地はそれだけ限定的なものにとどまるとした最高裁判所の判断として意義を有する。

　たしかに，民事事件に係る，多くの下級審裁判例は，一般事業会社の取締役に求められる注意義務の水準よりも金融機関の取締役（協同組織金融機関では理事）に「融資業務に際して要求される」注意義務の水準は厳格である，少なくとも，裁量の幅が狭くなると述べてきた（大阪地判平成14・3・13判時1792号137頁，同平成14・3・27判タ1119号194頁，同平成16・7・28判タ1167号208頁，大阪高判平成14・3・29金判1143号16頁，東京地判平成14・7・18判時1794号131頁，同平成14・10・31判時1810号110頁，札幌地判平成16・3・26判タ1158号196頁，札幌高判平成17・3・25判タ1261号258頁，同平成18・3・2判タ1257号239頁，同平成18・3・2判時1946号128頁など）。また，最判平成20・1・28集民227号105頁も「当時の状況下において，銀行の取締役に一般的に期待される水準に照らし，著しく不合理なものといわざるを得」ないとして（圏点：筆者），銀行の取締役としての忠実義務，善管注意義務違反があり，損害賠償責任を負うと判示したが，注意義務の程度についての一般論は示していなかった。したがって，最高裁判所がこのような一般論を明示的に採った点は意義深い。この一般論は，特別背任罪の成否に関するものであるが，取締役の会社に対する責任の成否についても妥当するものと解される。

　もっとも，本決定においては，必ずしも，この一般論に基づいて，当てはめがなされているわけではなく，「その融資判断は著しく合理性を欠いたものであり，銀行の取締役として融資に際し求められる債権保全に係る義務に違反したことは明らかである」（圏点：筆者）と判示されている。また，田原睦夫裁判官は，「本件各企業に対する各融資は，経営判断の原則の適用の可否を論じるまでもなく，銀行の頭取としての任務に違背していたものであることは明白である」と補足意見において

述べており，従来の裁判例のうち，経営判断原則にふれなかったものがあるのは，それらの事案の多くではそもそも経営判断原則が問題となり得なかったからであるという指摘もなされてきた（岩原紳作「金融機関取締役の注意義務」落合誠一先生還暦記念『商事法への提言』〔商事法務，2004年〕206頁参照）。

　他方，融資の返済が可能であるとは認められない状況の下で融資を行った事案について，特別背任罪との関係で任務違背を認めた裁判例としては，名古屋高金沢支判平成18・9・5金法1846号74頁（最決平成20・5・19刑集62巻6号1623頁により是認），最決平成15・2・18刑集57巻2号161頁，最決平成10・11・25刑集52巻8号570頁などがあり，本決定はこの流れに沿ったものと理解することができよう。しかも，東京地判平成13・10・22判時1770号3頁は，本決定と類似した具体的規範を定立していたし，大阪高判平成17・4・28高検速報平成17年257頁は，母体行責任は法律上の義務でないことや銀行の高い公共性及び預金者保護の観点からすると，「関連会社であるとの一事をもって，他の一般の貸付けと異なり何らの制限もなく貸付けが許されるものでないことは明らか」であると判示していた。もっとも，信用保証協会が保証条件違反を理由とする免責通知を撤回した事案について，最判平成16・9・10刑集58巻6号524頁は，本人にとっての長期的な利害得失を考慮して，任務違背の有無の判断を行うべきであるという発想によっている（上嶌一高・平成16年度重判解〔ジュリ1291号〕174頁。また，同『背任罪理解の再構成』〔成文堂，1997年〕269頁参照）。

島田聡一郎・平成22年度重判解（ジュリ1420号）214頁，岩原紳作・ジュリ1422号136頁，品田智史・刑事法ジャーナル22号114頁，中村芳生・研修746号15頁，髙山佳奈子「金融機関経営者の刑事責任」金法1911号16頁，清水真＝阿南剛・商事法務1897号25頁，大久保拓也・速判解8号151頁，松山昇平・金法1896号12頁。また，本決定についての評釈ではないが，神吉正三「銀行取締役の注意義務」筑波法政28号97頁，同「銀行取締役の注意義務再論(1)(2)(3完)」龍谷法学41巻3号421頁，4号737頁，42巻1号25頁。

Number 49

グループ会社間の金員の貸付けと借主会社の代表取締役に対する保証債務の履行請求

民法1条3項

最判平成 22・1・29
平成 19 年 (受) 第 2065 号, 株式会社 F&F キャピタル対 Y, 連帯保証債務履行請求事件, 判時 2071 号 38 頁

→ 事実

　A 株式会社（代表取締役 B）は各事業部門の法人化を進め，A の財務部門を法人化した X（旧商号 C）（原告・控訴人・被上告人），E（組織変更後商号 D），F，G 及び H を設立したが，いずれも本店所在地が A と同一であり，1 社を除き，いずれも B がその代表取締役に就任した。その後，D（代表取締役 B，取締役 L）が全額出資することにより，人材派遣や業務請負を業とする K（代表取締役 B）の神戸支店を法人化して，M が設立された。M は，A との間で経営顧問契約を，D が全額出資することにより設立された J（代表取締役 L）との間で経営顧問契約を，D との間で管理業務委託契約を，A 社グループ（X，D，F，G，H 及び J）に属する G との間でコンサルティング委託契約を，H との間で手配管理システム利用契約を，それぞれ締結した。M の第 1 期事業年度の損益計算書によれば，その売上高のうち，少なくとも 3 分の 2 に相当する額が A 社グループに属する会社に対する支払に充てられ，560 万円余りの経常損失が発生した。また，M の代表者印，銀行届出印及び預金通帳は，F において保管されており，M は，B 又は L から，当期予算の事前提出を指示され，売上げや利益についても具体的な目標を設定され，予算の達成率や売上げ等の報告や資料の提出を求められ，メールなどにより，個々の業務に関する指示を受けることもあった。

　Y（被告・被控訴人・上告人）は，平成 15 年 6 月頃，K の神戸支店にアルバイトとして勤務するようになり，平成 16 年 11 月に，M が設立された際には，その正社員となり，営業部長の肩書を与えられた。ところで，L は，平成 17 年 1 月頃，Y

200

から，Ｍの資金繰り表の提出を受け，近い将来Ｍの資金がショートする旨の報告を受けていたにもかかわらず，Ｙに対し，Ｍの代表取締役に就任するよう強く働きかけ，Ｙは，同年３月１日付けでＭの代表取締役に就任した。その後，Ｌから，ＭがＸから借入れをし，Ｙがその保証人になるよう，Ｙは指示を受け，Ｘとの間で，Ｍの代表者として，ＭがＸから，利息の利率を年18％，遅延損害金の利率を年25％とするなどの約定で借り入れる旨の金銭消費貸借契約（本件消費貸借契約）を締結するとともに，Ｙが上記借入れに係る借入金債務を連帯保証する旨の保証契約（本件保証契約）を締結した。

その後，ＸがＹに対して本件保証契約に基づく保証債務の履行を求めて訴えを提起したのが本件である。第１審判決（大阪地判平成18・12・26〔平成17年(ワ)第12287号〕）は，Ｍ独自の裁量の余地がうかがえないこと，Ｙが不本意ながらＬの指示でＭの代表取締役に就任したこと，本件消費貸借契約の内容がグループ間取引では考えられない利息制限法違反の高利であることなどから，権利濫用であるとして，Ｘの請求を棄却したが，原審判決（大阪高判平成19・9・11〔平成19年(ネ)第292号〕）は，ＭとＡ社グループに属する上記各会社との関係，ＹのＭの代表取締役への就任や本件保証契約締結の経緯等を検討しても，Ｘによる保証債務の履行請求が権利の濫用に当たるといえるほどの事情は認められないなどとして，Ｘの請求を全部認容した。

→ 判旨

破棄自判。Ｘの控訴棄却（請求棄却）

「Ｍの業務遂行に関し，その代表取締役にはほとんど裁量の余地はなく，資金繰りを含めその経営の判断は，ＢやＬに依存し，その指示に従わざるを得ない経営体制にあったということができる。他方，Ｙは，……代表取締役に就任したとはいえ，上記経営体制の下にあっては，単なる従業員とほとんど異ならない立場にあったとみることができる。しかるに，Ｌは，近い将来Ｍの資金繰りが行き詰まるおそれがあることを認識しながら，Ｙに対し，同社の代表取締役に就任するよう強く働きかけた上，Ｙの代表取締役就任後間もなくして同社の資金繰りが行き詰まるや，Ｙに対し，Ｂが代表取締役を務め，その全株式を保有するＸから融資を受け，Ｙにおいてこの融資に係る債務を保証するよう指示したというのである。そして，Ｘは，ＭがＡ社グループの関連会社であるにもかかわらず，利息制限法所定の制限利率を上回る高利で金員を貸し付け，これをＹに保証させているところ，Ｍの上記経営体制の下にあっては，Ｙがこれを拒むことは事実上困難であっ

たというほかな」い。「XのYに対する保証債務の履行請求は、Mが既に事業を停止している状況の下において、A社グループに属する各社がMの事業活動から経営顧問契約等の各種契約に基づき顧問料等の名目で確実に収入を得ていた一方で、わずかの期間同社の代表取締役に就任したとはいえ、経営に関する裁量をほとんど与えられていない経営体制の下で、経験も浅く若年の単なる従業員に等しい立場にあったYだけに、同社の事業活動による損失の負担を求めるものといわざるを得ず、Yが同社の代表取締役に就任した当時の同社の経営状況、就任の経緯、Xの同社に対する金員貸付けの条件、Yは本件保証契約の締結を拒むことが事実上困難な立場にあったことなどをも考慮すると、権利の濫用に当たり許されないものというべきである。」

なお、竹内行夫裁判官の補足意見(「Mは、A社グループに属する会社との間で各種の契約を締結することにより、経営についての助言や顧客の紹介を受けることができるほか、人材派遣業務に有益なコンピューターシステムや入出金業務等を定型化した会計システムの利用をすることなどができることになる。また、A社グループの関連会社であるMは、同グループに属するXから運転資金のつなぎ融資を受けることも可能になる。このようなビジネスシステムは、Mの代表者に経営上の裁量が与えられ、同社が上記グループに属する会社に支払うべき上記各システム等の利用の対価やつなぎ融資に係る利息の定めが合理的なものであったならば、Mの業務(軽作業等の業務請負)の遂行に役立つばかりでなく、経理等の管理事務の合理化・効率化、ひいては、経費の節減にもつながるものであって、このシステム自体を不当なものであると考えるべきではない。したがって、このシステムの不当性を前提として、XのYに対する保証債務の履行請求が権利の濫用に当たるということはできない。しかし、本件については、……法廷意見が指摘する諸事情にかんがみれば、上記保証債務の履行請求が権利の濫用に当たるということもやむを得ないところである」)がある。

→ 解説

本判決は、保証債務の履行請求は権利の濫用に当たり許されない一事例を示したものとして意義を有する。

たしかに、本判決前にも、期間の定めのない根保証契約の締結後3年余が経過し、主債務者の経営状態が悪化し、担保物件も第三者に売却されていた事情を、債権者が了知し得る状態にあったにもかかわらず、根保証人の意向を打診することなく、漫然と手形貸付けをしたという事案につき、債権者の保証債務の履行請求を「信義則に反し権利の濫用であって許されない」という原審(名古屋高金沢支判昭和47・3・

15金判358号4頁）の判断を肯認した最判昭和48・3・1集民108号265頁があり，債権者が取引状況・未払額の増加等を保証人に連絡せず，保証人はこの間の事情を知らなかったとして，保証人の責任額を減額したもの（大阪高判昭和56・2・10判タ446号137頁），主債務者の資産状態の極度の悪化等の事情の変更があったにもかかわらず，債権者が新規融資に当たりあらかじめ保証継続の意思を確認せず，そのため事情変更を知らなかった保証人が知っておればなし得た解約権行使の機会を失わせた場合には，債権者は信義則上事情変更後の新規貸付けについて保証人の責任を追及できないとするもの（大阪地判昭和59・12・24判時1167号73頁）などが存在していた。

　しかし，本件において，Yは，Mの財政状態・資金繰りが悪化していることを知っており，Yが事実を知らずに連帯保証契約を締結したとはいえないようであり，履行請求を権利濫用・信義則違反とした従来の裁判例とは異なる状況が存在する。そこで，本判決は，YがMの代表取締役に就任した当時のMの経営状況，就任の経緯，XのMに対する金員貸付けの条件，及び，Yは本件保証契約の締結を拒むことが事実上困難な立場にあったことを考慮要素として挙げて，権利濫用に当たると判断している。しかし，会社法の観点からは，むしろ，Mの経営につき，Yにはほとんど裁量の余地はなく，資金繰りを含めその経営の判断は，BやLに依存し，その指示に従わざるを得ない経営体制にあったこと，及び，A社グループがMから搾取するという構造が作られていたことなどに注目して，保証債務の履行請求が権利濫用に当たると考えるのが自然かもしれない。そして，実質的には，いわゆる結合企業法制において問題となり得る子会社から親会社あるいは兄弟会社などへの利益移転があるような場合につき，会社の代表取締役を保護したものとみることも可能であり，親会社による子会社取締役の対会社責任追及の場面においても同様の発想が妥当する可能性があり得よう。

鶴井俊吉・判評622号（判時2090号）17頁，稲葉威雄・金判1354号2頁，遠藤歩・民商143巻1号116頁，中村肇・金判1348号7頁。

Number 50

監査人につき虚偽記載有価証券報告書提出罪などの共同正犯が成立するとされた事案

証券取引法（現在の金融商品取引法）197条1項1号

→ 事実

最決平成 22・5・31
平成19年（あ）第1462号,証券取引法違反被告事件,集刑300号191頁

　株式会社Aの代表取締役であったBらは，60億円をAから借り受けた上，Cの提案に従い，Cを営業者とする匿名組合や外国銀行を通じて，この資金によりA株200万株を買い取った。Bは，額面30億円のパーソナルチェック2通（以下併せて「本件パーソナルチェック」という）を振り出してAに差し入れ，Aでは，これによって60億円が返済された旨の会計処理をした。また，中間監査を迎えるに際し，Bは，Cに協力を依頼し，Cが経営する株式会社Dに対してAが本件パーソナルチェックを預けることによって，AがDに60億円を預託してその運用を任せた形を仮装することが合意され（本件消費寄託契約），日付を上記半期末前にさかのぼらせた消費寄託契約書が作成された。Cは，Bに本件パーソナルチェックを決済する資力がないことを認識しており，本件パーソナルチェックを支払呈示に回すつもりもなかった。その後，Aは，半期の決算に当たり，「預け金60億円」を計上し，「重要な資産の内容」として「預け金60億円　消費寄託契約に基づく企業買収ファンド事業会社への資金の寄託であります。」との注記を加えた中間貸借対照表を掲載した半期報告書を作成し，関東財務局長に提出した。さらに，Bは，Cに協力を依頼し，BとCとの間で，Cが経営していた株式会社Eの株式をBの自己資金を用いて1株25万円で売ってもらうこと，書類上は，これをAが60億円で買い取り，その代金をDに預けていた本件パーソナルチェックで支払った形にすることが合意された。そして，BとCらEの株主との間で，CらがE株式2100株を代金合計5億2500万円でBが実質的に支配する会社に売却し，同会社が自社保有

分を併せた同株式2600株を額面60億円でAに売却する形を採ることが合意され，Bは，Cらに対し，上記代金のうち合計4億7500万円を支払った。その後，Aは，決算に当たり，「関係会社株式」として「㈱E60億円」と記載した貸借対照表を含む有価証券報告書を作成し，関東財務局長に提出した。

なお，Y（被告人）は，F（当時Aと会計監査契約を締結していた監査法人）において，その代表社員の1人であるとともに，Aに係る監査責任者の地位にもあった。そこで，虚偽記載有価証券報告書提出罪などに当たるとして，Yは起訴された。

第1審判決（東京地判平成18・3・24〔平成16年(特わ)第1505号〕）は，Yについて虚偽記載半期報告書提出罪及び虚偽記載有価証券報告書提出罪の共同正犯が成立するとし，原判決（東京高判平成19・7・11〔平成18年(う)第1290号〕）も控訴を棄却したので，Yが上告。

→ 決定要旨　　　　　　　　　　　　　　　　　　　　　　　　　　　上告棄却

「以上の事実関係によれば，AとDとの間の前記消費寄託契約は仮装されたものであり，本件パーソナルチェックはDにおいて60億円を運用するために交付されたものではないから，AがDに対して60億円に相当する財産を寄託したということはできず，……半期報告書の預け金に関する記載は，重要な事項につき虚偽の記載をしたものと認められる。また，本件パーソナルチェックは支払呈示をしないことを前提に交付されたものであり，E株式の買収に当たっても，その代金支払手段とされたものとは認められないから，同株式を60億円で取得したということはできず，……有価証券報告書の同株式の取得価額の記載も，重要な事項につき虚偽の記載をしたものと認められる。……Yは，公認会計士であり，当時，前記監査法人において，その代表社員の一人であるとともに，Aに係る監査責任者の地位にもあったが，……仕手筋からA株を買い取ることについてBから相談を受けていたところ，BがAから借り受けた60億円をA株200万株の買取り資金に充てたこと，Bには60億円を現実に調達する能力がなく，本件パーソナルチェックが無価値のものであること，前記消費寄託契約がAからDに60億円を預託した形を仮装するものにすぎないこと，E株式は，Bの資金を用いて一株25万円で買収されたものであって，本件パーソナルチェックを対価として買収されたものではないこと等を認識していたほか，Aから出金された上記60億円に関する会計処理等について，Bらに対して助言や了承を与えてきたものであって，虚偽記載を是正できる立場にあったのに，自己の認識を監査意見に反映させることなく，本件半期報告

書の中間財務諸表及び本件有価証券報告書の財務諸表にそれぞれ有用意見及び適正意見を付すなどしたというのである。このような事実関係からすれば，Yは，……虚偽記載のある本件半期報告書及び本件有価証券報告書をBが提出することを認識するとともに，このことについてB及びCと共謀したとして，Yに虚偽記載半期報告書提出罪及び虚偽記載有価証券報告書提出罪の各共同正犯が成立するとした原判断は正当である。」

→ 解説

本決定は，証券取引法上の監査人につき，虚偽記載半期報告書提出罪及び虚偽記載有価証券報告書提出罪の各共同正犯が成立するとし，執行猶予付きとはいえ，懲役刑が選択された最高裁判所としては初めての公表裁判例であると思われる。

本件当時の，証券取引法（現在の金融商品取引法）197条1項1号は，「有価証券報告書……であつて，重要な事項につき虚偽の記載のあるものを提出した者」は5年以下の懲役もしくは500万円以下の罰金に処し，またはこれを併科すると定めていた。また，同198条6号は，「半期報告書……であつて，重要な事項につき虚偽の記載のあるものを提出した者」は3年以下の懲役もしくは300万円以下の罰金に処し，またはこれを併科すると，定めていた。

ここで，「虚偽の記載」とは，「真実に合致しない記載」であると解されるが（平野龍一ほか編『注解特別刑法 補巻(2)』〔青林書院，1996年〕68頁〔土持敏裕＝榊原一夫〕），これは，会計的な意味において「真実に合致しない記載」であると理解すべきである（岸田雅雄『証券取引法〔第2版〕』〔新世社，2004年〕236頁）。他方，重要な事項であるか否かは社会通念に従って究極的には判断されるが，このような罰則が設けられている趣旨に照らすならば，有価証券報告書などの利用者の投資判断にとって重要であるか否かが問題とされる。本判決及び原審判決は，「重要な事項」であるか否かについては取り立てて検討を加えていないが，E株式の取得原価（＝帳簿価額）を5億2500万円とすべきところ，60億円と計上したのであれば，「重要な事項」といってよいのであろう。他方，Bに対する貸付金を企業買収ファンド事業会社への預け金60億円とした点については，いずれも，資産項目であり，貸付金と預け金のいずれに計上しても，「重要な事項」についての虚偽の記載とはいえないのではないかとも一見思われるが，Bに弁済能力がなかったということに注目すると，貸倒引当金の設定が必要であり，その点で，「重要な事項」についての虚偽の記載があったといえるのであろう。

他方，（共謀）共同正犯の成立を認めた点については，そもそも，公認会計士は有価証券報告書などの提出者ではないため，監査において広く認められている「二重責任の原則」（「監査基準」第四，三，(2)(3)〔「財務諸表の作成責任は経営者にあること」，「監査人の責任は……財務諸表に対する意見を表明することにあること」〕）に照らすならば，他人の行為をいわば自己の手段として犯罪を行った（最判昭和33・5・28刑集12巻8号1718頁）と評価できるのかという問題はありそうである。もっとも，原審の事実認定によると，Yは，虚偽記載を認識しながら，適正意見を表明したにとどまらず，隠ぺいのための会計処理に協力し，監査に耐える旨の事実上の保証を与えるなどしたほか，隠ぺいのためのスキーム構築に際して助言を与えたというのであるから，単に，虚偽記載に目をつぶったという消極的な役割ではなく，積極的な役割，重要な役割を演じたとして，（共謀）共同正犯の成立が認められたのかもしれない（最決昭和57・7・16刑集36巻6号695頁，西田典之『刑法総論〔第2版〕』〔弘文堂，2010年〕348頁，佐伯仁志「共犯論(2)」法教306号50頁など参照）。もっとも，本決定は，共謀の存在を認定してはいるものの，共謀共同正犯の成立を明示的に認めたわけではなく，共同正犯の成立を認めたにすぎない。すなわち，虚偽記載有価証券報告書提出罪及び虚偽記載半期報告書提出罪の実行行為である提出行為を，「作成から提出までの一連の行為態様」ととらえると（平野ほか編・前掲68頁は「『提出』とは，単に文書の移動という機械的な行為を意味するのではなく，作成から最後の到達までの過程だと解される」とする），無限定適正意見の付与はこれらの罪の実行行為の一部であり，実行共同正犯と解される余地がある（小野上・後掲）。このような解釈による場合，監査人の限定付適正意見あるいは不適正意見が表明されていても，そのような監査報告書を含む，有価証券報告書あるいは半期報告書を提出することは可能であることにかんがみると，監査人の正犯性を認めることには慎重でなければならないとも考えられる一方で，監査報告書も有価証券報告書あるいは半期報告書の一部を成す以上，監査報告書に虚偽記載がある場合には，まさに，監査人は，他人（有価証券報告書提出会社）の提出行為を手段として，犯罪を行ったという解釈も可能であろう（ただし，本決定は，監査報告書の虚偽記載が有価証券報告書等の虚偽記載であるという法律構成は採っていない）。

　なお，虚偽記載有価証券報告書提出罪などは身分犯のはずであるが，本決定は，刑法65条1項には明示的に言及していない。

阿部力也・刑事法ジャーナル25号103頁，小野上真也・法時83巻5号127頁。

事項索引

Company Law Reporter 2008-2010 —— 50 Selected cases

あ

委任の終了 …………………… 078
違法行為差止請求 …………… 099
営業譲受人の責任 …………… 018
MBO …………………… 039, 043
親会社の子会社債権者に対する責任 … 095

か

会計帳簿等の閲覧等の許可 … 146
会社の法人格消滅の時期 …… 157
会社分割 ………………… 017, 169
株式
　反対株主の――買取請求 … 001, 154, 161
　非上場――の買取り ………… 117
　譲渡制限―― …………………… 032
株式交換無効の訴えの原告適格 …… 173
株式の引受け …………………… 021
　錯誤による―― ………………… 065
株主
　――の権利行使に関する利益供与 … 177
　計算書類等の――への提供義務違反
　　…………………………………… 150
　反対――の株式買取請求→株式
　名義書換未了の―― …………… 173
株主総会決議取消し …………… 150
　――原因 ………………………… 177
　――の訴えの原告適格 …… 167, 182
株主総会決議不存在確認の訴え …… 076
株主代表訴訟 …………… 185, 190
株主名簿の閲覧謄写請求 ……… 025
議案の提案理由 ………………… 074
議決権行使停止の仮処分 ……… 049
競業会社の責任 ………………… 127
競業避止義務違反 ……………… 126

虚偽記載有価証券報告書提出罪 …… 206
グループ会社間の貸付け ……… 202
経営判断の原則 ………………… 198
計算書類等の株主への提供義務違反→株主
計算書類等の備置義務違反 …… 150
現物出資の錯誤無効 …………… 057
権利の濫用 ………………… 102, 202
公正な払込金額 ………………… 098
公正ナル会計慣行 ………… 138, 142
ゴードン・モデル方式→配当還元方式
個別株主通知 …………………… 046

さ

詐害行為取消し ………………… 169
錯誤 ………………………… 056, 065
事情変更の原則 ………………… 107
社債 ……………………………… 068
収益還元方式 ……………… 004, 034
重要な業務執行 ………………… 110
証券取引法上の監査人 ………… 206
商行為性の推定 ………………… 010
譲渡制限株式→株式
剰余金の配当請求権 …………… 161
新株発行無効 ……………… 055, 058
新株予約権付社債の不公正発行 …… 071
新株予約権付社債の有利発行 …… 070
スクイーズアウト ……………… 180
善管注意義務 ……………… 117, 130
全部取得条項付種類株式 …… 043, 182
　――の取得価格の決定
　　………………… 001, 038, 040, 046
損害額の推定 …………………… 126
損害賠償責任 …………………… 126

た

- 退職慰労金 ……………………… 102
- 退職慰労年金 …………………… 106
- 代表者の不法行為 ……………… 089
- DCF法 ………………… 004, 033, 035
- ディスカウント ………………… 098
- 同時破産廃止 …………………… 157
- 投資法人 ………………………… 098
- 特別背任 ………………………… 198
- 取締役会議事録の閲覧・謄写 … 114
- 取締役の会社に対する責任の消滅時効
  …………………………………… 121
- 取締役の解任 …………………… 081
  ——の訴え …………………… 194
- 取締役の責任 …………………… 185
- 取締役の報酬 …………………… 106

な

- 内部統制システム ……………… 086
- 日刊新聞法 ………………… 004, 028
- 任務懈怠 ………………………… 134

は

- 配当還元方式 ……………… 004, 034
- 破産手続開始決定 ……………… 077
- 払込期間が経過した後の払込み … 049
- 反対株主の株式買取請求→株式
- 非公開会社 ……………………… 072
- 不公正な払込金額による発行と会社の損害
  …………………………………… 099
- 不公正発行 ………………… 004, 062
- 不正ノ目的 ……………………… 014
- 附属的商行為 …………………… 010
- 不当利得返還請求 ……………… 102
- 振替株式 ………………………… 046
- 弁護士費用 ……………………… 190
- 法人格否認の法理 …… 002, 095, 127
- 募集株式の発行等の不存在 …… 053
- 募集株式の引受けの無効 ……… 065

ま

- 見せ金 …………………………… 053
- 名義書換未了の株主→株主

や

- 役員権利義務者 ………………… 193
- 有価証券報告書の虚偽記載 …… 086
- 有利発行 ………………………… 004

ら

- リスク管理体制 ………………… 086
- 類似業種比準方式 ………… 033, 034
- 類似商号 ………………………… 013

判例索引

大審院

大判明治 37・5・2 民録 10 輯 589 頁 …………………………………………… 151
大判明治 41・1・21 民録 14 輯 13 頁 …………………………………………… 083
大判大正 3・12・15 民録 20 輯 1101 頁 ………………………………………… 066
大判昭和 2・6・20 民集 6 巻 354 頁 ……………………………………………… 065
大判昭和 3・1・20 法律新聞 2811 号 14 頁 …………………………………… 010
大判昭和 5・3・15 民集 9 巻 371 頁 ……………………………………………… 155
大判昭和 6・4・24 大審院裁判例 5 巻民 75 頁 ………………………………… 067
大判昭和 7・2・19 民集 11 巻 252 頁 …………………………………………… 155
大判昭和 9・10・23 法律新聞 3790 号 7 頁 …………………………………… 066
大判昭和 11・12・26 大審院裁判例 10 巻民 305 頁 …………………………… 010
大判昭和 12・6・25 法学 6 巻 1330 頁 …………………………………………… 010

最高裁判所

最判昭和 28・12・3 民集 7 巻 12 号 1299 頁 …………………………………… 110
最判昭和 29・1・28 民集 8 巻 1 号 308 頁 ……………………………………… 155
最判昭和 29・9・10 民集 8 巻 9 号 1581 頁 …………………………………… 010
最判昭和 29・10・7 民集 8 巻 10 号 1795 頁 …………………………………… 018
最判昭和 30・4・19 民集 9 巻 5 号 511 頁 ……………………………………… 058
最判昭和 30・9・29 民集 9 巻 10 号 1484 頁 …………………………………… 083
最判昭和 30・10・20 民集 9 巻 11 号 1657 頁 …………………………… 022, 175
最判昭和 30・12・26 民集 9 巻 14 号 2082 頁 ………………………………… 078
最判昭和 31・10・5 集民 23 号 409 頁 ………………………………………… 106
最判昭和 31・11・15 集民 10 巻 11 号 1423 頁 ………………………………… 151
最判昭和 33・5・28 刑集 12 巻 8 号 1718 頁 …………………………………… 207
最判昭和 36・3・31 民集 15 巻 3 号 645 頁 …………………………………… 058
最判昭和 38・12・6 民集 17 巻 12 号 1633 頁 …………………………… 053, 054
最判昭和 39・12・11 民集 18 巻 10 号 2143 頁 ………………………………… 102
最判昭和 40・9・10 民集 19 巻 6 号 1512 頁 …………………………………… 110
最判昭和 40・9・22 民集 19 巻 6 号 1656 頁 …………………………………… 109
最判昭和 42・11・17 民集 21 巻 9 号 2448 頁 ………………………………… 021
最判昭和 43・3・15 民集 22 巻 3 号 625 頁 ……………………… 077, 158, 159
最判昭和 43・4・12 集民 90 号 981 頁 ………………………………………… 022
最判昭和 43・11・1 民集 22 巻 12 号 2402 頁 ………………………………… 175
最判昭和 44・2・27 民集 23 巻 2 号 441 頁 …………………………………… 082
最判昭和 44・2・27 民集 23 巻 2 号 511 頁 ……………………………… 095, 127

最大判昭和 44・11・26 民集 23 巻 11 号 2150 頁 …………………………………… 083, 087
最判昭和 45・4・2 民集 24 巻 4 号 223 頁 …………………………………………… 079
最大判昭和 45・7・15 民集 24 巻 7 号 804 頁 ………………………………………… 181
最判昭和 46・6・24 民集 25 巻 4 号 596 頁 …………………………………………… 023
最判昭和 47・3・2 民集 26 巻 2 号 183 頁 …………………………………………… 018
最判昭和 47・11・9 民集 26 巻 9 号 1513 頁 ………………………………………… 078
最決昭和 48・3・1 民集 27 巻 2 号 161 頁 ………………………………… 038, 152, 161
最判昭和 48・3・1 集民 108 号 265 頁 ……………………………………………… 203
最判昭和 48・12・11 民集 27 巻 11 号 1529 頁 ……………………………………… 110
最判昭和 50・4・8 民集 29 巻 4 号 350 頁 ……………………………………… 097, 098
最判昭和 50・11・14 集民 116 号 475 頁 …………………………………………… 022
最判昭和 56・5・11 集民 133 号 1 頁 ……………………………………………… 102
最決昭和 57・7・16 刑集 36 巻 6 号 695 頁 ………………………………………… 207
最判昭和 60・12・20 民集 39 巻 8 号 1869 頁 ……………………………………… 023
最判昭和 61・9・11 判時 1215 号 125 頁 …………………………………………… 110
最判平成 4・9・10 資料版商事法務 102 号 143 頁 ………………………………… 106
最判平成 4・12・18 民集 46 巻 9 号 3006 頁 …………………………………… 083, 106
最判平成 7・2・28 民集 49 巻 2 号 559 頁 …………………………………………… 095
最判平成 7・4・25 集民 175 号 91 頁 …………………………………………… 004, 030
最判平成 7・9・8 金法 1441 号 29 頁 ……………………………………………… 158
最判平成 8・11・12 判時 1598 号 152 頁 …………………………………………… 075
最判平成 9・1・28 民集 51 巻 1 号 40 頁 ……………………………………… 058, 059
最決平成 10・11・25 刑集 52 巻 8 号 570 頁 ………………………………………… 199
最判平成 11・7・16 労判 767 号 14 頁 ……………………………………………… 089
最決平成 12・11・10（平成 12 年（受）第 83 号）…………………………………… 135
最決平成 13・6・14 労判 807 号 5 頁 ………………………………………………… 094
最決平成 15・2・18 刑集 57 巻 2 号 161 頁 ………………………………………… 199
最判平成 15・2・21 金法 1681 号 31 頁 …………………………………………… 102
最判平成 15・3・27 民集 57 巻 3 号 312 頁 ………………………………………… 058
最判平成 16・2・20 民集 58 巻 2 号 367 頁 …………………………………… 017, 018
最判平成 16・6・10 民集 58 巻 5 号 1178 頁 ………………………………… 077, 078
最判平成 16・9・10 刑集 58 巻 6 号 524 頁 ………………………………………… 199
最決平成 16・10・1 判時 1877 号 70 頁 …………………………………………… 077
最決平成 19・8・7 民集 61 巻 5 号 2215 頁 …………………………………… 062, 182
最判平成 20・1・28 集民 227 号 105 頁 ……………………………………… 130, 198
最判平成 20・1・28 民集 62 巻 1 号 128 頁 …………………………………… 006, 120
最決平成 20・2・12（平成 18 年（オ）第 1487 号〜1489 号，
　　平成 18 年（受）第 1720 号〜1723 号）………………………………………… 188
最判平成 20・2・22 民集 62 巻 2 号 576 頁 …………………………………… 003, 008
最判平成 20・2・26 民集 62 巻 2 号 638 頁 ……………………………… 007, 075, 192
最決平成 20・5・19 刑集 62 巻 6 号 1623 頁 ………………………………………… 199
最判平成 20・6・10 判時 2014 号 150 頁 ……………………………………… 002, 016

最判平成 20・7・18 刑集 62 巻 7 号 2101 頁 ……………………………………… 007, 136, 142
最決平成 21・1・15 民集 63 巻 1 号 1 頁 …………………………………………… 002, 144
最判平成 21・2・17 判時 2038 号 144 頁 …………………………………………… 004, 028
最判平成 21・3・10 民集 63 巻 3 号 361 頁 ………………………………………… 006, 184
最判平成 21・4・17 判時 2044 号 74 頁 ……………………………………………… 007, 076
最判平成 21・4・17 民集 63 巻 4 号 535 頁 ………………………………………… 005, 108
最判平成 21・4・23 民集 63 巻 4 号 703 頁 ………………………………………………… 190
最決平成 21・5・29 金判 1326 号 35 頁 ……………………………………… 001, 036, 043
最判平成 21・7・9 判時 2055 号 147 頁 ……………………………………… 006, 084, 090
最決平成 21・8・28（平成 21 年（ク）第 646 号）……………………………………… 112
最決平成 21・11・9 刑集 63 巻 9 号 1117 頁 ………………………………… 006, 130, 131, 196
最決平成 21・11・27 判時 2063 号 138 頁 …………………………………………… 006, 128
最決平成 21・11・27 判時 2067 号 136 頁 …………………………………………… 006, 132
最判平成 21・12・7 刑集 63 巻 11 号 2165 頁 ……………………………………… 007, 140
最判平成 21・12・18 判時 2068 号 151 頁 …………………………………………… 005, 100
最判平成 22・1・29 判時 2071 号 38 頁 ……………………………………………… 007, 200
最決平成 22・2・23 資料版商事法務 312 号 123 頁 ……………………………………… 040
最判平成 22・3・16 判時 2078 号 155 頁 …………………………………………… 005, 104
最決平成 22・5・31 集刑 300 号 191 頁 ……………………………………………… 007, 204
最判平成 22・7・15 判時 2091 号 90 頁 ……………………………………………… 006, 116
最決平成 22・9・14 資料版商事法務 321 号 58 頁 ……………………………………… 114
最決平成 22・12・1（平成 22 年（ク）第 867 号）……………………………………… 152
最決平成 22・12・3 資料版商事法務 323 号 11 頁 ……………………………………… 134
最決平成 22・12・7 民集 64 巻 8 号 2003 頁 ………………………………………… 001, 044

高等裁判所

名古屋高判昭和 35・7・15 高民集 13 巻 4 号 417 頁 ……………………………………… 173
広島高岡山支決昭和 35・10・31 下民集 11 巻 10 号 2329 頁 …………………………… 151
名古屋高判昭和 47・2・10 高民集 25 巻 1 号 48 頁 ……………………………………… 127
名古屋高金沢支判昭和 47・3・15 金判 358 号 4 頁 ……………………………………… 202
高松高決昭和 50・3・31 判時 787 号 109 頁 ……………………………………………… 034
東京高決昭和 51・12・24 判時 846 号 105 頁 …………………………………………… 034
大阪高判昭和 52・8・5 金判 545 号 23 頁 ………………………………………………… 058
名古屋高決昭和 54・10・4 判時 949 号 121 頁 …………………………………………… 034
大阪高判昭和 54・10・30 高民集 32 巻 2 号 214 頁 ………………………………… 185, 186
福岡高判昭和 55・10・8 高民集 33 巻 4 号 341 頁 ……………………………………… 117
大阪高判昭和 56・1・30 下民集 32 巻 1～4 号 17 頁 ………………………………… 081, 082
大阪高判昭和 56・2・10 判タ 446 号 137 頁 ……………………………………………… 203
大阪高決昭和 58・1・28 金判 685 号 16 頁 ……………………………………………… 034
大阪高判昭和 58・2・23 下民集 34 巻 5～8 号 805 頁 …………………………………… 079
大阪高判昭和 58・10・18 無体例集 15 巻 3 号 645 頁 ……………………………… 014, 015
東京高判昭和 59・6・11 判時 1128 号 123 頁 …………………………………………… 110

東京高決昭和60・1・25 判時1147号145頁 ……………………………	151, 193
東京高判昭和61・8・21 判時1208号123頁 …………………………………	058
東京高判昭和62・12・10 金法1199号30頁 …………………………………	030
福岡高決昭和63・1・21 判タ662号207頁 …………………………………	034
大阪高判昭和63・8・9 未公刊 ………………………………………………	099
大阪高決平成元・3・28 判時1324号140頁 …………………………………	034
東京高決平成元・5・23 判時1318号125頁 …………………………………	034
東京高決平成元・7・19 判時1321号156頁 …………………………………	114
大阪高判平成元・12・21 判時1352号143頁 …………………………………	102
東京高決平成2・6・15 金判853号30頁 ……………………………………	034
大阪高判平成2・7・18 判時1378号113頁 …………………………………	126
名古屋高判平成3・5・30 判タ770号242頁 ………………………………	030
東京高判平成3・7・17 資料版商事法務102号149頁 ……………………	106
名古屋高金沢支判平成4・10・26 民集51巻1号60頁 ……………………	058, 059
東京高判平成4・11・16 金法1386号76頁 …………………………………	023
東京高判平成5・6・29 判時1465号146頁 …………………………………	030
東京高判平成7・2・14 判時1526号102頁 …………………………………	158
東京高判平成7・3・30 金判985号20頁 ……………………………………	079
東京高判平成7・5・25 判タ892号236頁 …………………………………	102, 103
福岡高判平成8・4・15 判時1594号144頁 …………………………………	067
高松高判平成8・5・30 判時1587号142頁 …………………………………	022
名古屋高金沢支判平成8・10・30 判タ950号193頁 ………………………	090
大阪高判平成10・10・23 労判758号76頁 …………………………………	095
大阪高判平成11・6・17 判時1717号144頁 ………………………………	099
札幌高判平成11・10・29（平成10年（ネ）第291号）……………………	135
福岡高判平成12・1・28 判タ1089号217頁 ………………………………	089
東京高判平成12・2・29 労判807号7頁 ……………………………………	094
東京高判平成12・4・27 金判1095号21頁 …………………………………	191
大阪高判平成12・9・28 資料版商事法務199号330頁 ……………………	118
福岡高宮崎支判平成13・3・2 判タ1093号197頁 …………………………	150
大阪高判平成14・3・29 金判1143号16頁 …………………………………	198
名古屋高判平成14・8・21 判タ1139号251頁 ……………………………	058
東京高判平成14・8・30 金判1158号21頁 …………………………………	018, 019
東京高判平成14・9・26 判時1807号149頁 ………………………………	018
東京高判平成15・1・30 判時1824号127頁 ………………………………	057, 058
東京高判平成15・2・24 金判1167号33頁 …………………………………	103
大阪高判平成15・12・24 労旬1577号48頁 ………………………………	095
東京高決平成16・8・4 金法1733号92頁 …………………………………	062
東京高決平成17・3・23 判時1899号56頁 …………………………………	071
札幌高判平成17・3・25 判タ1261号258頁 ………………………………	198
札幌高決平成17・4・26 判タ1216号272頁 ………………………………	034
大阪高判平成17・4・28 高検速報平成17年257頁 ………………………	199

東京高判平成 17・6・21 判時 1912 号 135 頁 ………………………………… 137
名古屋高判平成 18・2・2 金判 1302 号 53 頁 ………………………………… 016, 018
札幌高判平成 18・3・2 判タ 1257 号 239 頁 ………………………………… 083, 120, 198
札幌高判平成 18・3・2 判時 1946 号 128 頁 ………………………………… 198
大阪高判平成 18・6・9 判時 1979 号 115 頁 ………………………………… 086, 188
名古屋高判平成 18・7・26（平成 18 年（ネ）第 67 号）………………… 019
札幌高判平成 18・8・31 判タ 1229 号 116 頁 ……………………………… 196
名古屋高金沢支判平成 18・9・5 金法 1846 号 74 頁 ……………………… 199
東京高判平成 18・9・21 金判 1254 号 35 頁 ………………………………… 083
福岡高判平成 18・12・21 金判 1303 号 41 頁 ……………………………… 008
大阪高判平成 19・1・18 判時 1973 号 135 頁 ……………………………… 188
大阪高判平成 19・2・8 金判 1315 号 50 頁 ………………………………… 184
東京高判平成 19・3・14 刑集 63 巻 11 号 2547 頁 ………………………… 140
大阪高判平成 19・3・15 判タ 1239 号 294 頁 ……………………………… 119
高松高判平成 19・3・16（平成 17 年（ネ）第 224 号）…………………… 129
東京高判平成 19・4・25 民集 63 巻 4 号 608 頁 …………………………… 108
知財高判平成 19・6・13 判時 2036 号 117 頁 ……………………………… 003, 014
広島高岡山支判平成 19・6・14（平成 19 年（ネ）第 23 号）…………… 132
名古屋高判平成 19・6・14 金判 1295 号 47 頁 …………………………… 075, 192
東京高決平成 19・6・27 金判 1270 号 52 頁 ……………………………… 146, 147
東京高判平成 19・7・11（平成 18 年（う）第 1290 号）………………… 205
大阪高判平成 19・9・11（平成 19 年（ネ）第 292 号）…………………… 201
大阪高判平成 19・10・26 労判 975 号 50 頁 ……………………………… 095
仙台高判平成 20・2・27（平成 19 年（ネ）第 524 号）…………………… 076
東京高決平成 20・4・4 判タ 1284 号 273 頁 ……………………………… 004, 034
名古屋高判平成 20・4・17 金判 1325 号 47 頁 …………………………… 006, 124
東京高判平成 20・4・24 金判 1312 号 35 頁 ……………………………… 029
東京高決平成 20・5・12 金判 1298 号 46 頁 ……………………………… 004
東京高判平成 20・5・21 判タ 1281 号 274 頁 …………………………… 086, 087, 134
東京高決平成 20・6・12 金判 1295 号 12 頁 ……………………………… 002, 027
東京高判平成 20・6・19 金判 1321 号 42 頁 ……………………………… 085, 090
東京高判平成 20・7・31 証券取引被害判例セレクト 32 巻 468 頁 …… 083
名古屋高決平成 20・8・8 民集 63 巻 1 号 31 頁 ………………………… 144
東京高決平成 20・9・12 金判 1301 号 28 頁 ……………………………… 036, 043
東京高判平成 20・10・29 金判 1304 号 28 頁 …………………………… 116
東京高判平成 20・10・30（平成 20 年（ネ）第 3247 号）……………… 101
東京高判平成 21・3・19（平成 20 年（ネ）第 3260 号）………………… 104
福岡高決平成 21・5・15 金判 1320 号 20 頁 ……………………………… 004, 032
福岡高決平成 21・6・1 金判 1332 号 54 頁 ……………………………… 002, 112
名古屋高判平成 21・6・30（平成 21 年（ネ）第 27 号）………………… 007, 156
名古屋高判平成 21・7・16（平成 21 年（ネ）第 265 号）……………… 159
東京高決平成 21・7・17 金判 1341 号 31 頁 ……………………………… 001

大阪高決平成 21・9・1 判タ 1316 号 219 頁 ………………………………… 001, 040
大阪高判平成 21・12・22 金法 1916 号 108 頁 ……………………………… 171
東京高決平成 22・1・20 金判 1337 号 24 頁 ………………………………… 046
東京高決平成 22・2・9 金判 1337 号 27 頁 ………………………………… 046
東京高決平成 22・2・18 金判 1360 号 23 頁 ………………………………… 044
東京高決平成 22・2・18 判時 2069 号 144 頁 ……………………………… 046
仙台高決平成 22・2・26（平成 21 年(ネ)第 187 号）………………………… 079
東京高決平成 22・5・24 金判 1345 号 12 頁 ………………………… 001, 152, 161
名古屋高決平成 22・6・17 資料版商事法務 316 号 198 頁 ………………… 002, 114
東京高判平成 22・7・7 判時 2087 号 3 頁 …………………………………… 001
東京高判平成 22・7・7 判時 2095 号 128 頁 ………………………… 004, 164, 182
東京高判平成 22・7・28 判例集未登載 ……………………………………… 003, 020
東京高判平成 22・8・27（平成 22 年(ネ)第 3489 号）……………………… 055
札幌高決平成 22・9・16 金判 1353 号 64 頁 ………………………………… 001
東京高判平成 22・9・29 判例集未登載 ……………………………… 003, 052, 059
東京高決平成 22・10・27 資料版商事法務 322 号 174 頁 …………………… 001
東京高判平成 22・10・27 金判 1355 号 42 頁 ……………………………… 002, 168
東京高判平成 22・11・24（平成 22 年(ネ)第 1773 号）……………………… 107
東京高判平成 22・12・1（平成 22 年(ネ)第 2923 号）……………………… 131
東京高判平成 23・4・28（平成 22 年(ネ)第 6429 号）……………………… 183

地方裁判所・簡易裁判所

東京地判大正 10・7・22 法律学説判例評論 10 巻商法 289 頁 ……………… 151
大阪地判昭和 30・4・22 下民集 6 巻 4 号 807 頁 …………………………… 157, 158
横浜地決昭和 31・8・8 下民集 7 巻 8 号 2133 頁 …………………………… 151
東京地判昭和 31・10・19 下民集 7 巻 10 号 2931 頁 ………………………… 186
宇都宮地判昭和 33・7・25 下民集 9 巻 7 号 1433 頁 ………………………… 170
熊本地八代支判昭和 35・1・13 下民集 11 巻 1 号 4 頁 ……………………… 127
大阪地判昭和 35・5・19 下民集 11 巻 5 号 1132 頁 ………………………… 173
大阪地判昭和 38・8・20 下民集 14 巻 8 号 1585 頁 ………………………… 185
大阪地判昭和 39・3・10 判タ 166 号 203 頁 ………………………………… 175
大阪地堺支決昭和 43・9・26 下民集 19 巻 9＝10 号 568 頁 ………………… 33
大阪地判昭和 46・3・29 判時 645 号 102 頁 ………………………………… 103
大阪地判昭和 47・2・16 判時 673 号 84 頁 ………………………………… 158
東京地判昭和 48・2・23 判時 697 号 87 頁 ………………………………… 030
東京地判昭和 49・9・19 判時 771 号 79 頁 ………………………………… 030, 031
東京地判昭和 49・10・1 判時 772 号 91 頁 ………………………………… 115
東京地判昭和 56・3・26 判時 1015 号 27 頁 ………………………………… 126
神戸地判昭和 57・1・26 判タ 469 号 254 頁 ………………………………… 015
神戸地尼崎支判昭和 57・2・19 下民集 33 巻 1〜4 号 90 頁 ………………… 031
東京地判昭和 57・3・29 判時 1054 号 153 頁 ……………………………… 011
東京地判昭和 57・12・23 金判 683 号 43 頁 ………………………………… 081

判例	頁
大阪地判昭和 58・11・29 判タ 515 号 162 頁	107
大阪地判昭和 59・12・24 判時 1167 号 73 頁	203
福井地判昭和 60・3・29 判タ 559 号 275 頁	179
大阪地判昭和 61・3・5 判例集未登載	099
名古屋地判昭和 61・12・24 判タ 634 号 216 頁	193
京都地決昭和 62・5・18 判時 1247 号 130 頁	034
東京地判昭和 63・1・28 判時 1269 号 144 頁	173
東京地判昭和 63・2・26 判時 1291 号 140 頁	081
名古屋地判昭和 63・9・30 判時 1297 号 136 頁	081
大阪地判昭和 63・11・30 判時 1316 号 139 頁	095
京都地判平成元・2・3 判時 1325 号 140 頁	030
東京地決平成元・7・25 判時 1317 号 28 頁	062, 063, 071
東京地決平成元・9・5 判時 1323 号 48 頁	062, 099
東京地判平成 2・2・27 金判 855 号 22 頁	173
大阪地決平成 2・7・12 判時 1364 号 100 頁〔②事件〕	099
千葉地決平成 3・9・26 判時 1412 号 140 頁	034
東京地判平成 3・12・26 判時 1435 号 134 頁	102
京都地判平成 4・2・27 判時 1429 号 133 頁	103
福岡地判平成 4・4・16 判時 1426 号 49 頁	091
東京地判平成 4・4・17 判時 1451 号 157 頁	030
東京地判平成 5・9・16 判時 1469 号 25 頁	154
東京地決平成 6・3・4 判時 1495 号 139 頁	146
東京地判平成 7・1・23 判時 1549 号 80 頁	067
東京地判平成 7・10・26 判時 1549 号 125 頁	123
東京地判平成 8・2・8 資料版商事法務 144 号 115 頁	118, 154
神戸地判平成 9・7・29 判タ 967 号 179 頁	089
東京地判平成 9・12・1 判タ 1008 号 239 頁	010
東京地判平成 10・5・14 判時 1650 号 145 頁	117
札幌地判平成 10・6・30（平成 8 年（ワ）第 2977 号）	135
東京地判平成 10・7・16 判タ 985 号 263 頁	014
東京地判平成 10・9・24 判時 1665 号 119 頁	117
神戸地判平成 10・10・1 判時 1674 号 156 頁	191
徳島地判平成 10・10・13 民集 57 巻 3 号 325 頁	058
東京地判平成 10・12・7 判時 1701 号 161 頁	186
大阪地判平成 10・12・21 判タ 1002 号 185 頁	089
東京地判平成 11・3・26 判時 1691 号 3 頁	135
大阪地判平成 11・5・26 判時 1710 号 153 頁	118
東京地判平成 12・7・27 判タ 1056 号 246 頁	099
大阪地判平成 12・9・20 判時 1721 号 3 頁	086
宮崎地判平成 13・8・30 判タ 1093 号 192 頁	150
東京地判平成 13・10・22 判時 1770 号 3 頁	199
大阪地判平成 14・3・13 判時 1792 号 137 頁	198

大阪地判平成 14・3・27 判タ 1119 号 194 頁	198
東京地判平成 14・7・18 判時 1794 号 131 頁	198
札幌地判平成 14・9・3 判時 1801 号 119 頁	120
東京地判平成 14・9・10 刑集 62 巻 7 号 2469 頁	137
大阪地判平成 14・10・16 判タ 1134 号 248 頁	131
東京地判平成 14・10・31 判時 1810 号 110 頁	198
札幌地判平成 15・2・27 判タ 1143 号 122 頁	196
東京地判平成 15・10・1 労判 864 号 13 頁	094
東京地判平成 15・10・10 金判 1178 号 2 頁	170
大阪地判平成 16・2・19（平成 15 年(ワ)第 7208 号・平成 15 年(ワ)第 7993 号）	014
東京地判平成 16・3・22 判タ 1158 号 244 頁	191
札幌地判平成 16・3・26 判タ 1158 号 196 頁	198
水戸地判平成 16・3・31 判時 1858 号 118 頁	091
札幌地決平成 16・4・12 判タ 1216 号 274 頁	034
東京地判平成 16・5・17 判時 1870 号 134 頁	095
東京地判平成 16・5・28 刑集 63 巻 11 号 2400 頁	140
東京地決平成 16・6・1 判時 1873 号 159 頁	099
大阪地判平成 16・7・28 判タ 1167 号 208 頁	198
東京地決平成 16・7・30 判時 1874 号 143 頁	062, 071
東京地判平成 16・9・28 判時 1886 号 111 頁	117, 130, 154
東京地判平成 16・12・16 判時 1888 号 3 頁	086, 087
大阪地判平成 16・12・22 判時 1892 号 108 頁	086, 188
大阪地判平成 17・2・9 判時 1889 号 130 頁	188
東京地決平成 17・3・11 判タ 1173 号 143 頁	062
東京地決平成 17・3・16 判タ 1173 号 140 頁	071
高知地判平成 17・6・10 資料版商事法務 260 号 194 頁	129
名古屋地判平成 17・6・22 金判 1302 号 54 頁	016
東京地判平成 17・7・7 判時 1915 号 150 頁	178
東京地判平成 17・9・21 判タ 1205 号 221 頁	138
東京地判平成 17・12・20（平成 17 年(ワ)第 9394 号）	170
東京地決平成 18・1・17（平成 18 年(ヨ)第 20001 号）	070
東京地決平成 18・2・10 判時 1923 号 130 頁	114
大阪地判平成 18・2・23 判時 1939 号 149 頁	138
東京地判平成 18・3・24（平成 16 年(特わ)第 1505 号）	205
東京地決平成 18・3・31（平成 18 年(ヒ)第 37 号）	114
大阪地判平成 18・5・25 金判 1315 号 51 頁	184
東京地決平成 18・6・30 判タ 1220 号 110 頁	070
東京簡判平成 18・12・7（平成 18 年(ハ)第 13875 号）	072
東京地判平成 18・12・11（平成 17 年(ワ)第 25350 号）	106
札幌地決平成 18・12・13 金判 1259 号 14 頁	070
横浜地小田原支判平成 18・12・15 民集 63 巻 4 号 548 頁	108
岡山地津山支判平成 18・12・22（平成 15 年(ワ)第 79 号）	132

大阪地判平成 18・12・26（平成 17 年（ワ）第 12287 号）	201
名古屋地決平成 19・1・18 民集 63 巻 1 号 12 頁	144
名古屋地判平成 19・2・28 金判 1295 号 48 頁	192
仙台地決平成 19・6・1 金判 1270 号 63 頁	099
横浜地決平成 19・6・4 金判 1270 号 67 頁	099
東京地判平成 19・6・13 判時 1993 号 140 頁	005, 072
東京地決平成 19・6・15 金判 1270 号 40 頁	146, 147
東京地決平成 19・6・15 資料版商事法務 280 号 220 頁	027
さいたま地決平成 19・6・22 判タ 1253 号 107 頁	062
東京地判平成 19・6・25（平成 17 年（ワ）第 21947 号）	080
東京地判平成 19・7・18（平成 19 年（ワ）第 13486 号）	003, 056, 064
東京地判平成 19・9・12 判時 1996 号 132 頁	019
東京地判平成 19・9・20 判時 1985 号 140 頁	027, 146, 147
東京地判平成 19・10・25 判時 1988 号 131 頁	029
名古屋地判平成 19・10・25 判タ 1276 号 298 頁	125
東京地判平成 19・10・30（平成 19 年（ワ）第 23494 号）	003, 056, 065
東京地決平成 19・11・12 金判 1281 号 52 頁	004, 068
福島地判平成 19・11・22 金判 1321 号 56 頁	076
東京地判平成 19・11・26 判時 1998 号 141 頁	084, 090
東京地判平成 19・12・4 金判 1304 号 33 頁	116
東京地判平成 19・12・6 判タ 1258 号 69 頁	005, 176
東京地判平成 19・12・17（平成 19 年（ワ）第 8513 号）	150
東京地判平成 20・1・17 判タ 1269 号 260 頁	186
東京地決平成 20・3・14 判時 2001 号 11 頁	035, 038, 152
名古屋地一宮支判平成 20・3・26 金判 1297 号 75 頁	007, 172
福岡地決平成 20・4・8 金判 1320 号 27 頁	032
東京地判平成 20・5・15 金判 1295 号 36 頁	027
東京地判平成 20・5・19（平成 19 年（ワ）第 18573 号）	100
東京地判平成 20・5・22（平成 19 年（ワ）第 11708 号）	104
東京地判平成 20・6・23 金判 1296 号 10 頁	003, 060
大阪地決平成 20・9・11（平成 19 年（ヒ）第 52 号）	040
札幌地決平成 20・11・11 金判 1307 号 44 頁	004
名古屋地決平成 20・11・19 金判 1309 号 20 頁	004
東京地判平成 20・11・20（平成 18 年（ワ）第 26617 号）	135
名古屋地判平成 20・12・4（平成 20 年（ワ）第 1390 号）	156
佐賀地決平成 20・12・26 金判 1312 号 61 頁	112
東京地判平成 21・2・4 判時 2033 号 3 頁	090
東京地判平成 21・2・24 判時 2043 号 136 頁	004
福岡地決平成 21・3・10（平成 20 年（モ）第 12016 号）	170
神戸地決平成 21・3・16 金判 1320 号 59 頁	001
東京地判平成 21・3・19 判タ 1304 号 273 頁	004
東京地決平成 21・3・31 判時 2040 号 135 頁	001

東京地決平成 21・3・31 判タ 1296 号 118 頁 ………………………………… 001, 039
広島地決平成 21・4・22 金判 1320 号 49 頁 ……………………………………… 004
福岡地小倉支判平成 21・6・11 労判 989 号 20 頁 ……………………………… 095
大阪地判平成 21・8・26 金法 1916 号 113 頁 …………………………………… 171
大阪地判平成 21・9・17（平成 20 年(ワ)第 6054 号）………………………… 003, 012
大阪地判平成 21・10・16（平成 20 年(ワ)第 5038 号）……………………… 006, 088
東京地判平成 21・10・23（平成 20 年(ワ)第 37966 号）………………………… 164
東京地決平成 21・10・27 金判 1360 号 27 頁 …………………………………… 044
福岡地判平成 21・11・27 金法 1902 号 14 頁 ……………………… 002, 170, 171
福岡地判平成 22・1・14 金判 1364 号 42 頁 ……………………………………… 002
東京地判平成 22・2・12（平成 21 年(ワ)第 26903 号）……………………… 002, 160
東京地判平成 22・3・12（平成 20 年(ワ)第 28923 号〔本訴事件〕・
　平成 20 年(ワ)第 36419 号〔反訴事件〕）………………………………………… 020
宇都宮地判平成 22・3・18（平成 17 年(ワ)第 50 号）…………………………… 131
東京地判平成 22・3・24（平成 20 年(ワ)第 32540 号）……………………… 005, 148
佐賀地判平成 22・3・26 労判 1005 号 31 頁 …………………………………… 006, 092
神戸地決平成 22・4・15 金判 1354 号 12 頁 …………………………………… 003, 048
東京地判平成 22・4・28（平成 21 年(ワ)第 24333 号）………………………… 055
東京地判平成 22・4・28（平成 21 年(ワ)第 26460 号）………………………… 053
東京地決平成 22・5・10 金判 1343 号 21 頁 …………………………………… 003, 096
東京地決平成 22・5・11（平成 22 年(モ)第 1848 号）…………………………… 096
東京地判平成 22・5・27 判時 2083 号 148 頁 …………………………………… 168
神戸地決平成 22・7・6（平成 22 年(モ)第 7009 号）…………………………… 048
東京地判平成 22・7・9 判時 2086 号 144 頁 ……………………………………… 002
大阪地判平成 22・7・14 判時 2093 号 138 頁 …………………………………… 006, 188
東京地決平成 22・7・20 金判 1348 号 14 頁 …………………………………… 002, 024
東京地判平成 22・7・22（要旨のみ：ジュリ 1418 号 52 頁）…………………… 171
東京地判平成 22・9・6 判タ 1334 号 117 頁 ……………………… 005, 167, 180
福岡地判平成 22・9・30 金法 1911 号 71 頁 …………………………………… 002, 170
福岡地判平成 23・2・17 金判 1364 号 31 頁 …………………………………… 002, 171

条文索引

会社法

条文	頁
5条	008, 009, 011
8条	003, 012-014
22条	002, 016
22条1項	017-019
25条	020
25条2項	022
36条3項	055
63条3項	055
107条	028, 030
108条1項7号	181, 182
108条2項7号	181, 182
116条	042
120条	176
120条1項	005, 177, 179
121条	027
124条1項	045, 046
124条4項	061
125条	024
125条3項	025
125条3項1号	002, 025
125条3項2号	024, 025
125条3項3号	002, 024, 026, 027
127条	028, 030
130条	020, 172, 174
130条1項	023, 173, 175
144条	032
171条	181, 182
172条	036, 040, 042, 044
172条1項	001, 005, 041, 045, 046, 182
172条1項1号	044
173条	181
173条1項	163
199条5項	050
208条	052, 056
208条5項	048, 051, 053, 054, 059
210条	060, 099
210条2号	060
211条	064
211条2項	059, 065, 067
212条	057
212条1項	098
238条3項1号	069
247条	068
247条2号	069
258条2項	194
298条1項2号	149
298条2項	073
301条1項	073
305条	072
305条1項	005, 073, 074
308条	060
308条1項	003
308条1項本文かっこ書	061, 063
309条5項	149
323条	195
330条	076, 078, 094, 132
332条1項	151
339条	080
346条	192
346条1項	193, 194
346条2項	193, 195
350条	006, 084, 086, 088-090, 092, 095
355条	096
356条	124
360条	096, 194
361条	100, 104
361条1項	005, 102, 105
362条	108

362条4項	109
365条	124
371条	112
371条2項	002, 114
423条	006, 116, 120, 123, 124, 128, 132
423条1項	116
423条2項	006, 126
429条	087
431条	136, 140
433条	144
433条2項	027, 114
433条2項2号	146
433条2項3号	002, 025, 026, 146
433条4項	002
437条	148, 149
438条	148
442条	148
442条1項1号	149
454条1項	161
461条	161
470条	152
471条4号	159
475条	156, 159
475条1号	159
784条1項	172
798条	160
798条1項	161
798条4項	161
798条5項	161, 162
828条	056, 164, 168, 172
828条1項2号	059
828条2項	174
828条2項7号	166
828条2項11号	173, 174
830条	183
831条	148, 176, 180
831条1項	165
831条1項後段	165, 167, 181
831条1項前段	181
831条1項1号	075
831条1項3号	181
847条	184, 187
852条	006, 188, 190
854条	192-194
854条1項柱書	194, 195
960条	196

会社法施行規則

63条3号ニ	179
63条7号	074
65条	073
66条1項1号イ	178
66条1項2号	179
73条	073
93条	073, 074
94条	073

商法

4条1項	009, 011
11条1項かっこ書	011
503条	008, 011
503条2項	009-011
522条	008, 009, 120, 121

平成17年改正前商法

21条	003, 014
21条1項	014
26条1項	016, 018
32条2項	007, 136, 140, 142
78条2項	084
94条6号	156
116条	157
168条1項6号	110
192条	186
192条ノ2	186
201条	021
201条1項	021
201条2項	022
204条1項	030
204条ノ2第7項	031
245条ノ3	152
245条ノ5	152
247条1項	181
251条	150

252 条	078
254 条 3 項	121, 134
254 条ノ 3	121
257 条	080
257 条 1 項ただし書	080-083
258 条 2 項	194
260 条 2 項 1 号	109
260 条ノ 3 第 2 項	134
261 条 3 項	084
265 条	110
266 条	121, 185, 186
266 条 1 項	122, 184
266 条 1 項 1 号	121
266 条 1 項 2 号	121
266 条 1 項 3 号	185, 187
266 条 1 項 5 号	006, 120-123
266 条 4 項	006, 124-126
266 条 5 項	122
266 条 6 項	122
266 条ノ 3	083, 091
267 条	184
267 条 1 項	185, 186
268 条ノ 2	188
268 条ノ 2 第 1 項	006, 189, 190
269 条	102
274 条 1 項	134
274 条 2 項	134
275 条ノ 2	134
277 条	134
280 条ノ 9 第 2 項	051
280 条ノ 13	186
280 条ノ 13 第 1 項	057
280 条ノ 13 ノ 2	186
281 条 1 項	150
293 条ノ 7	144
293 条ノ 7 第 2 号	002, 144-147
293 条ノ 8 第 2 項	002, 145, 146
294 条ノ 2	179
374 条 2 項 5 号	017
374 条の 2 第 1 項 1 号	017
374 条の 17 第 2 項 5 号	017
374 条の 18 第 1 項 1 号	017

404 条	156, 157
404 条 1 号	156
414 条	156
417 条	156, 157
417 条 1 項	156
427 条	157
430 条	157
431 条 2 項	157
486 条	196
502 条	010
503 条 1 項	010
503 条 2 項	010
522 条	121
523 条	010

その他の改正前商法

昭和 25 年法律第 167 号による 改正前商法 206 条	022
昭和 56 年改正後商法 232 条ノ 2	074
平成 13 年法律第 149 号による 改正前商法 260 条ノ 3 第 1 項	134

平成 17 年法律第 87 号による廃止前株式会社の監査等に関する商法の特例に関する法律

21 条の 17	185

平成 17 年法律第 87 号による廃止前有限会社法

30 条ノ 3	091

民法

1 条 3 項	200
44 条 1 項	090
95 条	066, 110
167 条 1 項	121
356 条	162
358 条	162
415 条	121
416 条	082
424 条	168
644 条	096, 121, 134

651条1項	095
653条	076, 078
709条	006, 087, 088, 091, 092, 095
715条	088, 089, 092
715条1項	088

平成18年法律第50号による改正前民法

44条1項	084

金融商品取引法

18条	067
19条	067
21条の2	086

証券取引法（現在の金融商品取引法）

197条1項1号	204, 206
198条6号	206

社債，株式等の振替に関する法律

147条4項	045
154条	044
154条1項	045
154条2項	044

投資信託及び投資法人に関する法律

82条1項	096
82条6項	096
84条1項	098
97条	096
109条5項	096

不正競争防止法

1条1項1号	014
1条1項2号	014
2条1項1号	012, 013
3条	012

一般社団法人及び一般財団法人に関する法律

64条	078

民事訴訟法

248条	127

民事保全法

23条4項	051

破産法

168条	171
216条	159

平成16年法律第75号による廃止前破産法

4条	156
142条	156
145条	157

非訟事件手続法

30条	154

労働組合法

2条ただし書1号	093, 094

平成17年法律第87号による改正前農業協同組合法

33条1項	134
33条2項	132-134
39条1項	134
39条2項	132-134
39条3項	134

財務諸表等の用語，様式及び作成方法に関する規則

1条1項	142

平成14年法律第4号による改正前地方自治法

242条の2第1項4号	190
242条の2第7項	190

刑法

65条1項	207

著者紹介

Yanaga Masao

昭和36年生まれ
筑波大学ビジネス科学研究科教授

主著

企業会計法と時価主義（平成8年，日本評論社）
デリバティブと企業会計法（平成10年，中央経済社）
商法計算規定と企業会計（平成12年，中央経済社）
会計監査人の責任の限定（平成12年，有斐閣）
監査人の外観的独立性（平成14年，商事法務）
「資本」の会計（平成15年，中央経済社）
企業会計と法（改訂版，平成13年，新世社）
法律学習マニュアル（第3版，平成21年，有斐閣）
コンメンタール商法施行規則（改訂版，平成16年，商事法務）
リーガルマインド商法総則・商行為法（第2版，平成18年，有斐閣）
リーガルマインド手形法・小切手法（第2版補訂2版，平成19年，有斐閣）
リーガルマインド会社法（第12版，平成21年，有斐閣）

Company Law Reporter 2008-2010 —— 50 Selected cases

会社法新判例50

2011年7月30日　初版第1刷発行

著　者　弥　永　真　生

発行者　江　草　貞　治

発行所　株式会社　有　斐　閣

　　　郵便番号 101-0051
　　　東京都千代田区神田神保町 2-17
　　　電話 (03) 3264-1314 [編集]
　　　　　 (03) 3265-6811 [営業]
　　　http://www.yuhikaku.co.jp/

印刷・製本　大日本法令印刷株式会社
© 2011, Masao Yanaga. Printed in Japan
落丁・乱丁本はお取替えいたします。
ISBN978-4-641-13605-2

JCOPY 本書の無断複写（コピー）は，著作権法上での例外を除き，禁じられています。複写される場合は，そのつど事前に，(社)出版者著作権管理機構（電話 03-3513-6969，FAX 03-3513-6979，e-mail: info@jcopy.or.jp）の許諾を得てください。